Die Legalisierungswirkung von Genehmigungen

Europäische Hochschulschriften

Publications Universitaires Européennes
European University Studies

Reihe II

Rechtswissenschaft

Série II Series II
Droit
Law

Bd./Vol. 1954

PETER LANG

Frankfurt am Main · Berlin · Bern · New York · Paris · Wien

Bernd Hilger

Die Legalisierungswirkung von Genehmigungen

PETER LANG
Europäischer Verlag der Wissenschaften

Die Deutsche Bibliothek - CIP-Einheitsaufnahme

Hilger, Bernd:

Die Legalisierungswirkung von Genehmigungen / Bernd Hilger. -
Frankfurt am Main ; Berlin ; Bern ; New York ; Paris ; Wien :
Lang, 1996
  (Europäische Hochschulschriften : Reihe 2, Rechts-
  wissenschaft ; Bd. 1954)
  Zugl.: Köln, Univ., Diss., 1995
  ISBN 3-631-30046-8

NE: Europäische Hochschulschriften / 02

D 38
ISSN 0531-7312
ISBN 3-631-30046-8

© Peter Lang GmbH
Europäischer Verlag der Wissenschaften
Frankfurt am Main 1996
Alle Rechte vorbehalten.

Printed in Germany 1 2 3 4 5   7

Die Legalisierungswirkung von Genehmigungen

Inaugural-Dissertation

zur

Erlangung der Doktorwürde

einer

Hohen Rechtswissenschaftlichen Fakultät

der Universität zu Köln

vorgelegt von

Bernd Hilger

aus Köln

Referent: Prof. Dr. Dres. h.c. Stern

Korreferent: Prof. Dr. Burmeister

Tag der mündlichen Prüfung: 10. Juli 1995

Für Ines, Philipp, Leonie und Raphael

Vorwort

Die vorliegende Schrift wurde am 3. November 1994 bei der Universität zu Köln als Dissertation eingereicht; sie wird unverändert veröffentlicht.

Herrn Prof. Dr. Dres. h.c. Stern danke ich für die Freiheit, die er mir bei der Wahl des Themas und seiner Bearbeitung ließ, sowie für das rasch erstellte Erstgutachten; bei Herrn Prof. Dr. Burmeister bedanke ich mich für das Zweitgutachten.

Meiner Ehefrau, Ines Manuela Hilger, danke ich für ihre kritische Durchsicht und die zahlreichen Anregungen.

Schließlich bedanke ich mich bei der Universität zu Köln für den mir gewährten Druckkostenzuschuß sowie bei meiner Mutter, Inge Hilger, meiner Schwiegermutter, Maria Albert, und bei Herrn Jacob Reucher für ihre Unterstützung.

Inhaltsverzeichnis

Einleitung

Der Begriff der "Legalisierungswirkung von Genehmigungen" wurde erstmals vom 4. Senat des BVerwG in dessen Urteil vom 2. Dezember 1977 verwandt[1]. Das Gericht umschreibt mit ihm eine Rechtsfigur, die den Anwendungsbereich der nordrhein-westfälischen ordnungsrechtlichen Generalklausel gegenüber immissionsschutzrechtlich genehmigten Anlagen einschränken soll.

Das BVerwG meint, es liege ohne weiteres auf der Hand, daß aufgrund der ordnungsrechtlichen Generalklausel in der Regel nicht gegen immissionsschutzrechtlich genehmigte Anlagen eingeschritten werden könne, weil "die Erteilung von Genehmigungen augenscheinlich einen wesentlichen Teil ihres Sinnes" einbüßen würde, "wenn gleichwohl gegen den genehmigten Zustand unter Berufung auf die ordnungsbehördliche Generalklausel, d.h. unter Berufung auf das Vorliegen einer Störung der öffentlichen Sicherheit oder Ordnung, eingeschritten werden dürfte[2]". Der "in diesem Sinne nicht zweifelhafte Schutz genehmigter Anlagen"[3] könne auf zwei verschiedene Arten erreicht werden:

Zum einen sei es möglich, daß die speziellen Eingriffsgrundlagen des BImSchG die Anwendung der ordnungsrechtlichen Generalklausel ausschließen.
"Denkbar wäre aber zum anderen ebenso, daß die Heranziehung der ordnungsbehördlichen Generalklausel nicht derart förmlich ausgeschlossen ist, sondern prinzipiell einschlägig bleibt, daß sich jedoch die Tatsache der Genehmigungserteilung gegen die Anwendbarkeit dieser Generalklausel auswirkt, also daß - anders ausgedrückt - die Legalisierungswirkung einer Genehmigung (es) ausschließt, die in der Generalklausel bezeichneten Voraussetzungen für die Zulässigkeit eines Einschreitens für gegeben zu halten[4]".

Das Gericht lehnt eine Verdrängung der ordnungsrechtlichen Generalklausel durch die speziellen Eingriffsgrundlagen des BImSchG ab[5]. Ohne weitere Begründung kommt es zu dem Ergebnis, daß der notwendige Schutz genehmigter Anlagen erreicht werde, weil die Legalität eines Vorhabens, die sich "für (immissionsschutzrechtlich) genehmigte Anlagen aus § 13 BImSchG - im Grunde aber unabhängig davon aus dem We-

---

[1] BVerwGE 55, 118 (121ff.) = BauR 1978, 124 = DÖV 1978, 406 = DVBl. 1978, 710 = GewArch 1978, 101 = MDR 1978, 430 = NJW 1978, 1818.
[2] BVerwGE 55, 118 (120f.).
[3] BVerwGE 55, 118 (121).
[4] BVerwGE 55, 118 (121).
[5] BVerwGE 55, 118 (122ff.).

sen der Genehmigung -" ergebe, ein Einschreiten aufgrund der ordnungsrechtlichen Generalklausel verhindere[6].

Die Legalisierungswirkung von Genehmigungen wird als Schlüsselproblem[7] der öffentlich-rechtlichen Störerhaftung für Altlasten angesehen. Mehrere Rechtsgutachten, welche sich mit der Sanierung von Altlasten befassen, erörtern, ob behördliche Genehmigungen die Störerhaftung für Umweltschäden, die durch ein genehmigtes Verhalten verursacht wurden oder die auf einem genehmigten Zustand beruhen, ausschließen[8].

Der Begriff der Altlasten wurde vor allem zu Beginn der Altlastendiskussion nicht einheitlich gebraucht[9]. Inzwischen gibt es landesrechtliche Definitionen[10], eine bundesrechtliche soll im Rahmen des geplanten Bundes-Bodenschutzgesetzes geschaffen werden[11]. Die gesetzlichen Definitionen der Altlasten beziehen sich - mit gewissen Modifizierungen - auf Altablagerungen und Altstandorte, von denen Gefahren für Rechtsgüter des einzelnen oder der Allgemeinheit ausgehen. Als Altablagerungen werden stillgelegte Abfallentsorgungsanlagen und sonstige Grundstücke bezeichnet, auf denen Abfälle behandelt, gelagert oder abgelagert worden sind[12]; Altstandorte sind Grundstücke von stillgelegten industriellen oder gewerblichen Betrieben, auf denen mit umweltgefährlichen Stoffen umgegangen wurde[13].

Die Frage, ob Genehmigungen legalisierend wirken und deshalb die öffentlich-rechtliche Haftung des Begünstigten ausschließen, erlangt bei Altlasten eine besondere Bedeutung. Denn die Sanierung einer einzelnen Altlast ist meistens äußerst kostspielig

---

[6] BVerwGE 55, 118 (124 und passim).
[7] Kloepfer, in Altlasten und Umweltrecht, S. 17 (33f.); Staupe, DVBl. 1988, 606 (610).
[8] - Brandt/Dieckmann/Wagner, Gutachten für Die Grünen, Kreisverband Bo. und Ortsverband Wi., 1987, in Altlasten und Abfallproduzentenhaftung, S. 14ff.;
   - Koch, Kostentragung bei der Sanierung kontaminierter Standorte - am Beispiel der Hamburger Deponien "Georgswerder" und "Müggenburger Straße" -, Rechtsgutachten im Auftrag der Hamburgischen Bürgerschaft, Dezember 1984, in Koch/Herrmann, S. 25ff.;
   - Papier, Altlasten und polizeirechtliche Störerhaftung, Rechtsgutachten für die Bundesvereinigung der Deutschen Industrie, 1985;
   - Kloepfer, Altlasten als Rechtsproblem, Rechtsgutachten für das Ministerium für Soziales, Gesundheit und Umwelt des Landes Rheinland-Pfalz, April 1985, nicht veröffentlicht.
[9] Vgl. Breuer, JuS 1986, 359 (359); Kloepfer, NuR 1987, 7 (7); Papier, DVBl. 1985, 873 (873).
[10] Zum Beispiel in § 22 Abs. 4 LAbfG BaWü; § 28 Abs. 1 LAbfG NW; § 16 Abs. 3 HAbfAG.
[11] Nach § 4 Nr. 3 des Referentenentwurfs, Stand 7.2.1994, sind Altlasten "Altablagerungen und Altstandorte, durch die schädliche Bodenveränderungen oder sonstige Gefahren für den einzelnen oder die Allgemeinheit hervorgerufen werden".
[12] Vgl. § 4 Nr. 2 lit. a) des Referentenentwurfs zum Bundes-Bodenschutzgesetz, Stand 7.2.1994.
[13] Vgl. § 4 Nr. 2 lit. b) des Referentenentwurfs zum Bundes-Bodenschutzgesetz, Stand 7.2.1994.

und kann mehrere Millionen Deutscher Mark erfordern[14]. Für die Betroffenen ist die Störerhaftung also mit erheblichen, teilweise die wirtschaftliche Existenz bedrohenden Belastungen verbunden. Neben speziellen Vorschriften der Gesetzgeber, die partiell die Haftung für Altlasten begrenzen[15] oder eine Freistellung[16] zulassen, scheint allein die vom BVerwG kreierte Legalisierungswirkung von Genehmigungen geeignet, die als Störer in Betracht kommenden Personen zu entlasten. Zu weiteren Versuchen der Literatur, die Störerhaftung zu begrenzen[17], hat sich die Rechtsprechung bisher eher

---

[14] Kothe, ZPR 1987, 399 (400); Niemuth, DÖV 1988, 291; Oerder, NVwZ 1992, 1031 (1037); Schink, DVBl. 1985, 1149 (1150); Staupe, DVBl. 1988, 606 (608); vergl. auch Breuer, NVwZ 1987, 751 (752).

[15] Nach § 21 Abs. 1 Satz 1 Nr. 5 des Hessischen Abfallwirtschafts- und Altlastengesetzes (HAbfAG) in der Fassung vom 10.7.1989, GVBl. I S. 189, berichtigt GVBl. 1989 I S. 247, kann ein Grundeigentümer zur Sanierung einer Altlast nicht verpflichtet werden, soweit er bestehende Verunreinigungen beim Erwerb weder kannte noch kennen mußte (hierzu VGH Kassel, NJW 1993, 611 (611f.)). Entsprechendes gilt nach § 21 Abs. 1 Satz 1 Nr. 6 HAbfAG für einen ehemaligen Grundeigentümer, soweit er während der Zeit seines Eigentums oder Besitzes von einer bestehende Verunreinigung nichts wußte. Ferner befreien § 20 Abs. 2 des Thüringer Abfallwirtschafts-Altlastengesetzes vom 31.7.1991, GVBl. S. 273, und § 21 Abs. 2 HAbfAG den Verursacher einer Umweltbeeinträchtigung von seiner Sanierungspflicht, wenn er darauf vertrauen durfte, daß sein Verhalten die Umwelt nicht beeinträchtigen werde; hierzu kritisch Enders, DVBl. 1993, 82 (89).

[16] Nach Art. 1 § 4 Abs. 3 Satz 4 und Art. 4 § 3 des Umweltrahmengesetzes der DDR vom 29. Juni 1990 (GBl. I S. 649, mit Maßgaben nach Anlage II Kapitel XII Abschnitt III Nr. 1 des Einigungsvertrags vom 31.8.1990, BGBl. II S. 1226, geändert durch das Gesetz zur Beseitigung von Hemmnissen bei der Privatisierung von Unternehmen und zur Förderung von Investitionen vom 22.3.1991 (Hemmnisbeseitigungsgesetz), BGBl. I S. 766 (788), bereinigt in BGBl. I S. 1928) in der durch Art. 12 des Hemmnisbeseitigungsgesetzes geänderten Fassung, konnten in den neuen Bundesländern Eigentümer, Besitzer oder Erwerber von immissionsschutz- und abfallrechtlichen Altanlagen bis zum 22. 3. 1992 bei den zuständigen Behörden für Schäden, die vor dem 1. 7. 1990 durch den Betrieb der Anlage oder die Benutzung des Grundstücks verursacht wurden, einen Antrag auf Freistellung von der öffentlich-rechtlichen und zivilrechtlichen Haftung stellen (vgl. hierzu etwa Dombert/Reichert, NVwZ 1991, 744; Rehbinder, DVBl. 1991, 421; Rose, BB 1991, 2100; Kloepfer/Kröger, S. 82ff.; Knopp, BB 1991, 1356; Schrader, IUR 1991, 63). Da die Frist nicht verlängert worden ist, besteht diese Möglichkeit inzwischen nicht mehr.
Eine ähnliche Regelung enthält § 10 Abs. 6 des Ersten Gesetzes zur Abfallwirtschaft und zum Bodenschutz im Freistaat Sachsen vom 12.8.1991 (GVBl. S. 306).

[17] Vgl. etwa Breuer, JuS 1986, 359 (361); Friauf, in Festschrift für Wacke, S. 293 (301); Hohmann, DVBl. 1984, 997 (998ff.); Kloepfer, NuR 1987, 7 (8); Konrad, BayVBl. 1980, 581 (583); Papier, DVBl. 1985, 873 (878); derselbe, NVwZ 1986, 256 (261); Schwerdtner, NVwZ 1992, 141 (143); Selmer, in Festschrift für Martens, S. 483 (493ff.).

skeptisch geäußert[18]. Auch Ausgleichsansprüche zwischen mehreren Störern lehnt sie ab[19], soweit keine spezielle gesetzliche Regelung besteht[20].

Die Relevanz einer eventuellen Legalisierungswirkung geht über die öffentlich-rechtliche Haftung für die von Altlasten ausgehenden Gefahren und Störungen hinaus. Nachteilige Umwelteinwirkungen beruhen nicht nur auf den Sünden der Vergangenheit. Vielmehr besteht bei der Ausführung eines jeden neuen oder noch andauernden umweltrelevanten Vorhabens das Risiko, daß Gefahren entstehen oder Schäden eintreten. Dies ist insbesondere der Fall, wenn ein Gesetz wegen des Gefahrenpotentials, das ein Projekt aufweist, vor seiner Verwirklichung eine behördliche Zulassung verlangt. Treten Gefahren oder Schäden auf, obwohl die Anforderungen einer Genehmigung erfüllt wurden, liegt es stets nahe, daß sich der Inhaber der Genehmigung auf ihre Legalisierungswirkung beruft, wenn er als Störer in Anspruch genommen werden soll.

Hinsichtlich der zivilrechtlichen Haftung hat der Gesetzgeber jedenfalls für die vom Umwelthaftungsgesetz erfaßten Anlagen entschieden, daß die genehmigungskonforme Errichtung und der genehmigungskonforme Betrieb dieser Anlagen ihre Inhaber grundsätzlich nicht von der Gefährdungshaftung befreit, die § 1 des Umwelthaftungsgesetzes begründet[21]. Denn der bestimmungsgemäße Betrieb einer Anlage schließt nach § 5 des Umwelthaftungsgesetzes lediglich die Haftung für unwesentliche oder ortsübliche Sachschäden aus.

Für den Bereich der öffentlich-rechtlichen Haftung hat die Legislative eine entsprechend eindeutige Entscheidung bisher nicht getroffen[22]. Ob insoweit eine Legalisierungswirkung von Genehmigungen in Betracht kommt, wird im folgenden untersucht.

---

[18] VGH Mannheim, NVwZ 1986, 325 (326).
Ob die durch Art. 14 GG gewährleistete Eigentumsfreiheit eine Reduzierung der Zustandshaftung gebietet, wenn sich der Eigentümer eines Grundstücks aufgrund einer Fremdeinwirkung auf sein Grundstück selbst in "Opferposition" befindet, hat das BVerwG offen gelassen (BVerwG, BayVBl. 1991, 374 = GewArch 1991, 177 = NuR 1991, 280).

[19] BGH, NJW 1981, 2457 = DÖV 1881, 843. Der BGH hat es abgelehnt, § 426 BGB oder dessen Rechtsgedanken auf das Verhältnis zwischen mehreren Störern entsprechend anzuwenden.
A.A. zum Beispiel Kloepfer/Thull, DVBl. 1989, 1121 (1125ff.); Petersen, J., S. 130ff.; Spannowsky, UPR 1988, 376 (379ff.).

[20] § 21 Abs. 1 Satz 3 HAbfAG sieht einen Ausgleichsanspruch zwischen mehreren für die Sanierung einer Altlast verantwortlichen Personen vor; hierzu Raeschke-Kessler, NJW 1993, 2275 (2281).
Ferner kommen Ausgleichsansprüche nach § 683 BGB in Betracht, vgl. BGHZ 98, 235 (239f.); 110, 313 (314ff.).

[21] Vgl. zu der Frage, ob öffentlich-rechtliche Genehmigungen ansonsten im Zivilrecht rechtfertigend wirken, Wagner, G., S. 99ff. und passim.

[22] Die Maßstäbe des Umwelthaftungsgesetzes können auf das öffentliche Gefahrenabwehrrecht nicht übertragen werden, Selmer, Privates Umwelthaftungsrecht, S. 38ff..

Die obergerichtliche Rechtsprechung hat bisher eine Stellungnahme zu der Frage, ob eine Legalisierungswirkung von Genehmigungen dem Grunde nach anzuerkennen ist, entweder vermieden[23] oder die Auffassung des BVerwG abgelehnt[24].

In der Literatur wird demgegenüber eine Legalisierungswirkung von Genehmigungen überwiegend grundsätzlich anerkannt[25]. Unterschiedliche Auffassungen betreffen ihre dogmatische Begründung[26]. Nur wenige stellen eine Legalisierungswirkung von Genehmigungen überhaupt in Frage[27].

Im Schrifttum ist vor allem die Reichweite der Legalisierungswirkung von Genehmigungen umstritten. Drei Fragenkomplexe lassen sich insoweit unterscheiden:

1. Umfaßt die Legalisierungswirkung einer Genehmigung für den Betrieb einer Anlage auch Tätigkeiten und Verfahren, die in der Genehmigungsurkunde zwar nicht ausdrücklich erwähnt werden, jedoch mit dem Betrieb der Anlage im Zusammenhang stehen[28]? Gestattet eine Anlagengenehmigung beispielsweise konkludent die Ablagerung von Produktionsrückständen, wenn nach dem bei der Erteilung einer Genehmigung vorhandenen Stand der Technik ein Betrieb der Anlage ohne die Ablagerung der Rückstände nicht möglich war und für die Ablagerung "nach Lage der Dinge im konkreten Fall" nur ein bestimmtes Gelände in Frage kam[29]?

2. Muß bei der Bestimmung der Reichweite der Legalisierungswirkung einer Genehmigung zwischen der zugelassenen Tätigkeit und den Wirkungen dieser Tätigkeit, die eine Gefahr oder Störung hervorrufen, unterschieden werden? Werden etwa aufgrund der Erwartung der Zulassungsbehörde, der gestattete Betrieb einer Anla-

---

[23] OVG Bremen, Urteil vom 24.8.1981 - OVG 1 BA 11/80 -, in Feldhaus ES, § 17-3 BImSchG, S. 4f.; OVG Koblenz, NVwZ 1986, 946 (947); NVwZ 1992, 499 (500); VGH Mannheim, VersR 1987, 218 (219); UPR 1990, 310 (312).

[24] OVG Koblenz, Urteil vom 6.3.1985 - 11 A 98/83 - , in Feldhaus ES, § 22-9 BImSchG, S. 4ff..

[25] Vgl. unten C II.

[26] Vgl. unten C II.

[27] Brandt, Der Landkreis 1986, 205 (206f.); derselbe, Altlastenrecht, S. 139f.; Brandt/Dieckmann/Wagner, Altlasten und Abfallproduzentenhaftung, S. 41ff.; Brandt/Lange, UPR 1987, 11 (15); Feldhaus, WiVerw 1984, 1 (11f.); Kokott, DVBl. 1992, 749 (753).

[28] In diesem Sinne äußert sich Papier, Altlasten und polizeirechtliche Störerhaftung, S. 23f. und 27, derselbe, DVBl. 1985, 873 (876), derselbe, NVwZ 1986, 256 (257).
Dagegen meinen etwa Fluck, VerwArch 1988, 406 (422), Hermes, in Wandel der Handlungsformen im öffentlichen Recht, S. 187 (209f.), und Roesler, S. 166f., eine Legalisierungswirkung von Genehmigungen komme nur für Umstände in Betracht, die ausdrücklich in der Genehmigungsurkunde beziehungsweise in den Antragsunterlagen, auf die sich die Genehmigungsurkunde bezieht, genannt werden.

[29] Papier, Altlasten und polizeirechtliche Störerhaftung, S. 23f., 27; derselbe, DVBl. 1985, 873 (876); derselbe, NVwZ 1986, 256 (257).

ge werde keine Gefahren oder Störungen hervorrufen, dennoch eintretende Beeinträchtigungen von der Legalisierungswirkung ausgeschlossen[30]?

3. Kommt eine Legalisierungswirkung von Genehmigungen nur für Risiken der gestatteten Tätigkeit in Betracht, die beim Erlaß einer Genehmigung vorhanden oder zumindest überhaupt erkennbar waren[31]? Kann "ein bestimmtes Risiko des genehmigten Anlagenbetriebs ... derart atypisch und ex ante unerkennbar sein, daß zwar nicht die Handlung, wohl aber der Erfolg der Risikorealisierung außerhalb der Legalisierungswirkung der Genehmigung liegt"[32]?

Im folgenden werden zunächst der Begriffsinhalt der Legalisierungswirkung von Genehmigungen sowie ihr möglicher Anwendungsbereich geklärt. Anschließend werden die dogmatischen Grundlagen der Legalisierungswirkung von Genehmigungen untersucht und - darauf aufbauend - ihre Reichweite im Grundsatz bestimmt. Schließlich werden die Ergebnisse auf häufig diskutierte umweltrechtliche Zulassungsentscheidungen angewandt und die Reichweite ihrer Legalisierungswirkung festgestellt.

---

[30] In diesem Sinne äußern sich Breuer, JuS 1986, 359 (363), Feldhaus/Schmitt, WiVerw 1984, 1 (11f.), Hermes, in Wandel der Handlungsformen im öffentlichen Recht, S. 187 (210), Kirchner/Kremer, ZfB 1990, 5 (10), Reinhardt, S. 139, Seibert, S. 452ff., und Selmer, Privates Umwelthaftungsrecht, S. 32f..
Dagegen halten Engel, S. 64, Fluck, VerwArch 1988, 406 (427ff.), derselbe, ZfB 1989, 13 (26ff.), und Roesler, S. 69f. und 111ff., eine Differenzierung zwischen einer gestatteten Handlung und einem hierdurch verursachten Erfolg für nicht zulässig.

[31] So meinen etwa Breuer, JuS 1986, 359 (363), derselbe, NvwZ 1987, 751 (756), Schink, DVBl. 1985, 1149 (1155), derselbe, DVBl. 1986, 161 (166f.), und Striewe, ZfW 1986, 273 (285), daß eine Legalisierungswirkung von vornherein nur "nach Maßgabe der behördlichen Sachprüfung und Entscheidung" bestehen könne. Ähnlich Kloepfer, in Altlasten und Umweltrecht, S. 17 (35ff.), derselbe, NuR 1987, 1 (14).
A.A. sind Fluck, VerwArch 1988, 406 (430f.), Papier, in Altlasten und Umweltrecht, S. 59 (68f.), derselbe, NVwZ 1986, 256 (258f.), Roesler, S. 179ff., Nauschütt, S. 164, und Ziehm, S. 34ff..

[32] Breuer, JuS 1986, 359 (363).

A. Begriffsinhalt der Legalisierungswirkung von Genehmigungen

Den Entscheidungsgründen des Urteils des BVerwG vom 2. Dezember 1977[1] ist nicht zu entnehmen, welche Rechtsfolgen das BVerwG mit dem Begriff der Legalisierungswirkung umschreiben will[2].

Möglicherweise soll die Legalisierungswirkung das Vorliegen der Tatbestandsvoraussetzungen der ordnungsrechtlichen Generalklausel - also das Vorliegen einer Gefahr für die öffentliche Sicherheit und Ordnung - ausschließen. Hierfür spricht die Erwägung des Gerichts, es sei denkbar, daß "die Legalisierungswirkung einer Genehmigung (es) ausschließt, die in der Generalklausel bezeichneten Voraussetzungen für die Zulässigkeit eines Einschreitens für gegeben zu halten"[3]. An anderer Stelle meint das BVerwG jedoch, "daß ein Einschreiten ... gegen unmittelbar drohende Gefahren zulässig sein muß, weil die Verursachung derartiger Gefahren durch die Legalisierungswirkung einer Genehmigung rechtlich nicht gedeckt wird"[4]. Diese Formulierung deutet darauf hin, daß die Legalisierungswirkung von Genehmigungen die Anwendung der ordnungsrechtlichen Generalklausel doch nicht verdrängen soll. Warum bei "unmittelbar drohenden Gefahren", dagegen nicht bei weniger akuten Gefahren oder bei bereits eingetretenen Störungen Maßnahmen gegen den Inhaber einer Genehmigung zulässig sein sollen, wird allerdings nicht erläutert.

Möglicherweise ergibt sich aus dem Urteil des PrOVG[5], auf das sich das BVerwG zur Begründung seiner Ansicht stützt[6], eine Interpretationshilfe. Das PrOVG ging in der zitierten Entscheidung davon aus, daß bei polizeiwidrigen Zuständen, die von einem Betrieb im Rahmen der für ihn erteilten Genehmigung hervorgerufen wurden, nicht der Tatbestand der Generalklausel ausgeschlossen sei, sondern daß es lediglich an der "Ur-

---

[1] BVerwGE 55, 118.
[2] Zweifelnd auch Nauschütt, S. 157.
[3] BVerwGE 55, 118 (121).
[4] BVerwGE 55, 118 (123).
[5] PrOVGE 82, 351 (357f.).
[6] BVerwGE 55, 118 (123).

heber- oder Miturheberschaft"[7] des Genehmigungsinhabers für die Gefahr oder Störung, also - nach heutiger Terminologie - an seiner Störereigenschaft, fehle. Die Legalisierungswirkung würde dementsprechend lediglich den persönlichen Anwendungsbereich der Eingriffsnorm - den Kreis der als Störer in Betracht kommenden Personen - beschränken[8].

Gegen eine vollständige Verdrängung der ordnungsrechtlichen Generalklausel durch die Legalisierungswirkung von Genehmigungen spricht zudem folgendes:

Würde die Legalisierungswirkung von Genehmigungen den Tatbestand der ordnungsrechtlichen Generalklausel ausschließen[9] - also trotz des tatsächlichen Vorliegens einer Gefahr oder Störung für die öffentliche Sicherheit und Ordnung das Gegenteil fingieren -, wäre dies mit der staatlichen Pflicht zur Gefahrenabwehr, die - soweit Individualrechtsgüter als Schutzgüter der öffentlichen Sicherheit bedroht sind - durch die Grundrechte begründet wird[10], nicht zu vereinbaren[11]. Denn in diesem Fall wäre ein Eingreifen der Ordnungsbehörden weder durch eine Verfügung gegenüber dem Ge-

---

[7] PrOVGE 82, 351 (357f.). Die entsprechende Begründung wird nachfolgend im Zusammenhang wiedergegeben. Das BVerwG hat nur die kursiven Stellen zitiert:
"Es ist anerkannten Rechts, daß eine Anlage, für die eine gewerbepolizeiliche Genehmigung erteilt ist, gegen nachträgliche polizeiliche Eingriffe auch aus anderen als gewerbepolizeilichen Gründen geschützt ist. Die gewerbepolizeiliche Genehmigung bleibt solange in Kraft, als keine Änderung der Lage oder Beschaffenheit der Betriebsstätte oder in dem Betriebe vorgenommen werden (§ 25 der Reichsgewerbeordnung), und der Polizeibehörde darf demgemäß nicht ihrerseits neue Anforderungen an den die Grenzen der Genehmigung innehaltenden Unternehmer stellen, die nicht in der Genehmigungsurkunde vorgesehen sind. Das *Recht der Behörden zum Einschreiten* auf Grund der Bestimmungen des Allgemeinen Landrechts oder des Wassergesetzes ist daher *bei den nach der Reichsgewerbeordnung genehmigten Anlagen dahin beschränkt, daß die Grenze des polizeilichen Einschreitens durch die Genehmigungsurkunde bestimmt* wird".
Nach Fundstellen zur vorangegangenen Rechtsprechung des PrOVG folgt die Subsumtion des zu entscheidenden Sachverhalts unter die dargelegten Grundsätze:
"Hiernach muß die Firma Z. jedenfalls mit Bezug auf ihren gewerbepolizeilich genehmigten Betrieb **als Urheberin oder Miturheberin** eines Vorfluthindernisses oder gesundheits- oder sicherheitsgefährlichen Zustandes solange **ausscheiden**, als sie nicht die ihr (in der Genehmigungsurkunde) auferlegten Bedingungen für die Klärung und Einleitung der Abwässer ihrer Stroh-Zellstoffabrik verletzt ...."

[8] Vgl. zur Differenzierung zwischen den Eingriffsvoraussetzungen der Generalklausel und der Heranziehung des Verursachers zur Abwehr einer Gefahr oder Störung Herrmann, DÖV 1987, 666 (669).

[9] Hiervon geht Selmer, JuS 1992, 97 (100), aus.

[10] Vgl. BVerfGE 35, 79 (114ff.); 39, 1 (41f.); 49, 89 (141f.); 53, 30 (57f.); 56, 54 (70ff.); 66, 39 (57ff.); 77, 381 (403); Bock, S. 143ff.; Franßen, in Festgabe aus Anlaß des 25jährigen Bestehens des BVerwG, S. 201 (215f.); Rid/Hammann, UPR 1990, 281 (283); Klein, DVBl. 1994, 489 (490ff.).
Vgl. zu den grundrechtlichen Schutzpflichten auch den Gentechnikanlagen-Beschluß des VGH Kassel, JZ 1990, 88, sowie die kritischen Anmerkungen von Enders, C., AöR 1990, 610, und Preu, JZ 1991, 265, hierzu.

[11] Vgl. Peine, JZ 1990, 201 (211).

nehmigungsinhaber noch durch eigenes Handeln oder durch die Inanspruchnahme notstandspflichtiger Dritter möglich[12]. Ob die Eingriffsvorausetzungen der polizei- und ordnungsrechtlichen Generalklausel vorliegen oder nicht, ist allein nach objektiven Kriterien zu beurteilen. Maßgebend ist, ob zum Zeitpunkt des Einschreitens tatsächlich eine Gefahr oder Störung der öffentlichen Sicherheit oder Ordnung besteht[13]. Es kommt nicht darauf an, ob ein irgendwie geartetes menschliches "Mißverhalten" vorliegt[14], an dem es bei einem genehmigten Verhalten oder Zustand fehlen könnte[15].

Unterstellt man, daß eine Legalisierungswirkung von Genehmigungen anzuerkennen und ein Genehmigungsinhaber deshalb vor Anforderungen, welche der ihm erteilten Genehmigung widersprechen, zu schützen ist, ist eine Verneinung der Eingriffsvoraussetzungen der ordnungsrechtlichen Generalklausel nicht notwendig, um diesen Schutz zu gewährleisten. Vielmehr reicht es aus, wenn die Störerhaftung eines Genehmigungsinhabers für Gefahren oder Störungen, die auf einem genehmigungskonformen Verhalten oder auf einem genehmigungskonformen Zustand beruhen, ausgeschlossen wird. Die zuständige Behörde wäre in diesem Fall nicht gehindert, ihren Schutzpflichten beim Entstehen von Gefahren oder Störungen nachzukommen: Sie könnte Anordnungen gegenüber anderen Personen erlassen, die erforderlichen Maßnahmen selbst und auf eigene Kosten durchführen oder - als ultima ratio[16] - den Genehmigungsinhaber - vor allem wenn nur er zur Gefahrenabwehr oder Störungsbeseitigung in der Lage ist - als Notstandspflichtigen gegen Entschädigung in Anspruch nehmen[17].

Sofern eine Legalisierungswirkung von Genehmigungen also überhaupt anzuerkennen sein sollte, ist lediglich vertretbar, daß durch sie die Störerhaftung des durch eine Genehmigung Berechtigten ausgeschlossen wird. Im Ergebnis käme der Legalisierungswirkung in diesem Fall die Funktion zu, Widersprüche zwischen einer Genehmigung, die ihrem Inhaber die Ausführung eines Vorhabens gestattet, und einer späteren Verfügung, die ihn zur Abwehr oder Beseitigung von Gefahren oder Störungen verpflichtet, die durch das Vorhaben hervorgerufen werden, auszuschließen.

Ob eine behördliche Duldung eines Gefahren oder Störungen hervorrufenden Verhaltens oder eines entsprechenden Zustands sich in vergleichbarer Weise auf Verfügun-

---

[12] Vgl. Peine, JZ 1990, 201 (203f., 209 und 211).

[13] Hurst, AöR 83 (1958), 62ff.; Rademacher, S. 61; Sendler, WiVerw 1977, 94 (96); Schnur, DVBl. 1962, 1 (2).

[14] So schon Hurst, AöR 83 (1958), 43 (66ff. m.w.N.).

[15] Brandt/Dieckmann/Wagner, S. 41f..

[16] Vgl. z.B. §§ 6 Abs. 1 und 2 PolG NW, 19 Abs. 1 und 2 OBG NW; Drews/Wacke/Vogel/Martens, S. 291; Konrad, BayVBl. 1980, 581 (583).

[17] Vgl. Drews/Wacke/Vogel/Martens, S. 289ff.; Erichsen, VVDStRL 35 (1977), 171 (204, 206); Konrad, BayVBl. 1980, 581 (583); Schnur, DVBl. 1962, 1 (3).

gen zur Abwehr dieser Beeinträchtigungen auswirken kann, wird hier nicht untersucht[18]. Für eine behördliche Duldung, die als Realakt erfolgt, gelten im Verhältnis zu einer Genehmigung, die als Verwaltungsakt erlassen wird, andere rechtliche Maßstäbe. Die hier zur Legalisierungswirkung von Genehmigungen zu entwickelnden Grundsätze können daher nicht ohne weiteres auf behördliche Duldungen übertragen werden[19].

---

[18] Bei der Anordnung repressiver Maßnahmen kann eine behördliche Duldung im Einzelfall im Rahmen des allgemeinen Verhältnismäßigkeitsgrundsatzes zu berücksichtigen sein, vgl. BVerwG, DVBl. 1979, 67 (69); Pietzcker, JZ 1985, 209 (214f.). Vgl. zur behördlichen Duldung allgemein Randelzhofer/Wilke, Die Duldung als Form fexiblen Verwaltungshandelns, Berlin 1981.
[19] Vgl. etwa Brandt/Dieckmann/Wagner, S. 47f.; Papier, DVBl. 1985, 873 (877); derselbe, NVwZ 1986, 256 (259); Pietzcker, JZ 1985, 209 (214f.); Schneider, S. 84f.; Nauschütt, S. 167.

B. Möglicher Anwendungsbereich einer Legalisierungswirkung von Genehmigungen

Bevor die dogmatische Begründung der Legalisierungswirkung von Genehmigungen untersucht und ihre Reichweite bestimmt wird, wird im folgenden geklärt, ob eine Legalisierungswirkung nur bei bestimmten Genehmigungen oder grundsätzlich bei jeder Genehmigung in Betracht kommt. Außerdem wird geprüft, gegenüber welchen Eingriffsnormen eine Legalisierungswirkung denkbar ist.

I. Genehmigungen, bei denen eine Legalisierungswirkung in Betracht kommt

Das BVerwG führt die Legalisierungswirkung von immissionsschutzrechtlichen Genehmigungen auf § 13 BImSchG, "im Grunde aber unabhängig davon ... (auf das) Wesen der Genehmigung" zurück[1]. Da das Gericht seine Auffassung auch aus dem "Wesen" einer Genehmigung herleitet, geht es davon aus, daß seine Ausführungen zu verallgemeinern und auf sonstige behördliche Zulassungsentscheidungen zu übertragen sind. Zumindest dieser generelle Ausgangspunkt des Gerichts verdient Zustimmung. Denn wenn der Legalisierungswirkung die Funktion zukommt, Widersprüche zwischen einer Genehmigung und einer späteren Verfügung, durch die ihr Inhaber als Störer in Anspruch genommen werden soll, auszuschließen[2], so besteht ein entsprechendes Bedürfnis immer dann, wenn Gefahren oder Störungen, die durch die Verwirklichung eines behördlich zugelassenen Vorhabens hervorgerufen werden, abzuwehren oder zu beseitigen sind.

Im Rahmen der öffentlich-rechtlichen Störerhaftung für Altlasten wird eine Legalisierungswirkung beispielsweise für wasserrechtliche Erlaubnisse und Bewilligungen, immissionsschutzrechtliche und gewerberechtliche Genehmigungen, Baugenehmigungen, abfallrechtliche Planfeststellungsbeschlüsse und Genehmigungen sowie für bergrechtliche Betriebspläne erwogen[3].

Wie bereits in der Einleitung erwähnt, ist eine Legalisierungswirkung nicht nur gegenüber Gefahren und Störungen denkbar, die von Altlasten, also im wesentlichen von stillgelegten Anlagen, ausgehen[4]. Die Altlastendiskussion war lediglich ein eher zufälliger Anlaß, der die Gelegenheit bot, die vom BVerwG entwickelte Rechtsfigur zur Begrenzung der öffentlich-rechtlichen Störerhaftung einzusetzen. Aufgrund ihrer

---

1 BVerwGE 55, 118 (124).
2 Vgl. oben Kapitel A.
3 Vgl. hierzu im einzelnen Kapitel E. Im folgenden wird der Begriff der Legalisierungswirkung von "Genehmigungen" daher in einem weiten Sinne verwandt; auch Bewilligungen, Erlaubnisse, Planfeststellungsbeschlüsse und sonstige behördliche Zulassungsentscheidungen werden erfaßt.
4 Ebenso Engel, S. 27f..

Funktion kommt eine Legalisierungswirkung vielmehr auch in Betracht, wenn Beeinträchtigungen, die ein genehmigtes Vorhaben verursacht, während des Zeitraums seiner Ausführung, insbesondere während des Betriebs einer Anlage, abgewehrt oder beseitigt werden sollen.

Diese Arbeit beschränkt sich auf die Untersuchung der Legalisierungswirkung umweltbezogener Genehmigungen, also von Zulassungsentscheidungen, die ein Vorhaben gestatten, von dem Beeinträchtigungen für Boden, Wasser oder Luft ausgehen können. Soweit ersichtlich, wird eine Legalisierungswirkung bisher nur bei solchen Genehmigungen erörtert. Sie ist darüber hinaus allerdings grundsätzlich ebenfalls aufgrund anderer behördlicher Zulassungsentscheidungen denkbar; in Betracht kommen etwa Genehmigungen, die das Inverkehrbringen von Produkten - zum Beispiel nach dem Pflanzenschutz-, Düngemittel- oder Arzneimittelrecht - gestatten[5].

II. Eingriffsnormen, gegenüber denen eine Legalisierungswirkung denkbar ist

Geht man davon aus, daß die Legalisierungswirkung von Genehmigungen dazu dient, Widersprüche zwischen einer Genehmigung und einer späteren Verfügung, die das gestattete Vorhaben oder seine Folgen sanktioniert, zu vermeiden, so besteht ein entsprechendes Bedürfnis nicht nur bei der Anwendung der polizei- und ordnungsbehördlichen Generalklauseln, sondern auch bei der Anwendung sonstiger Eingriffsnormen. Grundsätzlich ist eine Legalisierungswirkung daher gegenüber jeder öffentlich-rechtlichen Ermächtigungsgrundlage denkbar[6].

Besonderheiten bestehen jedoch bei speziellen Eingriffsnormen, die gerade die Inanspruchnahme des Inhabers einer Genehmigung vorsehen, indem sie die Behörden beispielsweise zum Erlaß von nachträglichen Anordnungen oder nachträglichen Auflagen ermächtigen. Derartige Eingriffsnormen sind etwa § 5 Abs. 1 WHG, § 17 Abs. 1 BImSchG, § 8 Abs. 1 Satz 3 AbfG, § 10 Abs. 2 AbfG, § 56 Abs. 1 Satz 2 und § 71 Abs. 1 BBergG. Die Legislative hat durch solche Normen die Rechtsposition eines Genehmigungsinhabers geschwächt. Ob durch ihre Anwendung ein "Einbruch" in eine Genehmigung erfolgt[7] oder ob lediglich die von vornherein begrenzte Rechtsposition

---

[5] Vgl. Di Fabio, S. 304ff.; Schimikowski, PHI 1993, 80 (89).
[6] Ebenso Engel, S. 28.
[7] Das BVerwG geht im Fall des § 17 Abs. 1 BImSchG von einem "Einbruch" in eine immissionsschutzrechtliche Genehmigung aus, BVerwGE 55, 118 (122). Ähnlich Franke, ZfW 1976, 195 (198), zur Wirkung von nachträglichen Auflagen.

eines Genehmigungsinhabers konkretisiert wird[8], mag an dieser Stelle dahinstehen. Jedenfalls hat der Gesetzgeber durch diese speziellen Eingriffsnormen entschieden, daß eine Genehmigung der Inanspruchnahme ihres Inhabers insoweit nicht entgegensteht[9]. Eine Legalisierungswirkung kommt deshalb nicht in Betracht[10].

Ferner besteht für eine Legalisierungswirkung von Genehmigungen kein Bedürfnis, soweit die Anwendung einer Eingriffsnorm bereits aufgrund des Grundsatzes lex specialis derogat legi generali von einer speziellen Vorschrift ohnehin ausgeschlossen wird[11]. Eine Legalisierungswirkung ist hier nur gegenüber der spezielleren Norm denkbar.

Entsprechendes gilt, soweit Subsidiaritätsklauseln den Anwendungsbereich der polizei- und ordnungsrechtlichen Generalklauseln einschränken. Die allgemeinen Polizei- und Ordnungsgesetze der Länder sehen zumeist die Anwendung der Generalklauseln nur vor, wenn besondere Vorschriften die Befugnisse der Behörden nicht[12] oder nicht abschließend[13] regeln. Eine Legalisierungswirkung kommt in diesen Fällen nur gegenüber den vorrangig anzuwendenden Eingriffsnormen in Betracht.

---

[8] Hierfür sprechen zum Beispiel bei einer immissionsschutzrechtlichen Genehmigung die gesetzlichen Grundpflichten des § 5 BImSchG, die durch den Erlaß einer nachträglichen Anordnung nach § 17 BImSchG nicht begründet, sondern lediglich durchgesetzt werden, vgl. OVG Lüneburg, NJW 1993, 1671 (1671).

[9] A. A. Kutschera, S. 176f., 228 und 230f., der dies nicht berücksichtigt.

[10] Vgl. VGH München, BayVBl. 1993, 304 (305), zu § 8 Abs. 1 Satz 3 AbfG und § 10 Abs. 2 AbfG; Kloepfer, NuR 1987, 7 (14); Roesler, S. 152; Papier, NVwZ 1986, 256 (258); Schink, DVBl. 1985, 1149 (1155).

[11] Peine, JZ 1990, 201 (202); Roesler, S. 35.

[12] § 7 Abs. 2 LStVG Bay.; § 13 Abs. 2 Satz 2 VGPolG Bbg; § 10 Abs. 2 Satz 2 PolG Brem.; § 3 Abs. 1 Satz 2 SOG Nds.; § 9 Abs. 2 Satz 2 PVG Rh-Pf.; § 14 Abs. 2 Satz 2 OBG NW; § 8 Abs. 2 Satz 2 PolG NW; § 8 Abs. 2 Satz 2 PolG Saarl.; § 3 Abs. 1 SächsPolG; § 13 SOG LSA; § 5 Abs. 2 Satz 2 OBG Thü; § 12 Abs. 3 Satz 2 PAG Thü.

[13] § 17 Abs. 2 Satz 2 ASOG Bln.; § 10 Abs. 2 Satz 2 PolG Brem.; § 12 Abs. 2 SOG MV; § 3 Abs. 1 Satz 3 SOG Nds.; § 173 Abs. 2 LVwG Schl-Hol..

C. Dogmatische Grundlage der Legalisierungswirkung von Genehmigungen

Ob und mit welcher Reichweite eine Legalisierungswirkung von Genehmigungen anzuerkennen ist, hängt davon ab, welche dogmatische Grundlage für diese Rechtsfigur besteht.

I. Dogmatische Herleitung der Legalisierungswirkung von Genehmigungen durch die Rechtsprechung

Das BVerwG leitet die Legalisierungswirkung immissionsschutzrechtlicher Genehmigungen aus § 13 BImSchG - "im Grunde aber unabhängig davon aus dem Wesen der Genehmigung" - ab[1].

Welche dogmatische Grundlage sich für eine Legalisierungswirkung von Genehmigungen aus § 13 BImSchG ergeben könnte, ist nicht ersichtlich. Die Vorschrift begründet für immissionsschutzrechtliche Genehmigungen eine eingeschränkte verfahrensrechtliche Konzentrationswirkung[2]. "Mit Ausnahme" der in § 13 Satz 1 BImSchG genannten Genehmigungen schließt eine immissionsschutzrechtliche Genehmigung "andere, die Anlage betreffende behördliche Entscheidungen ein". Nach § 6 Nr. 2 BImSchG läßt die Konzentration allerdings das für die mit eingeschlossenen Genehmigungen maßgebende materielle Zulassungsrecht unberührt[3]; weder die Zulassungsvoraussetzungen noch der Regelungsgehalt, der den konzentrierten Genehmigungen entspricht, werden also durch § 13 BImSchG verändert. § 13 BImSchG verbindet folglich lediglich mehrere, ansonsten selbständig durchzuführende Verwaltungsverfahren; sie werden zu einem einzigen konzentriert.

Auch das "Wesen" einer Genehmigung, aus dem sich die Legalisierungswirkung von Genehmigungen "im Grunde" unabhängig von § 13 BImSchG ergeben soll, wird vom BVerwG nicht erläutert.

Im Ergebnis läßt das Gericht somit die dogmatische Grundlage der Legalisierungswirkung von Genehmigungen offen.

Die obergerichtliche Rechtsprechung hat sich, soweit ersichtlich, ebenfalls nicht um eine eigene dogmatische Begründung der Legalisierungswirkung von Genehmigungen

---

[1]   BVerwGE 55, 118 (124).
[2]   Hierzu Fluck, NVwZ 1992, 114 (115, 118).
[3]   Fluck, NVwZ 1992, 114 (116).

bemüht[4]. Lediglich zu ihren Grenzen wird Stellung genommen. Die Legalisierungswirkung von Genehmigungen könne jedenfalls nicht über den Regelungsgehalt einer Genehmigung hinausgehen[5].

II. Dogmatische Herleitung der Legalisierungswirkung von Genehmigungen durch die Literatur

In der Literatur wird zum Teil gleichfalls auf eine dogmatische Herleitung der Legalisierungswirkung von Genehmigungen verzichtet. Daß wegen Auswirkungen auf Rechte Dritter oder Schutzgüter der Allgemeinheit, die durch eine Genehmigung ausdrücklich gestattet werden, eine polizeirechtliche Haftung nicht in Betracht komme, sei eine Selbstverständlichkeit[6].

Soweit das Schrifttum die Legalisierungswirkung von Genehmigungen dogmatisch begründet, gehen die Ansichten weit auseinander.

1. Legalisierungswirkung von Genehmigungen als spezifisches Problem der polizei- und ordnungsrechtlichen Störerhaftung

Zumeist wird die Legalisierungswirkung von Genehmigungen als spezifisches Problem der polizei- und ordnungsrechtlichen Störerhaftung behandelt. Die Legalisierungswirkung einer Genehmigung schließe es aus, genehmigungskonform verursachte Gefahren oder Störungen für die öffentliche Sicherheit dem Genehmigungsinhaber zuzurechnen[7].

---

[4]   Vgl. OVG Bremen, Urteil vom 24.8.1981 - OVG 1 BA 11/80 -, in Feldhaus ES, § 17-3 BImSchG S. 4f.; OVG Koblenz, NVwZ 1986, 946 (947); NVwZ 1992, 499 (500); VGH Mannheim, VersR 1987, 218 (219); UPR 1990, 310 (312).

[5]   VGH Mannheim, BWGZ 1986, 681f.; UPR 1990, 310 (312).

[6]   Hermes, in: Wandel der Handlungsformen im öffentlichen Recht, S. 187 (203).

[7]   Bender/Sparwasser, Rdnr. 1061; Breuer, JuS 1986, 359 (362); derselbe, NVwZ 1987, 751 (755); Friauf, in von Münch, S. 97 (129, Rdnr. 79); Götz, Rdnr. 212a; Kloepfer, in Altlasten und Umweltrecht, S. 17 (27ff.); derselbe, NuR 1987, 1 (10ff.); Kothe, ZRP 1987, 399 (401); Oldiges, in Grimm/Papier, S. 236 (249); Papier, Altlasten und polizeirechtliche Störerhaftung, S. 23ff.; derselbe, DVBl. 1985, 873 (876); derselbe, in Altlasten und Umweltrecht, S. 59 (65ff.); derselbe, NVwZ 1986, 256 (257ff.); derselbe, ET 1987, 437 (438); derselbe, Jura 1989, 505 (507f.); derselbe, NWVBl. 1989, 322 (325); Pietzcker, DVBl. 1984, 457 (463f.); Schink, DVBl. 1985, 1149 (1155); derselbe, DVBl. 1986, 161 (166); Striewe, ZfW 1986, 273 (285); vgl. auch Drews/Wacke/Vogel/Martens, S. 316f.; Martens, DVBl. 1981, 597 (605f.); Knemeyer, Rdnr. 326.

Über die dogmatische Herleitung dieses Ergebnisses und über die Reichweite der Legalisierungswirkung gibt es keine Einigkeit. Ursache ist, daß die Zurechnungskriterien, die für die Begründung der polizei- und ordnungsrechtlichen Störerhaftung maßgebend sind, nach wie vor unklar sind. Nachfolgend werden zunächst die Grundlagen der polizei- und ordnungsrechtlichen Störerhaftung kurz dargestellt. Im Zusammenhang mit den verschiedenen Verursachungstheorien, die zur Störerbestimmung entwickelt wurden, wird jeweils auf die zur Legalisierungswirkung vertretenen Auffassungen eingegangen und Stellung genommen.

a) Grundlagen der polizei- und ordnungsrechtlichen Verhaltens-und Zustandshaftung

Die Verantwortlichkeit von Personen für eine polizei- oder ordnungswidrige Lage hängt nach herrschender Auffassung weder von einer besonderen, aus außerpolizeirechtlichen Vorschriften abzuleitender Rechtswidrigkeit[8] noch von einem Verschulden des Inanspruchgenommenen ab[9]. Der Betroffene erhält die Eigenschaft als Störer durch sein objektiv gefährliches oder störendes Verhalten beziehungsweise durch seine Sachherrschaft über eine objektiv gefährliche oder störende Sache[10]. Grundlage der polizei- und ordnungsrechtlichen Verhaltenshaftung ist die Ursächlichkeit eines Verhaltens für die abzuwehrende Gefahr oder Störung[11]. Für die Zustandshaftung ist es dagegen unerheblich, wie der polizei-oder ordnungswidrige Zustand entstanden ist. Die Zustandshaftung knüpft an die tatsächliche und rechtliche Sachherrschaft einer Person an, die es ihr ermöglicht, auf eine Sache einzuwirken[12].

---

8   Drews/Wacke/Vogel/Martens, S. 293; von Mutius, Jura 1983, 298 (303f.); Selmer, in: Festschrift für Martens, S. 483 (485f.); Wolff/Bachof, Verwaltungsrecht III, S. 65.
9   Drews/Wacke/Vogel/Martens, S. 293; Götz, Rdnr. 191; Knemeyer, Rdnr. 245; von Mutius, Jura 1983, 298 (299f., 303); Wolff/Bachof, Verwaltungsrecht III, S. 65.
10 Drews/Wacke/Vogel/Martens, S. 293; Götz, Rdnr. 191; Knemeyer, Rdnr. 245; von Mutius, Jura 1983, 298 (299f.).
11 Drews/Wacke/Vogel/Martens, S. 307ff.; Friauf, in von Münch, S. 97 (127, Rdnr. 73); Götz, Rdnr. 191; Knemeyer, Rdnr. 245f.; von Mutius, Jura 1983, 298 (302); Selmer, in: Festschrift für Martens, S. 483 (485); Wolff/Bachof, Verwaltungsrecht III, S. 65.
12 BVerwG, DVBl. 1986, 360 (361); GewArch 1991, 177; Drews/Wacke/ Vogel/Martens, S. 319f.; Friauf, in von Münch, S. 97 (131, Rdnrn. 83ff.); Knemeyer, Rdnr. 256; von Mutius, Jura 1983, 298 (306); Wolff/ Bachof, Verwaltungsrecht III, S. 67; a.A. Erichsen, VVDStRL 35 (1977), 171 (202); Götz, Rdnr. 191.

b) Zum Ausschluß der Verhaltenshaftung durch die Legalisierungswirkung von Genehmigungen

Um den Ausschluß der Verhaltenshaftung durch die Legalisierungswirkung von Genehmigungen dogmatisch herzuleiten, wird zumeist auf die "Verursachungstheorien"[13] des allgemeinen Polizei- und Ordnungsrechts zurückgegriffen. Es wird versucht, die Legalisierungswirkung mit den insoweit diskutierten Zurechnungskriterien in Einklang zu bringen.

aa) Verursachungstheorien des allgemeinen Polizei- und Ordnungsrechts

Nach allgemeiner Ansicht ist die nach naturwissenschaftlichen Maßstäben zu bestimmende Ursächlichkeit eines Verhaltens für eine Gefahr oder Störung lediglich eine notwendige, aber keine hinreichende Voraussetzung für die Haftung als Verhaltensstörer. Zusätzlich soll eine rechtliche Wertung erforderlich sein, aufgrund derer erst darüber entschieden werden soll, ob die hervorgerufene Gefahr oder Störung dem Handelnden wegen der von ihm gesetzten Erfolgsbedingung auch zugerechnet werden kann[14].

Nach welchen Kriterien der polizei- und ordnungsrechtlich relevante Kausalbeitrag zu bestimmen ist, ist nach wie vor umstritten:

Übereinstimmung besteht im wesentlichen darüber, daß die Kausalitätslehren des Straf- und Zivilrechts für das Polizei- und Ordnungsrecht nicht geeignet sind.
Die im Strafrecht überwiegend als maßgebend angesehene Äquivalenztheorie, nach der strafrechtlich relevante Ursache jede Bedingung ist, ohne die der Erfolg entfiele[15], scheidet zur Bestimmung der polizei- und ordnungsrechtlichen Störerhaftung aus, da ihre uferlose Weite hier nicht durch das Erfordernis einer besonderen Rechtswidrigkeit und Schuld korrigiert wird[16].
Die das Zivilrecht beherrschende Adäquanztheorie, nach der nur solche Bedingungen die zivilrechtliche Haftung begründen, die nach der Lebenserfahrung generell geeignet

---

[13] Vgl. zu diesem Begriff Drews/Wacke/Vogel/Martens, S. 311.

[14] Drews/Wacke/Vogel/Martens, S. 311; Erichsen, VVDStRL 35 (1977), 171 (201f.); Feldhaus/Schmitt, WiVerw 1984, 1 (7ff.); Friauf, in von Münch, S. 97 (127, Rdnrn. 73ff.); Götz, Rdnr. 191; Hurst, AöR 83 (1958), 43 (49ff.); Knemeyer, Rdnr. 245ff.; Wolff/Bachof, Verwaltungsrecht III, S. 65f..

[15] Dreher/Tröndle, Vor § 13 StGB Rdnr.16.

[16] Drews/Wacke/Vogel/Martens, S. 310f.; Feldhaus/Schmitt, WiVerw 1984, 1 (9); von Mutius, Jura 1983, 298 (303f.); Wolff/Bachof, Verwaltungsrecht III, S. 65.

sind, eine Gefahr oder Störung der eingetretenen Art hervorzurufen[17], ist für das Polizei- und Ordnungsrecht nicht tauglich, weil oft gerade atypische, nicht vorhersehbare Gefahren oder Störungen abzuwehren sind. Auf der Grundlage dieser Theorie ist daher eine effektive Gefahrenabwehr nicht möglich[18].

Um die Unzulänglichkeiten zu vermeiden, zu denen die Anwendung der vorstehenden Verursachungstheorien im Polizei- und Ordnungsrecht führen würde, greifen Rechtsprechung und Literatur überwiegend auf die Theorie der "unmittelbaren Verursachung" zurück. Hiernach begründet nur die Ursache die polizei- und ordnungsrechtliche Verhaltenshaftung, welche die "Gefahrengrenze" - auch durch einen atypischen oder unvorhersehbaren Kausalverlauf - überschreitet und hierdurch die Gefahr oder Störung unmittelbar herbeiführt[19]. "Entferntere, lediglich mittelbare Bedingungen des eingetretenen oder drohenden Erfolges (werden) als polizeirechtlich irrelevant ausgeschieden"[20]. Für die "unmittelbare Verursachung" einer Gefahr oder Störung soll es nicht auf rein äußerliche Kriterien ankommen. Haftungsbegründend sei nicht etwa notwendigerweise die zeitlich letzte Bedingung, die "sozusagen das Faß zum Überlaufen gebracht hat"[21]. Vielmehr soll die "Unmittelbarkeit" einer Ursache aufgrund einer "wertenden Beurteilung" des Kausalalverlaufs ermittelt werden[22].

Die für die "wertende Beurteilung" maßgebenden Gesichtspunkte bilden - soweit die Legalisierungswirkung von Genehmigungen als spezifisch polizei- und ordnungsrechtliches Problem erörtert wird - die Ursache für die unklare dogmatische Herleitung dieser Rechtsfigur. Denn die Formulierung, daß nur die Ursache die polizei- und ordnungsrechtliche Haftung begründe, welche die Gefahrengrenze unmittelbar überschrei-

---

[17] Heinrichs, in Palandt, Vor § 249 BGB Rdnrn. 58ff..
[18] Drews/Wacke/Vogel/Martens, S. 311f.; Feldhaus/Schmitt, WiVerw 1984, 1 (9); von Mutius, Jura 1983, 298 (304); Wolff/Bachof, Verwaltungsrecht III, S. 65. Demgegenüber verlangt der VGH München, BayVBl. 1993, 304 (306), für die Störerhaftung des Betreibers einer Abfallentsorgungsanlage nach § 8 Abs. 1 Satz 3 AbfG und § 10 Abs. 2 AbfG, daß Umweltbeeinträchtigungen adäquat kausal auf den Betrieb der Anlage zurückgeführt werden können. Adäquanzkriterien zur Bestimmung der öffentlich-rechtlichen Störerhaftung schlagen ferner Baumann, S. 138, und Brandner, S. 85ff., vor.
[19] Vgl. schon PrOVGE 31, 409; 78, 261; 80, 177; 89, 238; 103, 139; OVG Lüneburg, OVGE 14, 397; OVG Münster, OVGE 5, 185 (187); DVBl. 1973, 924; Drews/Wacke/Vogel/Martens, S. 313ff.; Feldhaus/Schmitt, WiVerw 1984, 1 (9f.); Friauf, in von Münch, S. 97 (128, Rdnr. 76); Götz, Rdnrn. 192ff.; Knemeyer, Rdnrn. 248ff.; von Mutius, Jura 1983, 298 (304f.).
[20] Drews/Wacke/Vogel/Martens, S. 313f.; ebenso Götz, Rdnr. 192; Knemeyer, Rdnr. 248.
[21] Hurst, AöR 83 (1958), 43 (77).
[22] So schon Hurst, AöR 83 (1958), 43 (54, 64f., 77); ebenso Drews/Wacke/Vogel/Martens, S. 315; Friauf, in von Münch, S. 97 (128, Rdnr. 76); Götz, Rdnr. 193; Herrmann, DÖV 1987, 666 (667ff.); Konrad, BayVBl. 1980, 581 (581); von Mutius, Jura 1983, 298 (305); Vollmuth, VerwArch 1977, 45 (48ff.).

te, umschreibt allenfalls das Zurechnungsproblem[23]. Die Bestimmung der im einzelnen entscheidenden Kriterien wird zu den "schwierigsten, bisher nur äußerst unvollständig gelösten Aufgaben des heutigen Polizeirechts" gerechnet[24].

Zur Konkretisierung der Theorie der "unmittelbaren Verursachung" dienen die Lehren vom "sozialadäquaten Verhalten" und von der "rechtswidrigen Verursachung"; letztere wird teilweise durch "Risikozuweisungen" modifiziert. Auf diese Lehren und die hierauf aufbauenden Versuche zur Erklärung der Legalisierungswirkung von Genehmigungen wird im folgenden eingegangen.

bb) Herleitung der Legalisierungswirkung von Genehmigungen aus den Lehren zur Konkretisierung der Theorie der "unmittelbaren Verursachung"

Zur Konkretisierung der Theorie der "unmittelbaren Verursachung" diente zunächst die Lehre vom "sozialadäquaten Verhalten".

(1) Lehre vom "sozialadäquaten Verhalten"

Die Lehre vom "sozialadäquaten Verhalten", die als Gegensatz[25] zur Theorie der unmittelbaren Verursachung entwickelt und später mit ihr kombiniert wurde[26], geht davon aus, daß derjenige nicht als Störer anzusehen sei, der die ihm von der Rechtsordnung eingeräumten Rechte in sozial üblicher Weise wahrnimmt[27]. Er setze "keine unmittelbare Ursache" für eine Gefahr oder Störung, "sondern nur eine unwesentliche Bedingung"[28].
Lediglich ein Umstand, "der durch die ihm eigene Gefahrentendenz das Normalmaß der in einer solchen Umgebung bestehenden und mit dem Wohl der Allgemeinheit zu vereinbarenden Gegebenheiten übersteigt"[29], begründe die polizei- und ordnungsrechtliche Haftung.

---

[23] Vollmuth, VerwArch 1977, 45 (47); ähnlich Pietzcker, DVBl. 1984, 457 (458).
[24] Friauf, in von Münch, S. 97 (128, Rdnr. 77).
[25] Vgl. Hurst, AöR 83 (1958), 43 (75ff.).
[26] Bereits bei Hurst, AöR 83 (1958), 43 (81), finden sich entsprechende Überlegungen, vgl. im übrigen OVG Lüneburg, OVGE 14, 396 (402ff.); OVG Münster, OVGE 14, 265 (268); Feldhaus/Schmitt, WiVerw 1984, 1 (9f.); Striewe, ZfW 1986, 273 (283).
[27] Grundlegend hierzu Hurst, AöR 83 (1958), 43 (75ff.).
[28] OVG Münster, OVGE 14, 265 (268).
[29] Hurst, AöR 83 (1958), 43 (81); ebenso OVG Lüneburg, OVGE 14, 396 (403f.); OVG Münster, UPR 1984, 279 (279); NVwZ 1985, 355 (356); Feldhaus/Schmitt, WiVerw 1984, 1 (10, 12ff.); Striewe, ZfW 1986, 273 (283f.).

Unter dem Aspekt der Legalisierungswirkung von Genehmigungen haben Rechtsprechung[30] und Literatur[31] geprüft, ob das genehmigungskonforme Verhalten eines Anlagenbetreibers "sozialadäquat"[32] sei und daher die Gefahrengrenze nicht überschreite.

Berechtigte Kritik erfährt die Lehre vom sozialadäquaten Verhalten vor allem wegen ihrer fehlenden Bestimmtheit[33]. Für die soziale Üblichkeit gibt es keinen objektiven Maßstab. Letztlich läßt sich nur empirisch ermitteln, welches Verhalten zu einem bestimmten Zeitpunkt üblich ist. Die Lehre vom sozialadäquaten Verhalten bejaht im Ergebnis eine normative Kraft des Faktischen, für die in einem demokratischen Rechtsstaat kein Raum ist[34]. Die Verwendung dieses Kriteriums birgt darüber hinaus die Gefahr, daß vom Betroffenen nicht vorhersehbare Erwägungen maßgebend werden und die polizei- und ordnungsrechtliche Störerhaftung hierdurch zu einem unkalkulierbaren Risiko wird.

Wegen der fehlenden Bestimmtheit der Lehre überrascht es nicht, daß ihre Anhänger zu der Frage, ob eine Legalisierungswirkung anzuerkennen ist oder nicht, nicht zu übereinstimmenden Ergebnissen gelangen:

Teils wird die Legalisierungswirkung von Genehmigungen abgelehnt[35], weil es für die Störereigenschaft unerheblich sei, ob eine Gefahr oder Störung durch ein rechtmäßiges, genehmigtes Verhalten verursacht worden sei. Die Lehre vom der sozialadäquaten Verhalten sei nicht einschlägig, wenn "Betriebshandlungen ... von vornherein eine im Verhältnis zum Normalmaß erhöhte Gefahrentendenz zeigten"[36].

Nach anderer Ansicht entfaltet die Genehmigung "in der Tat" eine Legalisierungswirkung[37]. Das genehmigte Verhalten werde durch die Genehmigung als sozialadäquat

---

[30] OVG Münster, UPR 1984, 279 (279); NVwZ 1985, 355 (356). Das Gericht erwähnt den Begriff der Legalisierungswirkung von Genehmigungen zwar nicht; der Sache nach wird jedoch diese Rechtsfigur erörtert.

[31] Kothe, ZPR 1987, 399 (401); Schink, DVBl. 1985, 1149 (1155); derselbe DVBl. 1986, 161 (166); Striewe, ZfW 1986, 273 (283ff.).

[32] Feldhaus/Schmitt, WiVerw 1984, 1 (12ff.) sprechen von einer "Umweltadäquanz".

[33] Drews/Wacke/Vogel/Martens, S. 311f.; Götz, 7. Aufl., S. 103f.; von Mutius, Jura 1983, 298 (304); Schrader, S. 172f.; vgl. auch Vollmuth, VerwArch 1977, 45 (51, Fußnote 31).

[34] Vgl. Muckel, S. 27f..

[35] OVG Münster, UPR 1984, 279 (279); NVwZ 1985, 355 (356).

[36] OVG Münster, UPR 1984, 279 (279); NVwZ 1985, 355 (356).
Die Ausführungen des Gerichts sind in beiden Entscheidungen widersprüchlich. Denn gerade wenn ein Verhalten "im Verhältnis zum Normalmaß eine erhöhte Gefahrentendenz aufweist", soll nach der Lehre vom sozialadäquaten Verhalten die Haftung des Verursachers eintreten. Es stellt sich allein die Frage, ob das Verhalten trotz der erteilten Genehmigung nicht soziaädäquat ist, weil es dennoch das "Normalmaß der in einer solchen Umgebung bestehenden und mit dem Wohl der Allgemeinheit zu vereinbarenden Gegebenheiten übersteigt" (vgl. Hurst, AöR 83 (1958), 43 (81)).

[37] Striewe, ZfW 1986, 273 (285).

klassifiziert. Ein von der Rechtsordnung gestattetes Verhalten könne nicht zugleich als Störung angesehen werden[38].

Als dogmatische Grundlage für die Legalisierungswirkung von Genehmigungen ist die Lehre vom sozialadäquaten Verhalten wegen ihrer Unbestimmtheit nicht geeignet.

(2) Lehre von der "rechtswidrigen Verursachung" und ihre Modifizierung durch "Risikozuweisungen"

Als Reaktion auf die Schwächen der Theorie vom sozialadäquaten Verhalten wurde die Lehre von der "rechtswidrigen Verursachung"[39] - teilweise durch "Risikozuweisungen" modifiziert - entwickelt, die in jüngerer Zeit zahlreiche Anhänger gefunden hat[40]. Dementsprechend häufig wird auf der Grundlage dieser Meinung untersucht, ob eine Legalisierungswirkung von Genehmigungen anzuerkennen ist[41].

Nach der Lehre von der "rechtswidrigen Verursachung" wird die Sozialadäquanz eines Verhaltens, welches das "Normalmaß der ... mit dem Wohl der Allgemeinheit zu vereinbarenden Gegebenheiten" nicht übersteigt[42], von der Rechtsordnung bestimmt. Die sozialethische Ordnung des Gemeinschaftslebens werde durch die Rechtsordnung verbindlich geregelt[43]. Der Verursacher einer Gefahr oder Störung, der sich nicht rechtmäßig verhalten habe, sei daher als Störer verantwortlich. Die von ihm gesetzte Bedingung überschreite die "Gefahrengrenze", weil sie den Erfordernissen der Rechtsordnung nicht entspreche[44]. Die Störerhaftung weise ihn in die Schranken seines Rechts zurück[45].

---

[38] Kothe, ZRP 1987, 399 (401); Schink, DVBl. 1985, 1149 (1155); derselbe, DVBl. 1986, 161 (166); Striewe, ZfW 1986, 273 (285).
[39] Begründet wurde sie von Scholz-Forni, VerwArch 30 (1925), 11ff. und 244ff., und Schnur, DVBl. 1962, 1 (39).
[40] Z.B. Bender/Sparwasser, Rdnr. 1060; Erichsen, VVDStRL 35 (1977), 171 (205ff.); Friauf, in von Münch, S. 97 (128, Rdnrn. 77ff.); Götz, Rdnr. 193; Herrmann, DÖV 1987, 666 (671ff.); Hoppe/Beckmann, S. 148 und 272; Kloepfer, in Altlasten und Umweltrecht, S. 17 (25ff.); derselbe, NuR 1987, 7 (9ff.); Niemuth, DÖV 1988, 291 (294f.); Pietzcker, DVBl. 1984, 457 (458ff.); Roesler, S. 29f.; Vollmuth, VerwArch 1977, 45 (51ff.).
[41] Z.B. Bender/Sparwasser, Rdnr. 1061; Breuer, JuS 1986, 359 (362ff.); derselbe, NVwZ 1987, 751 (755); Hoppe/Beckmann, S. 148; Kloepfer, in Altlasten und Umweltrecht, S. 17 (33ff. und 42); derselbe, NuR 1987, 7 (13ff.); Niemuth, DÖV 1988, 291 (295); Papier, Altlasten und polizeirechtliche Störerhaftung, S. 25 und 27; derselbe, in Altlasten und Umweltrecht, S. 59 (65f.); derselbe, NVwZ 1986, 256 (257f.); Roesler, S. 72ff.; vgl. auch Pietzcker, DVBl. 1984, 457 (463f.).
[42] Vgl. Hurst, AöR 83 (1958), 43 (81).
[43] Vollmuth, VerwArch 1977, 45 (51, Fußnote 31).
[44] Vollmuth, VerwArch 1977, 45 (52).
[45] Schnur, DVBl. 1962, 1 (3).

An der Lehre von der rechtswidrigen Verursachung wird zu Recht kritisiert, daß sie zu einem Zirkelschluß verleitet[46]. Denn nicht nur Vorschriften, die nicht zum Polizei- und Ordnungsrecht gehören, sondern auch die polizei- und ordnungsrechtlichen Generalklauseln selbst enthalten einen Rechtswidrigkeitsmaßstab. Aufgrund der materiellen Polizeipflicht, welche die polizei- und ordnungsrechtlichen Generalklauseln begründen, ist jedermann unmittelbar kraft Gesetzes verpflichtet, sein Verhalten und den Zustand seiner Sachen so einzurichten, daß eine Gefahr oder Störung der öffentlichen Sicherheit vermieden wird[47]. Wo spezielle gesetzliche Pflichten fehlen und eine polizei- und ordnungsrechtliche Verantwortlichkeit folglich allein aus den Generalklauseln abgeleitet werden muß, bewegt man sich bei der Anwendung der Lehre von der rechtswidrigen Verursachung im Kreise[48].

Um diesen Zirkelschluß zu vermeiden, wird vor allem von der neueren Literatur eine Ergänzung der Lehre von der rechtswidrigen Verursachung durch "Risikozuweisungen" favorisiert[49]. Dort, wo Rechtsnormen spezielle Verhaltenspflichten vorsehen, soll - ebenso wie nach der Lehre von der rechtswidrigen Verursachung in ihrer "reinen" Form - ein Verstoß gegen diese Vorschriften die Störereigenschaft begründen[50]. Fehlen entsprechende Vorschriften, so soll der Inhalt der aus der Generalklausel folgenden materiellen Polizeipflicht - der "Nichtstörungsvorbehalt", der für jede rechtlich geschützte Betätigung bestehe[51] - durch eine Einzelfallabwägung unter Berücksichtigung rechtlich geschützter Positionen und Betätigungen bestimmt werden[52]. In Anlehnung

---

[46] Breuer, JuS 1986, 359 (362); von Mutius, Jura 1983, 298 (304); Pietzcker, DVBl. 1984, 457 (458).
[47] Drews/Wacke/Vogel/Martens, S. 293; Götz, Rdnr. 189; von Mutius, Jura 1983, 298 (299f.); Pietzcker, DVBl. 1984, 457 (459); a.A. Hurst, AöR 83 (1958), 45 (64ff.), und Klaudat, S. 20ff., die meinen, die Polizeipflicht entstehe erst durch die Inanspruchnahme einer Person als Störer.
[48] Breuer, JuS 1986, 359 (362); von Mutius, Jura 1983, 298 (304); Pietzcker, DVBl. 1984, 457 (458).
[49] Bender/Sparwasser, Rdnr. 1060; Erichsen, VVDStRL 35 (1977), 171 (205ff.); Friauf, in von Münch, S. 97 (128, Rdnr. 77); Götz, Rdnr. 193; Herrmann, DÖV 1987, 666 (671ff.); Kloepfer, in Altlasten und Umweltrecht, S. 17 (25ff.); derselbe, NuR 1987, 7 (9ff.); Niemuth, DÖV 1988, 291 (294f.); Papier, Altlasten und polizeirechtliche Störerhaftung, S. 26f. und 32ff.; derselbe, in Altlasten und Umweltrecht, S. 59 (65 und 71ff.); Pietzcker, DVBl. 1984, 457 (458ff.); Roesler, S. 29f.; Schink, VerwArch 1991, 357 (372ff.); Seibert, DVBl. 1992, 664 (670); vgl. auch VGH Mannheim, NVwZ 1987, 237 (238).
[50] Bender/Sparwasser, Rdnr. 1060; Breuer, JuS 1986, 359 (362); Erichsen, VVDStRL 35 (1977), 171 (205); Götz, Rdnr. 193; Herrmann, DÖV 1987, 666 (670f.); Kloepfer, in Altlasten und Umweltrecht, S. 17 (25); derselbe, NuR 1987, 7 (9); Niemuth, DÖV 1988, 291 (295); Pietzcker, DVBl. 1984, 457 (459); Schink, VerwArch 1991, 357 (372).
[51] Pietzcker, DVBl. 1984, 457 (459f.); ablehnend Schink, VerwArch 1991, 357 (373).
[52] Breuer, JuS 1986, 359 (362); Erichsen, VVDStRL 35 (1977), 171 (206); Götz, Rdnr. 193; Kloepfer, in Altlasten und Umweltrecht, S. 17 (25ff.); derselbe, NuR 1987, 7 (9ff.); Pietzcker, DVBl. 1984, 457 (459f.).

an die zivilrechtlichen Verkehrssicherungspflichten seien dem Verursacher einer Gefahr oder Störung Haftungsrisiken zuzurechnen[53].

(a) Dogmatische Herleitung der Legalisierungswirkung von Genehmigungen

Anhänger der Lehre von der rechtswidrigen Verursachung begründen die Legalisierungswirkung von Genehmigungen damit, daß ein genehmigtes Verhalten dem Recht entspreche und daher, selbst wenn es eine Gefahr oder Störung verursacht, nicht die polizei- und ordnungsrechtliche Störerhaftung begründen könne[54]. Manche meinen darüber hinaus, daß aus den begrenzten gewerberechtlichen Eingriffsbefugnissen eine normative Risikozuweisung folge. Der sich genehmigungskonform verhaltende Betreiber trage daher nur "das Risiko der spezialgesetzlich geregelten Eingriffe"[55]. Zum Teil wird auf eine konkrete dogmatische Erklärung der Legalisierungswirkung von Genehmigungen verzichtet und statt dessen auf eine Vielzahl rechtlicher Erwägungen verwiesen[56].

(b) Stellungnahme

Die Lehre von der rechtswidrigen Verursachung kollidiert mit dem Grundsatz, daß die polizei- und ordnungsrechtliche Haftung nicht von einer besonderen, aus außerpolizeirechtlichen Vorschriften abzuleitenden Rechtswidrigkeit eines Verhaltens abhängt[57].

Die Praktikabilität der durch Risikozuweisungen modifizierten Lehre von der rechtswidrigen Verursachung ist zweifelhaft[58]:

---

[53] Herrmann, DÖV 1987, 666 (671ff.); Kloepfer, in Altlasten und Umweltrecht, S. 17 (29ff.); derselbe, NuR 1987, 1 (11f.); Pietzcker, DVBl. 1984, 457 (459f.); Schink, VerwArch 1991, 357 (375).

[54] Breuer, JuS 1986, 359 (362); derselbe, NVwZ 1987, 751 (755); Friauf, in von Münch, S. 97 (129, Rdnr. 79); Oldiges, in Grimm/Papier, S. 236 (249); Papier, Altlasten und polizeirechtliche Störerhaftung, S. 23ff.; derselbe, DVBl. 1985, 873 (876); derselbe, in Altlasten und Umweltrecht, S. 59 (65ff.); derselbe, NVwZ 1986, 256 (257ff.); derselbe, ET 1987, 437 (438); derselbe, Jura 1989, 505 (507f.); derselbe, NWVBl. 1989, 322 (325); Pietzcker, DVBl. 1984, 457 (463f.); Schimikowski, PHI 1993, 80 (89); Schink, VerwArch 1991, 357 (381); vgl. auch Drews/Wacke/ Vogel/Martens, S. 316f.; Martens, DVBl. 1981, 597 (605f.); Knemeyer, Rdnr. 326.

[55] Breuer, JuS 1986, 359 (362); derselbe, NVwZ 1987, 751 (755); Heiermann, S. 245; Hoppe/Beckmann, S. 148.

[56] Kloepfer, in Altlasten und Umweltrecht, S. 17 (27ff.); derselbe, NuR 1987, 1 (10ff.).

[57] Drews/Wacke/Vogel/Martens, S. 293; von Mutius, Jura 1983, 298 (303f.); Selmer, in: Festschrift für Martens, S. 483 (485f.); Wolff/Bachof, Verwaltungsrecht III, S. 65; Staupe, DVBl. 1988, 609.

[58] Vgl. Drews/Wacke/Vogel/Martens, S. 313; Pietzcker, DVBl. 1984, 457 (464).

Zu den für die Risikozuweisung maßgebenden Kriterien gibt es keine gemeinsame Auffassung. Während einige Autoren diese Gesichtspunkte nur aus öffentlich-rechtlichen Vorschriften herleiten wollen[59], sind andere der Meinung, daß die gesamte sonstige Rechtsordnung[60] - einschließlich der zivilrechtlichen Haftungsnormen[61] - auszuschöpfen sei.

Ferner sind die zur Risikozuweisung herangezogenen Aspekte derart vage, daß kaum vorhersehbar ist, ob eine Behörde oder ein Gericht eine bestimmte Genehmigung anhand dieser Kriterien als legalisierend bewerten wird oder nicht. So wird die Legalisierungswirkung von Genehmigungen einer Vielzahl nicht näher konkretisierter Gesichtspunkte zuordnet[62]; ihre dogmatische Grundlage bleibt letztlich offen[63].

---

[59] Breuer, JuS 1986, 359 (363); Erichsen, VVDStRL 35 (1977), 171 (205, Fußnote 209); Papier, Altlasten und polizeirechtliche Störerhaftung, S. 32ff.; derselbe, in Altlasten und Umweltrecht, S. 59 (71ff.); derselbe, NVwZ 1986, 256 (260f.).

[60] Götz, Rdnr. 193.

[61] Kloepfer, in Altlasten und Umweltrecht, S. 17 (28ff.); derselbe, NuR 1987, 1 (11); Koch/Herrmann, S. 20ff., 58ff.; Vollmuth, VerwArch 1977, 45 (53ff.).

[62] Kloepfer, in Altlasten und Umweltrecht, S. 17 (33ff.); derselbe, NuR 1987, 1 (13f.); Nauschütt, S. 165f. und 168f.; Pape, NJW 1992, 2661 (2668); Schink, VerwArch 1991, 357 (382); Selmer, JuS 1992, 97 (100).

[63] So führt Kloepfer (in Altlasten und Umweltrecht, S. 17 (33ff.); derselbe, NuR 1987, 1 (13f.)) die Legalisierungswirkung von Genehmigungen auf die Erwägung "der verbrauchten behördlichen Entscheidung", auf eine "Quasi-Selbstbindung der Verwaltung" (ebenso Selmer, Privates Umwelthaftungsrecht, S.32), auf den Bestandsschutz von Verwaltungsentscheidungen, auf die "Kontinuität staatlichen Handelns und im weiteren Sinne (auf Belange) des Vertrauensschutzes" zurück (ebenso Pape, NJW 1992, 2661 (2668)). Eine weitere Grundlage der Legalisierungswirkung könne die "Einheit der Rechtsordnung" sein. In einer komplexen Rechtsordnung bestehe jedoch die Möglichkeit, daß ein Verhalten nur "relativ" rechtswidrig sei. Es könne mit einer Vorschrift zu vereinbaren sein, während es einer anderen widerspreche. Ohne weitere Begründung meint Kloepfer, eine Legalisierungswirkung scheide "ohnehin weitgehend aus, soweit die Genehmigung völlig oder partiell rechtswidrig" sei. Kloepfer geht selbst davon aus, daß diese Erwägungen "in der Regel" zu pauschal seien. Erforderlich sei die genaue Bestimmung von Bescheidungsgegenstand und Bescheidungsumfang. Welche Rolle dem Bescheidungsgegenstand und Bescheidungsumfang von Genehmigungen im Rahmen der vorstehend aufgeführten Kriterien zukommen soll, wird jedoch nicht ausgeführt.
Ferner meint Kloepfer, es komme in Betracht, die Legalisierungswirkung dem Grundsatz lex specialis derogat legi generali zuzuordnen. Hiernach sei der Rückgriff auf die polizeiliche Generalklausel bei behördlichen Genehmigungen ausgeschlossen, "soweit dies dem Spezialgesetz und der hierauf bauenden Genehmigung zu entnehmen ist". Welche Kriterien insoweit maßgebend sein sollen, wird allerdings nicht erläutert.
Im Ergebnis läßt Kloepfer sowohl die konkrete Anwendung der von ihm aufgeführten Kriterien als auch die Frage, ob die genannten Erwägungen alternativ, kumulativ oder nur in bestimmten Fällen die dogmatische Grundlage der Legalisierungswirkung darstellen sollen, offen.

cc) Ergebnis zu b)

Anhand der Verursachungstheorien des allgemeinen Polizei- und Ordnungsrechts gelingt keine einleuchtende dogmatische Herleitung der Legalisierungswirkung von Genehmigungen, die den Ausschluß der Verhaltenshaftung rechtfertigen könnte.

c) Zum Ausschluß der Zustandshaftung durch die Legalisierungswirkung von Genehmigungen

Als Haftungsprivileg wirkt die Legalisierungswirkung von Genehmigungen nur dann, wenn sie nicht nur die polizei- und ordnungsrechtliche Verhaltens-, sondern auch die Zustandshaftung ausschließt. Denn ein Genehmigungsinhaber, der eine Anlage betreibt oder betrieben hat, haftet in der Regel für eine Gefahr oder Störung - läßt man eine eventuelle Legalisierungswirkung von Genehmigungen außer acht - sowohl als Verhaltens- als auch als Zustandsstörer.

Die dogmatische Zuordnung der Legalisierungswirkung von Genehmigungen zu den Verursachungstheorien des Polizei- und Ordnungsrechts vermag den oft behaupteten Ausschluß der Zustandshaftung durch diese Rechtsfigur[64] nicht zu erklären: Sowohl die Lehre vom "sozialadäquaten Verhalten" als auch die Lehre von der "rechtswidrigen Verursachung" in ihrer "reinen" und in ihrer durch "Risikozuweisungen" modifizierten Form behandeln eine Genehmigung quasi als "Rechtfertigungsgrund". Bei einem genehmigungskonformen Verhalten soll die Verursachung einer polizei- und ordnungsrechtlichen Gefahr oder Störung dem Genehmigungsinhaber nicht zugerechnet werden können. Unabhängig von den oben dargestellten Bedenken, die gegen diese Konstruktion im Rahmen der polizei- und ordnungsrechtlichen Verhaltenshaftung bestehen, ist sie nicht geeignet, die Befreiung eines Genehmigungsinhabers von der Zustandshaftung zu begründen. Denn es kommt für den Eintritt der polizei- und ordnungsrechtlichen Zustandshaftung gerade nicht darauf an, wie und wodurch der polizei- oder ordnungswidrige Zustand verursacht worden ist[65].

---

[64] Vgl. Breuer, JuS 1986, 359 (362, Fußnote 39); derselbe, NVwZ 1987, 751 (755 Fußnote 64); Knemeyer, Rdnr. 326, Fußnote 18; Pape, NJW 1992, 2661 (2668); Papier, Altlasten und polizeirechtliche Störerhaftung, S. 31; derselbe, DVBl. 1985, 873 (876); Schink, DVBl. 1986, 161 (166, Fußnote 65).

[65] Drews/Wacke/Vogel/Martens, S. 319f.; Friauf, in von Münch, S. 97 (131, Rdnr. 83); Knemeyer, Rdnr. 256; von Mutius, Jura 1983, 298 (306); Wolff/Bachof, Verwaltungsrecht III, S. 67; a.A. Erichsen, VVDStRL 35 (1977), 171 (202); Götz, Rdnr. 191.

Ob dies sozialadäquat oder rechtswidrig geschah und ob sich hierbei Haftungsrisiken verwirklicht haben, ist ohne Belang[66].

Dies erklärt das Argumentationsdefizit, das die Ausführungen der Autoren aufweisen, welche die Legalisierungswirkung von Genehmigungen dogmatisch mit den Verursachungstheorien des Polizei- und Ordnungsrechts erklären, wenn es darum geht, die Legalisierungswirkung von Genehmigungen gegenüber der Zustandsverantwortlichkeit herzuleiten. Soweit ersichtlich, hat sich nur ein Autor[67] diesbezüglich um eine Begründung bemüht. Die übrigen haben sich ihm ohne eigene Argumente angeschlossen[68].

Der Ausschluß der Zustandshaftung wird mit der "Feststellung" des BVerwG[69] gerechtfertigt, nach der "die Erteilung von Genehmigungen augenscheinlich einen wesentlichen Teil ihres Sinnes einbüße, wenn gleichwohl gegen den genehmigten Zustand unter Berufung auf die ordnungsbehördliche Generalklausel ... eingeschritten werden dürfte". Diese "Feststellung" beziehe sich sowohl auf die Verhaltens- als auch auf die Zustandsverantwortlichkeit eines Genehmigungsinhabers. Im übrigen sei die Legalisierungswirkung ebenso wie die Zustandshaftung selbst "dinglicher Natur" und komme daher auch späteren Eigentümern oder Sachherrschaftsinhabern zugute[70].

Diese Erwägungen tragen die Freistellung von der Zustandshaftung aufgrund der Legalisierungswirkung von Genehmigungen nicht:
Auf die Ausführungen des BVerwG kann nicht zurückgegriffen werden, da das Gericht selbst keine dogmatischen Überlegungen angestellt hat. Die vom BVerwG als "augenscheinlich" bezeichnete Entwertung einer Genehmigung durch nachträgliche, auf die ordnungsrechtliche Generalklausel gestützte Eingriffe ist keine Feststellung, sondern eine begründungsbedürftige Wertung[71]. Das Gericht begründet seine Auffassung jedoch nicht, sondern behauptet schlicht im nächsten Satz der Entscheidung, genehmigten Anlagen sei ein "in diesem Sinne nicht zweifelhafter Schutz" zu gewäh-

---

[66] Das OVG Münster, DVBl. 1989, 1009 (1010), und Roesler, S. 218f., lehnen deshalb - aus ihrer Sicht konsequent - eine Legalisierungswirkung von Genehmigungen gegenüber der polizei- und ordnungsrechtlichen Zustandshaftung ab. Ferner scheinen Baumann, S. 141ff., Heiermann, S. 244ff., Rehbinder, DVBl. 1991, 421 (424), und Schimikowski, PHI 1993, 80 (89), davon auszugehen, daß nur die Verhaltensverantwortlichkeit durch die Legalisierungswirkung von Genehmigungen eingeschränkt oder ganz aufgehoben wird.
[67] Papier, Altlasten und polizeirechtliche Störerhaftung, S. 31; derselbe, DVBl. 1985, 873 (876).
[68] Breuer, JuS 1986, 359 (362, Fußnote 39); derselbe, NVwZ 1987, 751 (755, Fußnote 64); Kloepfer, in Altlasten und Umweltrecht, S. 43, Fußnote 99; derselbe, NuR 1987, 7 (16, Fußnote 99, und 17, Fußnote 106); Schink, DVBl. 1986, 161 (166, Fußnote 65).
[69] BVerwGE 55, 118 (120f.).
[70] Papier, Altlasten und polizeirechtliche Störerhaftung, S. 31; derselbe, DVBl. 1985, 873 (876).
[71] Jarass, DÖV 1978, 409 (409).

ren[72]. Dieser "Appell an die Einsicht der Juristen"[73] ist als dogmatische Grundlage der Legalisierungswirkung von Genehmigungen weder hinsichtlich der Verhaltens- noch der Zustandshaftung tragfähig[74]. Die These von einer "dinglichen Natur" der Legalisierungswirkung gleicht den Argumentationsmangel nicht aus. Zwar knüpft die Zustandshaftung an die Sachherrschaft[75] einer Person an und besitzt insoweit eine gewisse "dingliche Natur", so daß eine Legalisierungswirkung von Genehmigungen, die diese Haftung einschränkt, spiegelbildlich möglicherweise auch eine "dingliche Natur" aufweist. Dies erklärt jedoch noch nicht, wieso eine Legalisierungswirkung von Genehmigungen gegenüber der Zustandshaftung überhaupt anzuerkennen ist.

d) Ergebnis zu 1.

Die Erörterung der Legalisierungswirkung von Genehmigungen als spezifisch polizei- und ordnungsrechtliches Problem ist nicht geeignet, den Ausschluß der Verhaltens- und Zustandshaftung durch diese Rechtsfigur überzeugend zu erklären.

2. Legalisierungswirkung von Genehmigungen als Konkretisierung des Subsidiaritätsprinzips

Ein Autor meint, als dogmatische Grundlage der Legalisierungswirkung von Genehmigungen sei "der Gesichtspunkt der Subsidiarität" einschlägig[76]. Die Legalisierungswirkung einer behördlichen Genehmigung sei "die Konkretisierung dieses allgemeinen Grundsatzes für das Verhältnis der ordnungsbehördlichen Generalklausel und des sonstigen besonderen Ordnungsrechts zur Genehmigung und dem Rechtsbereich, dem sie entstammt"[77].

Zunächst sei festzustellen, ob sich die behördliche Genehmigung auf die abzuwehrenden Gefahren beziehe[78]. Anschließend sei zu prüfen, ob die Eingriffsermächtigungen des Gesetzes, das eine Genehmigung vorschreibt, abschließenden Charakter hätten und

---

[72] BVerwGE 55, 118 (121).
[73] Peine, JZ 1990, 201 (201).
[74] Vgl. auch Jarass, DÖV 1978, 409 (409).
[75] Vgl. Drews/Wacke/Vogel/Martens, S. 319f.; Friauf, in von Münch, S. 97 (132, Rdrn. 86ff.); Götz, Rdnr. 207ff.; Knemeyer, Rdnr. 256; von Mutius, Jura 1983, 298 (306); Wolff/Bachof, Verwaltungsrecht III, S. 67.
[76] Schrader, S. 177ff..
[77] Schrader, S. 178.
[78] Schrader, S. 178ff..

deshalb die Anwendung der polizei- und ordnungsrechtlichen Generalklausel verdrängten[79]. Wenn die Generalklauseln nicht anzuwenden seien, trete die Legalisierungswirkung ein[80].

Diese Auffassung beruht auf der Prämisse, daß die Subsidiarität der polizei- und ordnungsrechtlichen Generalklauseln auf einen allgemeinen, ungeschriebenen Rechtsgrundsatz zurückzuführen ist. Bei einer Konkurrenz öffentlich-rechtlicher Eingriffsnormen sei nicht der Grundsatzes lex specialis derogat legi generali, sondern der "Gesichtspunkt der Subsidiarität"[81] maßgebend. Die Subsidiarität der polizei- und ordnungsrechtlichen Generalklauseln folge aus der Auslegung der konkurrierenden Vorschriften[82].

Ein eigenständiges Prinzip der Subsidiarität, aus dem sich bei einer Konkurrenz zwischen besonderen Eingriffsgrundlagen und den polizei- und ordnungsrechtlichen Generalklauseln ergibt, welche Norm vorrangig anzuwenden ist, gibt es jedoch nicht. Voraussetzung wäre, daß das Subsidiaritätsprinzip insoweit einen eigenen materiell-rechtlichen Gehalt aufweist, für den jedoch nichts ersichtlich ist[83]. Bei konkurrierenden Vorschriften ist der Begriff der Subsidiarität rein formal. Ihm kommt hier nur ein beschreibender Inhalt zu. Er besagt nicht mehr, als daß eine der Vorschriften in ihrer Anwendung zurücktritt. Der Grund für das Zurücktreten, für die Verdrängung einer Vorschrift durch eine andere, kann nicht aus der Rechtsfolge, nämlich der Subsidiarität, abgeleitet werden. Die subsidiäre Anwendung der polizei- und ordnungsrechtlichen Generalklauseln setzt vielmehr eine ausdrückliche gesetzliche Regelung voraus. Soweit Subsidiaritätsklauseln fehlen, ist für das Verhältnis zwischen besonderen Eingriffsgrundlagen und den polizei- und ordnungsrechtlichen Generalklauseln der Grundsatz lex specialis derogat legi generali maßgebend[84].

Im übrigen ist nicht ersichtlich, wieso es bei der Konkurrenz von Normen[85] auf den Inhalt einer Genehmigung ankommen soll. Diese Ungereimtheit zeigt, daß die Legalisierungswirkung einer Genehmigung kein Instrument zur Vermeidung von Normwidersprüchen ist, sondern daß durch diese Rechtsfigur vielmehr Widersprüche zwischen einer Genehmigung und einer späteren, der Gefahrenabwehr dienenden Verfügung

---

[79] Schrader, S. 178, 192ff..
[80] Schrader, S. 192ff. und passim.
[81] Keil, S. 14ff.; Schrader, S. 177ff..
[82] Keil, S. 15.
[83] Vgl. Isensee, S. 90, Fußnote 8 zur Variante a).
[84] Den Grundsatz lex specialis derogat legi generali sehen etwa Drews/Wacke/Vogel/Martens, S. 154ff., Götz, Rdnr. 159, Knemeyer, Rdnr. 243, und Möller, S. 410, als Grundlage der Subsidiarität der polizei- und ordnungsrechtlichen Generalklauseln an.
[85] Schrader, S. 178.

verhindert werden sollen[86]. Darüber hinaus berücksichtigt diese Ansicht nicht, daß eine Legalisierungswirkung von Genehmigungen nicht nur gegenüber der Anwendung der polizei- und ordnungsbehördlichen Generalklauseln, sondern grundsätzlich gegenüber der Anwendung jeder öffentlich-rechtlichen Ermächtigungsgrundlage denkbar ist[87].

Die Legalisierungswirkung von Genehmigungen kann somit nicht als Konkretisierung des Subsidiaritätsprinzips erklärt werden.

3. Legalisierungswirkung von Genehmigungen als Ausprägung des verfassungsrechtlichen Rückwirkungsverbots

Nach einer weiteren Ansicht soll die Legalisierungswirkung von Genehmigungen aus dem verfassungsrechtlichen Rückwirkungsverbot, das sich aus Art. 14 GG und dem Rechtsstaatsgebot ergebe, hergeleitet werden[88].

Sowohl gegenüber der Verhaltens- als auch gegenüber der Zustandshaftung sei die Legalisierungswirkung von Genehmigungen letztlich "Ausfluß von Vertrauensschutzerwägungen"[89]. Wenn jemand für ein genehmigungskonformes Verhalten nachträglich als Störer in Anspruch genommen werde, liege eine grundsätzlich unzulässige echte Rückwirkung vor. Eine nachträgliche polizei- oder ordnungsrechtliche Verfügung schränke die Genehmigung ein[90]. Dies sei nur unter Ausgleich des dem Betroffenen entstehenden Vertrauensschadens im Rahmen der §§ 48 und 49 VwVfG zulässig[91].

Auch diese Auffassung geht von unzutreffenden Prämissen aus:

Eine polizei- oder ordnungsrechtliche Verfügung, durch die jemand zur Abwehr einer genehmigungskonform verursachten Gefahr oder Störung in Anspruch genommen wird, schränkt die ihm erteilte Genehmigung nicht automatisch mit ein[92]. Hierzu ist

---

[86] Vgl. oben Kapitel A.
[87] Vgl. oben B II.
[88] Ziehm, S. 27ff..
[89] Ziehm, S. 56; ähnlich Henkel, S. 112, Kloepfer, in Altlasten und Umweltrecht, S. 17 (33ff.), und NuR 1987, 1 (13), Mosler, S. 192ff. und 216ff., sowie Sach, S. 174. Oerder, NVwZ 1992, 1031 (1035), derselbe, in Dokumentation zum 10. Deutschen Verwaltungsrichtertag 1992, S. 105 (118), leitet die Legalisierungswirkung von Genehmigungen aus dem Grundsatz von Treu und Glauben ab.
[90] Ziehm, S. 29f.; ebenso wohl auch Kopp, DVBl. 1991, 224 (224f.).
[91] Ziehm, S. 30, 33ff..
[92] Vgl. hierzu BVerwG, NuR 1989, 256 (256f.); BGH, DVBl. 1968, 23 (24f.); Fluck, VerwArch 1988, 406 (438); Henning, DVBl. 1968, 740 (741f.); Jarass, DÖV 1978, 409 (409); Martens, JuS 1975, 69 (70); Schink, BauR 1987, 397 (409); Seibert, S. 196f.; Stelkens, BauR 1986, 390 (400).

vielmehr ein weiterer, selbständiger Verwaltungsakt i.S.v. § 35 Satz 1 VwVfG erforderlich, dessen Regelung die vollständige oder teilweise Aufhebung des Regelungsgehalts der Genehmigung zum Gegenstand hat.

Wird gleichzeitig mit, beziehungsweise eine logische Sekunde vor dem Erlaß einer Verfügung, welche die Gefahrenabwehr oder Störungsbeseitigung zum Gegenstand hat, die betroffene Genehmigung im entsprechenden Umfang ganz oder teilweise aufgehoben, stellt sich die Frage nach einer Legalisierungswirkung dieser Genehmigung mangels einer Kollision zwischen dem Regelungsgehalt der Genehmigung und dem der nachträglichen Verfügung nicht.

Neben einer ausdrücklichen Aufhebung der betroffenen Genehmigung ist anläßlich des Erlasses einer polizei- und ordnungsrechtlichen Verfügung die vorherige konkludente Aufhebung der Genehmigung denkbar. Eine konkludente Aufhebung einer Genehmigung setzt allerdings zumindest voraus, daß der Genehmigungsinhaber erkennen kann, daß die eingreifende Behörde nicht nur die Gefahr oder die Störung abwehren, sondern auch seine Genehmigung ganz oder teilweise aufheben will. Insoweit dürfte es regelmäßig an der nach § 37 Abs. 1 VwVfG erforderlichen Bestimmtheit fehlen[93]. Zweifel hinsichtlich des Regelungsgehalts eines Verwaltungsakts gehen zu Lasten der Behörde[94]. Daher braucht der Inhaber einer Genehmigung zum Beispiel nicht davon auszugehen, daß die eingreifende Behörde mit einer polizei- und ordnungsrechtlichen Verfügung gleichzeitig seine Genehmigung ganz oder teilweise aufheben will, wenn keine Anhaltspunkte dafür vorliegen, daß sie die Erforderlichkeit der Aufhebung seiner Genehmigung überhaupt erkannt und geprüft hat[95]. Im übrigen setzen Rücknahme und Widerruf einer Genehmigung eine Ermessensentscheidung voraus. Gibt es keine eindeutigen anderweitigen Anzeichen, muß ein Genehmigungsinhaber nicht mit einer konkludenten Aufhebung seiner Genehmigung rechnen, wenn entsprechende Ermessenserwägungen für ihn nicht ersichtlich sind[96].

---

[93] Henning, DVBl. 1968, 740 (741).
      Besondere Anforderungen an die Bestimmtheit einer die Genehmigung einschränkenden Verfügung dürften insbesondere dann bestehen, wenn der Gesetzgeber eine solche Verfügung als schwere Belastung des Genehmigungsinhabers wertet und daher eine Entschädigungsregelung und sogar eine Hinweispflicht der Behörde vorgesehen hat, vgl. § 21 Abs. 4 Satz 4 BImSchG.
[94] Vgl. z.B. Fluck, VerwArch 1988, 406 (438).
[95] Vgl. Fluck, VerwArch 1988, 406 (438).
[96] Vgl. Randak, JuS 1992, 33 (36); Roesler, S. 111; Seibert, S. 196.
      Eine konkludente Einschränkung der Genehmigung scheidet hier aus, weil für den Genehmigungsinhaber ein entsprechender Wille der Behörde nicht erkennbar ist. Daher geht die Kritik von Kopp, DVBl. 1991, 224 (225), es würde "doch wohl die Frage nach der Rechtsnatur eines Verwaltungsakts nicht hinreichend von der Frage nach der Rechtmäßigkeit dieses Verwaltungsakts getrennt", fehl.

Eine Legalisierungswirkung von Genehmigungen kommt nur in Betracht, wenn beim Erlaß einer der Gefahrenabwehr dienenden Verfügung der Regelungsgehalt der betroffenen Genehmigung gerade nicht aufgehoben wird. Soweit diese Rechtsfigur überhaupt anzuerkennen ist, hat sie die Funktion, widersprüchliche Regelungen zwischen einer Genehmigung und einer nachfolgenden, der Gefahrenabwehr oder Störungsbeseitigung dienenden Verfügung auszuschließen; bei einer Kollision wäre die nachträgliche Verfügung wegen der Nichtbeachtung der Legalisierungswirkung der Genehmigung rechtswidrig.

Die §§ 48 und 49 VwVfG erklären diese Wirkung nicht, sondern begründen lediglich Voraussetzungen für die Aufhebung von Verwaltungsakten.

Auch das allgemeine verfassungsrechtliche Rückwirkungsverbot ist kein geeignetes Instrument, um die Legalisierungswirkung von Genehmigungen herzuleiten. Das Rückwirkungsverbot betrifft die spezifischen Grenzen, die nach der Rechtsprechung des BVerfG beim Erlaß von Rechtsvorschriften zu beachten sind[97]. Die Legalisierungswirkung von Genehmigungen hat dagegen Kollisionen zwischen verschiedenen Verwaltungsakten, nicht zwischen Normen, zum Gegenstand. Die Grundsätze zum verfassungsrechtlichen Rückwirkungsverbot sind daher nicht anwendbar.

Um Kollisionen zwischen Verwaltungsakten zu vermeiden, sieht das allgemeine Verwaltungsrecht andere Grundsätze vor, auf die im folgenden eingegangen wird.

4. Legalisierungswirkung von Genehmigungen als Parallelfigur zur Bestandskraft

Zwei Autoren charakterisieren die Legalisierungswirkung von Genehmigungen als "Parallelfigur zur Bestandskraft"[98]. Bestandskraft komme einer Genehmigung zu, weil ihre Aufhebung durch Rücknahme oder Widerruf nur eingeschränkt zulässig sei. Um diese Bestandskraft nicht zu unterlaufen, müsse die Genehmigung gegenüber polizei- und ordnungsrechtlichen Verfügungen, welche die Genehmigung rechtlich unberührt ließen, aber im Ergebnis einer Aufhebung der Genehmigung gleichkämen, Schutz ge-

---

[97] Vgl. Muckel, S. 68ff.; Stern, Staatsrecht I, S. 831ff..
[98] Jarass, DÖV 1978, 409 (409), ebenso Roesler, S. 130.

währen. Die Reichweite dieser Legalisierungswirkung sei nach dem Umfang der Bestandskraft der Anlagengenehmigung zu bestimmen[99].

Im Ergebnis umschreibt die Charakterisierung der Legalisierungswirkung von Genehmigungen als "Parallelfigur zur Bestandskraft" lediglich das Problem ihrer dogmatischen Herleitung, ohne es zu lösen.

5. Legalisierungswirkung von Genehmigungen als Aspekt der Bindungswirkung von Verwaltungsakten

Andere erklären die Legalisierungswirkung von Genehmigungen als Aspekt einer Bindungswirkung von Genehmigungen in einem nachfolgenden, auf den Erlaß eines weiteren Verwaltungsakts gerichteten Verwaltungsverfahrens[100].

a) Meinungen des Schrifttums

Im Schrifttum wird im wesentlichen die Ansicht vertreten, die Bindungswirkung einer Genehmigung schließe es aus, daß eine Behörde beim Erlaß eines späteren Verwaltungsakts eine neue, dem Regelungsgehalt der Genehmigung widersprechende Regelung treffe[101]. Daher könne ein sich genehmigungskonform verhaltender Inhaber einer Genehmigung nicht als polizei- oder ordnungsrechtlicher Störer in Anspruch genommen werden[102].

Die Terminologie, mit der diese Bindungswirkung bezeichnet wird, ist unterschiedlich. Ein Autor ordnet sie der Tatbestandswirkung von Verwaltungsakten zu[103], die anderen verwenden den Begriff der Bindungswirkung[104].

---

[99] Jarass, DÖV 1978, 409 (409); derselbe, Wirtschaftsverwaltungsrecht, S. 162f.; ähnlich Fluck, ZfB 1989, 13 (20).

[100] Fluck, VerwArch 1988, 406 (409ff.); Nauschütt, S. 164ff.; Peine, JZ 1990, 201 (207ff.); Seibert, S. 443f., 448ff.); derselbe, DVBl. 1992, 664 (671); unklar Roesler, S. 68. Sach, S. 50ff. und 175, geht von einer "Stabilisierungswirkung" von Genehmigungen aus.

[101] Fluck, VerwArch 1988, 406 (412ff.); Peine, JZ 1990, 201 (207 und 210ff.); Roesler, S. 65f.; Seibert, S. 192ff.; derselbe, DVBl. 1992, 664 (671).

[102] Peine, JZ 1990, 201 (211); Seibert, S. 450ff.; unklar Fluck, VerwArch 1988, 406 (418, 420, 444).

[103] Peine, JZ 1990, 201 (207ff.).

[104] Fluck, VerwArch 1988, 406 (409f., 412); Seibert, S. 443f, 451ff.; derselbe, DVBl. 1992, 664 (671).

Zur dogmatischen Relevanz der Bindungswirkung bestehen verschiedene Ansichten: Teils wird die Bindungswirkung von Genehmigungen in die bereits dargelegten polizei- und ordnungsrechtlichen Kausalitätslehren integriert. Der Regelungsgehalt von Genehmigungen soll zur Bestimmung von Pflichtwidrigkeits- und Risikosphären dienen, anhand derer die Störerbestimmung zu treffen sei[105]. Andere[106] betonen, die Bindungswirkung von Genehmigungen sei nach den Grundsätzen des allgemeinen Verwaltungsrechts zu bestimmen. Spezifische Besonderheiten hinsichtlich der öffentlich-rechtlichen Haftung für Altlasten werden bezweifelt.

b) Kritik und eigene Auffassung

Der vom BVerwG geschaffene Begriff der Legalisierungswirkung von Genehmigungen umschreibt nichts anderes als die spezielle Bindung einer Behörde an einen bereits vorhandenen Verwaltungsakt. Wird von einer Behörde eine auf die Gefahrenabwehr gerichtete Verfügung beabsichtigt, soll die "Sperrwirkung" einer erteilten Genehmigung zu beachten sein[107]. Die Frage, ob und welche "Sperrwirkung" von einer Genehmigung ausgeht, ist gleichbedeutend mit der nach ihrer präjudizierenden Wirkung, also ihrer Bindungswirkung in einem späteren Verwaltungsverfahren.

Auch soweit Rechtsprechung und Literatur in ihrer Argumentation zur Legalisierungswirkung nicht entscheidend auf die beim Erlaß einer späteren Verfügung zu beachtende Bindungswirkung von Genehmigungen abstellen, wird eine solche Bindung der zur Gefahrenabwehr eingreifenden Behörden doch stillschweigend vorausgesetzt[108]. Dies zeigt vor allem die Behauptung, die Reichweite der Legalisierungswirkung, der Umfang, in dem sie die Störerhaftung eines Betreibers ausschließe, hänge vom Regelungsgehalt der Genehmigung ab.

Da der Begriff der Legalisierungswirkung von Genehmigungen als Synonym für die Bindungswirkung verwandt wird, die Genehmigungen in nachfolgenden Verwaltungsverfahren zukommen soll, ist die dogmatische Grundlage dieser Bindungswirkung zugleich die dogmatische Erklärung für die Legalisierungswirkung von Genehmigungen; sie wird nachfolgend untersucht.

---

[105] Nauschütt, S. 165f. und 168f.; Seibert, S. 450ff.; derselbe, DVBl. 1992, 664 (671).
[106] Fluck, VerwArch 1988, 406 (409f.); wohl ebenso Peine, JZ 1990, 201 (211).
[107] BVerwGE 55, 118 (123).
[108] Bei Kloepfer, in Altlasten und Umweltrecht, S. 17 (34); derselbe, NuR 1987, 7 (13), klingt dies an, wenn er ausführt, die Überlegungen zur Legalisierungswirkung von Genehmigungen mündeten "notwendig in Erwägungen des Bestandsschutzes von Verwaltungsentscheidungen".

aa) Bindungswirkung von Verwaltungsakten als Phänomen des allgemeinen Verwaltungsrechts

Daß von einem Verwaltungsakt Wirkungen für ein nachfolgendes Verwaltungsverfahren ausgehen, ist ein aus dem allgemeinen Verwaltungsrecht bekanntes Phänomen. Im Grundsatz wird allgemein anerkannt, daß ein wirksamer Verwaltungsakt die ihn erlassende und andere Behörden bindet. Allerdings gibt es keine einheitliche Terminologie; darüber hinaus bestehen sowohl hinsichtlich der Voraussetzungen als auch hinsichtlich der Reichweite der Bindungswirkung unterschiedliche Auffassungen. Als Ursache wird unter anderem beklagt, daß die Dogmatik dieses Bereichs noch wenig entwickelt sei[109].

Die Bindungswirkung von Verwaltungsakten wird zumeist ihrer materiellen Bestandskraft sowie ihrer Tatbestands- und Feststellungswirkung zugeordnet. Im folgenden werden zunächst der Inhalt dieser Begriffe dargestellt und anschließend ihre Relevanz für die Legalisierungswirkung von Genehmigungen untersucht.

(1) Bindungswirkung von Verwaltungsakten als Aspekt ihrer materiellen Bestandskraft

Die Bindung einer Behörde an einen von ihr selbst erlassenen Verwaltungsakt wird mit dessen "materieller Bestandskraft" erklärt[110].

Die materielle Bestandskraft eines Verwaltungsakts wird von seiner formellen Bestandskraft unterschieden.

(a) Formelle Bestandskraft von Verwaltungsakten

Mit der formellen Bestandskraft wird die Unanfechtbarkeit des Verwaltungsakts umschrieben[111]. Gemeint ist, daß ein Verwaltungsakt mit ordentlichen Rechtsbehelfen, al-

---

[109] Jarass, Konkurrenz, S. 70; Seibert, S. 37ff.; zu ähnlichen Unklarheiten im Prozeßrecht: Stern, Verwaltungsprozessuale Probleme, S. 150.

[110] Vgl. hierzu Jarass, Konkurrenz, S. 70f.; Seibert, S. 149ff.; Sachs, in Stelkens/Bonk/Sachs, § 43 VwVfG Rdnrn. 35ff..

[111] Vgl. z.B. BVerfGE 2, 380 (392); 60, 253 (269ff.); Claaßen, DVBl. 1983, 681 (681); Erichsen/Knoke, NVwZ 1983, 185 (186); Knoke, S. 91; Kopp, DVBl. 1983, 392 (395); Krebs, VerwArch 1976, 411 (414); Merten, NJW 1983, 1993 (1995); Seibert, S. 139; Sachs, in Stelkens/Bonk/Sachs, § 43 VwVfG Rdnr. 17.

so mit Widerspruch, Anfechtungs- oder Verpflichtungsklage, nicht mehr angegriffen werden kann. Die formelle Bestandskraft tritt durch den Ablauf der Rechtsbehelfsfristen, einen Verzicht des Betroffenen auf die Einlegung eines Rechtsbehelfs oder durch die formelle Rechtskraft eines das Begehren des Klägers zurückweisenden Urteils ein[112]. Durch sie wird im Interesse der Funktionsfähigkeit und der Beschleunigung behördlicher und gerichtlicher Verfahren der Rechtsschutz des von einem Verwaltungsakt Betroffenen beschränkt[113]. Unberührt bleibt die Befugnis der Behörde, den Verwaltungsakt von Amts wegen - trotz seiner formellen Bestandskraft - nach den §§ 48, 49 VwVfG aufzuheben[114].

(b) Materielle Bestandskraft von Verwaltungsakten

Eine "materielle" Bestandskraft wird im VwVfG nirgends erwähnt. Der Begriff der "Bestandskraft" von Verwaltungsakten findet sich nur in der Überschrift des zweiten Abschnitts des dritten Teils des VwVfG. Wegen des unterschiedlichen Regelungsgehalts der dort genannten Vorschriften, die sowohl die Wirksamkeit als auch die Heilung von Mängeln sowie die Aufhebung von Verwaltungsakten betreffen, kann dem Begriff der "Bestandskraft" kein eindeutiger Inhalt zugeordnet werden. Zu der Frage, ob und welche Bindungen ein wirksamer Verwaltungsakt entfaltet, wird in den §§ 43ff. VwVfG nichts ausgesagt. Aus den Vorschriften zur Rücknahme und zum Widerruf von Verwaltungsakten folgt lediglich mittelbar, daß ein Verwaltungsakt Bindungen auslöst, die durch seine Aufhebung beseitigt werden können[115].

Der Begriff der materiellen Bestandskraft wurde eingeführt, um Unterschiede zur materiellen Rechtskraft von Urteilen hervorzuheben[116]. Gleichzeitig sollte jedoch auch die Anlehnung der materiellen Bestandskraft an prozessuale Kategorien zum Ausdruck kommen[117].

Rechtsprechung und Literatur ist es bisher allerdings nicht gelungen, eine allgemein anerkannte Definition der materiellen Bestandskraft von Verwaltungsakten zu entwikkeln. An Stelle der materiellen Bestandskraft werden zahlreiche weitere Begriffe ver-

---

[112] Achterberg, § 23 Rdnr. 37; Erichsen/Knoke, NVwZ 1983, 185 (186); Knoke, S. 92; Maurer, § 11 Rdnr. 4; Merten, NJW 1983, 1993 (1995); Seibert, S. 139f..

[113] BVerfGE 60, 253 (269ff.); Knoke, S. 92; vgl. auch Merten, NJW 1983, 1993 (1995f.).

[114] Sachs, in Stelkens/Bonk/Sachs, § 43 VwVfG Rdnrn. 24ff..

[115] Braun, S. 17f..

[116] In diesem Sinne wurde der Begriff der materiellen Bestandskraft von Wolff, Verwaltungsrecht I, 1. Aufl., § 52, vorgeschlagen.

[117] Vgl. Maurer, § 11 Rdnr. 3; ausführlich Seibert, S. 142ff..

wandt, denen wiederum verschiedene Inhalte zugeschrieben werden[118]. Die Diskussion über die materielle Bestandskraft von Verwaltungsakten wird nach wie vor als "Labyrinth der Meinungen"[119] charakterisiert, das zudem durch eine "babylonische Begriffsverwirrung"[120] gekennzeichnet sei.

Überwiegend wird die Ansicht vertreten, aufgrund der materiellen Bestandskraft sei die Regelung eines Verwaltungsakts für die ihn erlassende Behörde und für seine Adressaten maßgeblich und verbindlich[121].

Eine spezielle Ausprägung der materiellen Bestandskraft stelle die Präjudizialität, die inhaltliche Maßgeblichkeit der Regelung eines Verwaltungsakts in einem späteren, von derselben Behörde eingeleiteten Verwaltungsverfahren dar[122]. Der Behörde sei es untersagt, eine neue, der Regelung eines von ihr bereits erlassenen Verwaltungsakts widersprechende Entscheidung zu treffen. Von dem ersten Verwaltungsakt dürfe nicht durch einen zweiten zum Nachteil des Betroffenen abgewichen werden[123]. Eine vorhandene Regelung sei bei späteren Entscheidungen "maßgeblich und unangreifbar zugrunde zu legen"[124].
Zwar gäbe es keinen allgemeinen Grundsatz des Verwaltungs- oder Gewohnheitsrechts, aus dem diese Überlegungen hergeleitet werden könnten[125]. Jedoch ergebe sich ein entsprechendes Bedürfnis[126] aus der "Klarstellungs- und Stabilisierungsfunktion" eines Verwaltungsakts[127] sowie aus den Verfassungsprinzipien der Rechtssicherheit und der Handlungsfähigkeit der Verwaltung[128]. Ein widersprüchliches hoheitliches Verhalten führe zu einem unzulässigen "venire contra faktum proprium"[129]. Darüber

---

[118] Vgl. hierzu die zahlreichen Nachweise bei Braun, S. 29f.; Ipsen, Verw 1984, 169 (170); Kopp, DVBl. 1983, 392 (392); Seibert, S. 132f..

[119] So bereits Forsthoff, S. 253; erneut z.b. Erichsen/Knoke, NVwZ 1983, 185 (187); Ipsen, Verw 1984, 169 (170); Knoke, S. 89; Randak, JuS 1992, 33 (34); Seibert, S. 133.

[120] Ipsen, Verw 1984, 169 (170); Seibert, S. 133.

[121] Achterberg, § 23 Rdnr. 39; Badura, in Erichsen/Martens, § 41 I; Erichsen/Knoke, NVwZ 1983, 185 (188); Knoke, S. 98; Schmalz/Hofmann, S. 151ff.; Schweickhardt, Rdnr. 577; Wallerath, S. 223; vgl. auch Schenke, DÖV 1983, 320 (321)..

[122] Battis, C I Rdnr. 192; Braun, S. 14ff.; Claaßen, DVBl. 1983, 681 (681); Erichsen/Knoke, NVwZ 1983, 185 (190); Knoke, 98; Kopp, DVBl. 1983, 392 (399f.); Sachs, in Stelkens/Bonk/Sachs, § 43 VwVfG Rdnrn. 36 und 74; Schmalz/Hofmann, S. 152; vgl. auch Ipsen, Verw 1984, 169 (189); Merten, NJW 1983, 1993 (1996f.).

[123] Ipsen, Verw 1984, 169 (189ff.); Sachs, in Stelkens/Bonk/Sachs, § 43 VwVfG Rdnrn. 32ff..

[124] Erichen/Knoke, NVwZ 1983, 185 (190).

[125] So ausdrücklich Krebs, VerwArch 1976, 411 (415ff.); ihm folgend Erichsen/Knoke, NVwZ 1983, 185 (190); vgl. auch Sachs, in Stelkens/Bonk/Sachs, § 43 VwVfG Rdnr. 33.

[126] Vgl. hierzu Sachs, in Stelkens/Bonk/Sachs, § 43 VwVfG Rdnr. 33.

[127] Erichsen/Knoke, NVwZ 1983, 185 (190).

[128] Braun, S. 34, 38ff.; vgl. auch Ipsen, Verw 1984, 169 (194).

[129] Ipsen, Verw 1984, 169 (190).

hinaus drohe eine Umgehung der Vorschriften über die Rücknahme und den Widerruf von Verwaltungsakten[130].

Umstritten ist, zu welchem Zeitpunkt die genannten Wirkungen eintreten sollen. Während manche meinen, daß ein Verwaltungsakt die mit der materiellen Bestandskraft umschriebenen Wirkungen bereits mit seiner Wirksamkeit entfalte[131], sind andere der Auffassung, daß erst mit der formellen Bestandskraft auch die materielle eintrete[132].

(2) Bindungswirkung von Verwaltungsakten als Aspekt ihrer Tatbestands- und Feststellungswirkung

Die Bindung von Behörden an fremde, nicht von ihnen selber erlassene Verwaltungsakte wird meist nicht der materiellen Bestandskraft zugeordnet[133], sondern mit den Begriffen der Tatbestands- und Feststellungswirkung umschrieben[134].

Auch diese Begriffe werden nicht einheitlich gebraucht[135]. Teils wird der ihnen von vielen zugeschriebene Inhalt auch mit anderen Termini umschrieben[136].

---

[130] Ipsen, Verw 1984, 169 (190).

[131] Z.B. Fluck, VerwArch 1988, 406 (411), Ortloff, NJW 1987, 1665 (1665f.), und Seibert, S. 208ff., die allerdings den Begriff der materiellen Bestandskraft ablehnen und die Präjudizialität eines Verwaltungsakts mit dessen Bindungswirkung umschreiben.
Sachs, in Stelkens/Bonk/Sachs, § 43 VwVfG Rdnr. 44, bezeichnet die Bindung vor dem Zeitpunkt der Unanfechtbarkeit als "besondere Selbstbindung".

[132] Braun, S. 39f.; Büdenbender/Mutschler, Rdnr. 56; Erichsen/ Knoke, NVwZ 1983, 185 (188); Knoke, S. 99.; Kopp, Vorb. § 35 VwVfG Rdnrn. 20 und 23; derselbe, DVBl. 1983, 392 (395); Merten, NJW 1983, 1993 (1996).

[133] Anderer Ansicht sind Broß, VerwArch 1987, 91 (102), Kopp, DVBl. 1983, 392 (400), Merten, NJW 183, 1993 (1996), und Sachs, in Stelkens/Bonk/Sachs, § 43 VwVfG Rdnr. 85, die als Folge der materiellen Bestandskraft eines Verwaltungsakts "die öffentliche Hand schlechthin in all ihren Gliederungen und Untergliederungen" beziehungsweise "alle rechtsanwendenden Staatsorgane" binden wollen.

[134] Zu Parallelen im Prozeßrecht Stern, Verwaltungsprozessuale Probleme, S. 151f..

[135] Vgl. hierzu Knöpfle, BayVBl. 1982, 225 (226f.); Sachs, in Stelkens/Bonk/Sachs, § 43 VwVfG Rdnr. 83f.; Seibert, S. 69ff. und 127ff.; Stern, Verwaltungsprozessuale Probleme, S. 152. Battis, C I Rdnr. 194, hält sie für entbehrlich.

[136] So rechnet beispielsweise Knöpfle, BayVBl. 1982, 225 (228ff.), die überwiegend mit dem Begriff der Tatbestandswirkung umschriebenen Wirkungen zur "Maßgeblichkeit" von Verwaltungsakten.

(a) Tatbestandswirkung von Verwaltungsakten

Aufgrund der Tatbestandswirkung eines Verwaltungsakts sollen andere Behörden und Gerichte an seine Regelung gebunden sein[137]. Parallel zur materiellen Bestandskraft soll ein bereits vorhandener Verwaltungsakt die Regelung eines späteren präjudizieren[138]. Die Tatbestandswirkung eines Verwaltungsakts begründe für andere Behörden ein Verbot, widersprechende Regelungen zu erlassen[139].

(b) Feststellungswirkung von Verwaltungsakten

Die Feststellungswirkung eines Verwaltungsakts betrifft die Bindung von Behörden und Gerichten an die zur Begründung der Regelung eines fremden Verwaltungsakts dienenden tatsächlichen Feststellungen und rechtlichen Erwägungen[140].

(3) Relevanz der materiellen Bestandskraft sowie der Tatbestands-und Feststellungswirkung von Verwaltungsakten für die Legalisierungswirkung von Genehmigungen

Die Feststellungswirkung von Verwaltungsakten wird für die Legalisierungswirkung von Genehmigungen nicht relevant. Denn die Bindung an nicht zur Regelung eines Verwaltungsakts gehörende tatsächliche Feststellungen und rechtliche Erwägungen setzt eine besondere gesetzliche Grundlage voraus[141]. Entsprechende Vorschriften, die eine Bindung der zur Gefahrenabwehr einschreitenden Behörden an die zur Begrün-

---

[137] Vgl. Achterberg, § 23 Rdnr. 42; Battis, C I Rdnr. 194f.; Merten, NJW 1983, 1993 (1997); Müller-Uri, VR 1982, 246 (247); Peine, JZ 1990, 201 (207f.); vgl. auch Fluck, VerwArch 1988, 406 (411f.); Seibert, S. 69ff.; unklar Jarass, Konkurrenz, S. 71.
Broß, VerwArch 1987, 91 (102ff.), Sachs, in Stelkens/Bonk/ Sachs, § 43 VwVfG Rdnr. 85, und Merten, NJW 1983, 1993 (1996), verwenden auch für diese Bindung den Begriff der materiellen Bestandskraft.
Wagner, M.A., S. 215f., bezeichnet die Bindung an den Regelungsgehalt eines Verwaltungsakts als Feststellungswirkung.

[138] Erichsen/Knoke, NVwZ 1983, 185 (191); Knoke, S. 101; Müller-Uri, Verw 1982, 246 (246f.); Schmalz/Hofmann, S. 152f..

[139] Peine, JZ 1990, 201 (207ff. und passim); vgl. auch Knöpfle, BayVBl. 1982, 225 (229).

[140] Achterberg, § 23 Rdnr. 43; Battis, C I Rdnr. 194f.; Müller-Uri, VR 1982, 246 (247); Randak, JuS 1992, 33 (35); Sachs, in Stelkens/Bonk/Sachs, § 43 VwVfG Rdnr. 114; vgl. auch Fluck, VerwArch 1988, 406 (411); Jarass, Konkurrenz, S. 71f.; Seibert, S. 129.

[141] Achterberg, § 23 Rdnr. 43; Klappstein, in Knack, § 43 VwVfG Rdnr. 2.2.4.3; Knoke, S. 101; Knöpfle, BayVBl. 1982, 225 (230); Kopp, Vorb. § 35 VwVfG Rdnr. 32f.; Maurer, § 11 Rdnr. 9; Müller-Uri, VR 1982, 246 (247); Sachs, in Stelkens/Bonk/Sachs, § 43 VwVfG Rdnr. 114; Schmalz/Hofmann, S. 153f.; Stern, Verwaltungsprozessuale Probleme, S. 151f..

dung des Regelungsgehalts einer Genehmigung dienenden Ausführungen vorsehen, gibt es jedoch nicht.

In Betracht kommt lediglich, die Legalisierungswirkung von Genehmigungen dogmatisch aus der materiellen Bestandskraft und der Tatbestandswirkung von Genehmigungen herzuleiten. Gemeinsam sollen beide Institute eine umfassende Bindung der Behörden an die Regelung eines Verwaltungsakts in späteren Verwaltungsverfahren erzeugen.

Die herkömmliche Zuordnung der Bindung, welche die Regelung eines Verwaltungsaktes zur Folge hat, zur materiellen Bestandskraft und zur Tatbestandswirkung wird allerdings zunehmend kritisiert. Vor allem die Differenzierung zwischen der Bindung der den Verwaltungsakt erlassenden Behörde und der Bindung anderer Behörden wird abgelehnt[142].

Nachfolgend wird daher untersucht, ob diese Unterscheidung sachlich geboten ist.

Die subjektiven Grenzen der materiellen Bestandskraft, die eine generelle Bindung der Behörden an die Regelung eines Verwaltungsakts verhindern sollen, werden mit der "Wesensverwandtschaft"[143], der Parallelität[144] der materiellen Bestandskraft von Verwaltungsakten zur materiellen Rechtskraft von Urteilen begründet[145]. Wie die materielle Rechtskraft eines Urteils soll die materielle Bestandskraft eines Verwaltungsakts lediglich inter partes wirken und neben den am Verwaltungsverfahren beteiligten oder sonst von ihm betroffenen Bürgern nur die Behörde binden, die den Verwaltungsakt erlassen hat[146].

---

[142] Vgl. Broß, VerwArch 1987, 91 (102); Gaentzsch, NJW 1986, 2787 (2790); Ipsen, Verw 1984, 169 (178ff.); Kopp, DVBl. 1983, 392 (400); Merten, NJW 1983, 1993 (1996); Ortloff, NJW 1987, 1665 (1666f.); Sachs, in Stelkens/Bonk/Sachs, § 43 VwVfG Rdnr. 85; Seibert, S. 78f. und 259ff..

[143] Knöpfle, BayVBl. 1982, 225 (228, Fußnote 34, und 227).

[144] Zu Parallelen und Unterschieden zwischen der materiellen Bestandskraft von Verwaltungsakten und der Rechtskraft von Urteilen äußern sich Claaßen, DVBl. 1983, 681 (681f.); Drexelius, NJW 1976, 817 (818); Erichsen/Knoke, NVwZ 1983, 185 (187f.); Knoke, S. 94ff.; Merten, NJW 1983, 1993 (1996f.); Sachs, in Stelkens/Bonk/Sachs, § 43 VwVfG Rdnr. 9; Seibert, S. 139ff.; Wallerath, S. 222.

[145] Achterberg, § 22 Rdnr. 39; Claaßen, DVBl. 1983, 681 (681f.); Knöpfle, BayVBl. 1982, 225 (227f.); Kopp, Vorb. § 35 VwVfG Rdnr. 23; Merten, NJW 1983, 1993 (1996); vgl. auch Kopp, DVBl. 1983, 392 (400).

[146] Vgl. hierzu Seibert, S. 188ff. m.w.N..

Ob zwischen der Bindungswirkung von Verwaltungsakten und der materiellen Rechtskraft eines Urteils "Wesensverwandtschaft" beziehungsweise Parallelität[147] besteht, ist allerdings fraglich.

Als Institut des Prozeßrechts bindet die materielle Rechtskraft eines Urteils die Parteien beziehungsweise Beteiligten und die Gerichte in einem späteren Rechtsstreit an den Entscheidungsinhalt. Sie schließt zum einen aus, daß eine weitere Entscheidung über den gleichen Streitgegenstand getroffen wird; eine entsprechende spätere Klage ist unzulässig[148]. Liegt ein neuer Streitgegenstand vor und betrifft die frühere Entscheidung eine Vorfrage des neuen Verfahrens, so verhindert die materielle Rechtskraft des bereits vorhandenen Urteils zum anderen ein widersprechendes späteres Urteil und wirkt insoweit präjudiziell[149]. Hierdurch soll eine zweite, dem schon gesprochenen Urteil widersprechende Entscheidung verhindert werden[150].

Zwar besteht im allgemeinen Verwaltungsrecht insofern eine Parallele, als hier die Bindung einer Behörde an die Regelung eines bereits bestehenden Verwaltungsakts ebenfalls den Erlaß eines zweiten, widersprechenden Verwaltungsakts verhindern soll. Diese Parallele ist jedoch vordergründig. Die Unterschiede zwischen einem Gerichts- und einem Verwaltungsverfahren sind derart gravierend, daß die Grundsätze zur Bindungswirkung von Urteilen nicht auf Verwaltungsakte übertragen werden können:

Das gerichtliche Verfahren zeichnet sich gegenüber dem Verwaltungsverfahren durch eine in der Regel intensivere Sachverhaltsermittlung und stärkere Förmlichkeit aus. Im Verhältnis zum Verwaltungsverfahren wird hierdurch die Gewähr für die Richtigkeit der Entscheidung erhöht[151].

Darüber hinaus unterscheidet sich die Stellung einer Behörde im Prozeß von der im Verwaltungsverfahren. Eine Behörde kann zwar sowohl im Prozeß als auch im Ver-

---

[147] So insbesondere Knöpfle, BayVBl. 1982, 225 (228, Fußnote 34, und 227), ähnlich Kutschera, S. 176.

[148] Hartmann, in Baumbach/Lauterbach, Vor § 322 ZPO Rdnr. 11; Kopp, § 121 VwGO Rdnr. 10; Rosenberg/Schwab, § 151 III 1; Stern, Verwaltungsprozessuale Probleme, S. 151.

[149] Hartmann, in Baumbach/Lauterbach, Vor § 322 ZPO Rdnr. 14; Kopp, § 121 VwGO Rdnr. 11; Rosenberg/Schwab, § 151 III 2.

[150] Vgl. z.B. Erichsen/Knoke, NVwZ 1983, 185 (187); Knoke, S. 94; Sachs, in Stelkens/Bonk/Sachs, § 43 VwVfG Rdnrn. 35f.; Stern, Verwaltungsprozessuale Probleme, S. 151; Wolff/Bachof, Verwaltungsrecht I, § 52 III a 1.

[151] BVerwGE 48, 271 (276f.); BGH, NJW 1991, 1168 (1170); Erichsen/ Knoke, NVwZ 1983, 185 (188); Knoke, S. 95f.; Maurer, § 11 Rdnr. 3; Sachs, in Stelkens/Bonk/Sachs, § 43 VwVfG Rdnr. 9; Weyreuther, DVBl. 1965, 281 (283); vgl. auch Braun, S. 35ff..

waltungsverfahren "Beteiligte"[152] des Verfahrens - jedenfalls in einem weit verstandenen Sinne[153] - sein. Die Rollen, die ihr jeweils zukommen, unterscheiden sich jedoch grundlegend voneinander[154]: Im gerichtlichen Verfahren ist die Behörde, ebenso wie der Bürger, einem neutralen, unabhängigen Gericht unterworfen, dessen Entscheidung einen abgeschlossenen Sachverhalt betrifft und eine endgültige Streitentscheidung und Herbeiführung von Rechtsfrieden zum Ziel hat[155].

Demgegenüber agiert die Behörde im Verwaltungsverfahren als "Richter in eigener Sache"[156]. Sie leitet das Verfahren; die an seinem Ende stehende Entscheidung ist nur ihr zuzurechnen[157]. Gleichzeitig ist die Behörde an dem materiellen Rechtsverhältnis, dessen Regelung das von ihr durchgeführte Verwaltungsverfahren zum Ziel hat, selbst beteiligt[158]. Zwar hat sie den Grundsatz der Gesetzmäßigkeit der Verwaltung zu beachten. Dennoch ist sie weder unparteiisch noch unabhängig und für ihre Ermessensentscheidung sind neben rechtlichen Überlegungen regelmäßig auch Zweckmäßigkeitserwägungen maßgebend[159]. Hinzu kommt, daß ein Verwaltungsakt oft, insbesondere wenn durch ihn ein erst beabsichtigtes Verhalten genehmigt wird, keinen abgeschlossenen, sondern einen zukünftigen Sachverhalt zum Gegenstand hat[160]. Dem möglicherweise auftretenden Bedürfnis, die zukunftsorientierte Entscheidung abzuändern, entspricht der Gesetzgeber zum Beispiel dadurch, daß er eine Behörde durch die §§ 48 und 49 VwVfG zur Aufhebung ihrer Entscheidung ermächtigt[161], während er durch § 318 ZPO einem Gericht Vergleichbares verwehrt.

---

[152] Vgl. §§ 61 Nr. 3, 63 Nrn. 1 und 2 VwGO sowie §§ 11 Nr. 3, 13 Abs. 1 Nr. 1 VwVfG.

[153] Vor allem Martens, J., bejaht die Stellung einer Behörde als Beteiligte des Verwaltungsverfahrens (JuS 1977, 809 (809); derselbe, Praxis des Verwaltungsverfahrens, S. 51ff.).
Demgegenüber lehnt die wohl überwiegende Auffassung dies wegen der Rolle der Behörde als "Trägerin des Verwaltungsverfahrens" - trotz der in § 11 Nr. 3 VwVfG ausdrücklich vorgesehenen Beteiligtenfähigkeit einer Behörde - ab (vgl.Bonk, in Stelkens/Bonk/Sachs, § 13 VwVfG Rdnr. 4; Kopp, § 13 VwVfG Rdnrn. 8a und 11; Wolff/Bachof III, § 156 Rdnr. 16). Allerdings soll die Behörde "in einem weiteren Sinne" am Verfahren beteiligt sein (vgl. Bonk, in Stelkens/Bonk/Sachs, § 13 VwVfG Rdnr. 4; Kopp, § 13 VwVfG Rdnr. 8a).

[154] Vgl. hierzu auch BGH, NJW 1991, 1168 (1169).

[155] BVerwGE 48, 271 (276); Battis, C I Rdnr. 190; Knoke, S. 95; Martens, J., Praxis des Verwaltungsverfahrens, § 2 Rdnr. 50; Sachs, in Stelkens/Bonk/Sachs, § 43 VwVfG Rdnr. 9.

[156] Broß, VerwArch 1991, 593 (597); Kopp, § 13 VwVfG Rdnr. 8a; vgl. auch Maurer, § 11 Rdnr. 3; Martens, J., Praxis des Verwaltungsverfahrens, § 2 Rdnr. 50; Sachs, in Stelkens/Bonk/Sachs, § 43 VwVfG Rdnrn. 76f..

[157] Martens, J., Praxis des Verwaltungsverfahrens, S. 52.

[158] Martens, J., JuS 1977, 809 (809); derselbe, Praxis des Verwaltungsverfahrens, S. 49f.; Sachs, in Stelkens/Bonk/Sachs, § 43 VwVfG Rdnr. 76.

[159] Vgl. BVerwGE 48, 271 (276); Battis, C I Rdnr. 190; Knoke, S. 95; Sachs, in Stelkens/Bonk/Sachs, § 43 VwVfG Rdnr. 9.

[160] Vgl. Battis, C I Rdnr. 190; Braun, S. 17; Maurer, § 11 Rdnr. 3; Weyreuther, DVBl. 1965, 281 (283).

[161] Vgl. Braun, S. 17f..

Wegen dieser Unterschiede kann von einer "Wesensverwandtschaft" beziehungsweise "Parallelität" der materiellen Bestandskraft von Verwaltungsakten zur materiellen Rechtskraft von Urteilen keine Rede sein[162]; mit dieser These ist die Unterscheidung zwischen der materiellen Bestandskraft und der Tatbestandswirkung von Verwaltungsakten nicht zu rechtfertigen. Vertrete man im übrigen die These von der bloßen Interpartes-Wirkung der Bindung eines Verwaltungsakts konsequent, so wäre jede Bindung anderer Behörden ausgeschlossen[163]. Gerade dies soll jedoch wegen der Tatbestandswirkung von Verwaltungsakten, die quasi als Ergänzung zur materiellen Bestandskraft geschaffen wurde, nicht der Fall sein.

Die Bindungswirkung von Verwaltungsakten kann somit nicht in Anlehnung an prozessuale Kategorien anhand der herkömmlichen Grundsätze zur materiellen Bestandskraft und zur Tatbestandswirkung von Verwaltungsakten bestimmt, sondern muß selbständig aus dem allgemeinen Verwaltungsrecht entwickelt werden[164].

(4) Regelung eines Verwaltungsakts als Grundlage seiner Bindungswirkung

Grundlage der Bindungswirkung eines Verwaltungsakts könnte dessen Regelung sein. Manche meinen gar, es sei eine "Binsenweisheit", daß der Regelungsgehalt eines Verwaltungsakts dessen Bindungswirkung bestimme[165]. Der Wahrheitsgehalt dieser "Binsenweisheit" wird nachfolgend anhand der Wirkungen überprüft, welche die Regelung eines Verwaltungsakts erzeugt.

Aufgrund der regelnden Wirkung eines Verwaltungsakts kann eine Behörde durch einseitige, verbindliche Anordnung ein Rechtsverhältnis auf dem Gebiet des öffentlichen Rechts gestalten oder feststellen[166]. Eine Regelung i.S.v. § 35 Satz 1 VwVfG liegt vor, wenn eine Behörde durch ihre Willenserklärung[167] Rechtsfolgen erzeugen will[168]. Mit

---

[162] Ähnlich Maurer, § 11 Rdnrn. 3 und 7.

[163] Seibert, S. 190.

[164] Ähnliche Äußerungen finden sich z.B. bei Battis, C I Rdnr. 190; Clausen, in Knack, Vor § 9 VwVfG Rdnr. 5.2 lit. e); Erichsen/Knoke, NVwZ 1983, 185 (188); Ipsen, Verw 1984, 169 (186ff.); Knoke, S. 95f.; Kopp, DVBl. 1983, 392 (395); Maurer, § 11 Rdnrn. 3, 5 und 7; Schmalz/Hofmann, S. 150; Weyreuther, DVBl. 1965, 281 (282).

[165] Gaentzsch, NJW 1986, 2787 (2790); Ortloff, NJW 1987, 1665 (1666); unklar Engel, S. 8ff..

[166] Battis, C I Rdnr. 90; Meyer/Borgs-Maciejewski, § 35 VwVfG Rdnrn. 1 und 5; Schweickhardt, Rdnr. 284.

[167] Vgl. zur verwaltungsrechtlichen Willenserklärung als behördliche Maßnahme i.S.v. § 35 S. 1 VwVfG z. B. Hoffmann-Becking, DÖV 1972, 196 (197f.); Kluth, NVwZ 1990, 608 (608, 612); Maurer, § 9 Rdnr. 6; Stelkens, in Stelkens/Bonk/Sachs, § 35 VwVfG Rdnr. 33.

[168] BVerwG, NVwZ 1988, 941 (941); Erichsen/Martens, § 11 II 4; Hoffmann-Becking, DÖV 1972, 196 (197); Stern, Verwaltungsprozessuale Probleme, S. 67f..

der inneren Wirksamkeit[169] des Verwaltungsakts treten die Rechtsfolgen ein. Die Regelung legt fest, was im Einzelfall rechtens sein soll[170]. Es erfolgt "eine verbindliche, in einer bestimmten Angelegenheit die Rechtsfolge abschließend bestimmende ... hoheitliche Anordnung"[171]. Die Rechtsbeziehungen des Bürgers zur öffentlichen Hand werden fixiert. Unsicherheiten im Verhältnis zwischen Staat und Bürger werden beseitigt[172]; die Regelung schafft "Gewißheit über das Verbindliche"[173]. Vor und nach dem Eintritt der Unanfechtbarkeit unterscheidet sich die Verbindlichkeit des Verwaltungsakts nicht. Bei noch nicht unanfechtbaren Verwaltungsakten reduziert § 50 VwVfG lediglich den Vertrauensschutz eines Begünstigten.

Solange ein Verwaltungsakt wirksam und seine Regelung "in Kraft" ist, ist er gegenüber dem abstrakten Gesetz, dessen Konkretisierung er dient, vorrangig anzuwenden. In Bezug auf den geregelten Fall "verdrängen" die durch seine Regelung angeordneten Rechtsfolgen die, welche die Rechtsnormen vorsehen. Weil ein Verwaltungsakt durch seine Regelung insoweit das materielle Recht modifiziert[174], ist er die im geregelten Fall maßgebende Rechtsquelle[175]; hierauf beruht seine Bindungswirkung.

---

[169] Innere und äußere Wirksamkeit eines Verwaltungsakts werden unterschieden.
Die äußere Wirksamkeit tritt mit der Bekanntgabe eines Verwaltungsakts ein, § 43 Abs. 1 S. 1 VwVfG (Weides, S. 158).
Mit der inneren Wirksamkeit ist der Zeitpunkt gemeint, an dem die mit der Regelung intendierte Rechtsfolge "in Kraft" tritt (BVerwGE 13, 1 (6f.); 57, 69 (70); BVerwG, BayVBl. 1991, 662 (662); Fluck, VerwArch 1988, 406 (411); Seibert, S. 204ff.; Weides, S. 158).
Regelmäßig ist der Zeitpunkt der inneren Wirksamkeit mit dem der äußeren identisch. Bei einer aufschiebend bedingten oder befristeten Regelung tritt die innere Wirksamkeit dagegen nach der äußeren ein. In Betracht kommt ferner der Erlaß einer rückwirkenden Regelung - so daß der Zeitpunkt der inneren Wirksamkeit des Verwaltungsakts vor dem der äußeren läge -, die allerdings, sofern sie belastend wirkt, eine spezielle gesetzliche Ermächtigung voraussetzt (Weides, S. 158; vgl. auch BVerwG, BayVBl. 1991, 662 (662)).

[170] BVerwGE 58, 37 (38f.); BVerwG, NVwZ 1988, 941 (941); Mayer, S. 65f. und 95ff.; Stelkens, in Stelkens/Bonk/Sachs, § 35 VwVfG Rdnr. 15.

[171] Wallerath, S. 166.

[172] Erichsen/Martens, § 11 II 4, S. 240.

[173] BVerfGE 60, 253 (270).

[174] Hoffmann-Becking, DÖV 1972, 196 (197ff.); Meyer/Borgs-Maciejewski, § 35 VwVfG Rdnr. 5; Stelkens, in Stelkens/Bonk/Sachs, § 35 VwVfG Rdnr. 15.

[175] Meyer/Borgs-Maciejewski, § 35 VwVfG Rdnr. 5.
Stelkens, in Stelkens/Bonk/Sachs, § 35 VwVfG Rdnr. 15, bezweifelt die Erforderlichkeit dieser Kennzeichnung und verneint ihren "besonderen Erkenntniswert". Diese Bedenken sind nicht überzeugend. Die Charakterisierung eines wirksamen Verwaltungsakts als Rechtsquelle bringt gerade seine - im Verhältnis zu dem durch Normen geregelten materiellen Recht - "verselbständigte" Verbindlichkeit treffend zum Ausdruck.

Während die konstitutive Wirkung gestaltender Verwaltungsakte unstrittig ist[176], wird eine entsprechende Wirkung bei feststellenden Verwaltungsakten bezweifelt. Manche sind der Meinung, feststellende Verwaltungsakte hätten nur eine deklaratorische Wirkung[177], das materielle Recht werde durch sie nicht verändert[178]. Folgt man dieser Auffassung, fehlt für die Bindungswirkung feststellender Verwaltungsakte die Grundlage; nur gestaltenden Verwaltungsakten käme Bindungswirkung zu.

Die Auffassung, daß feststellende Verwaltungsakte das materielle Recht nicht verändern, überzeugt allerdings nicht. Konsequenterweise müßten ihre Anhänger die Existenz feststellender Verwaltungsakte überhaupt verneinen. Denn eine nur deklaratorische, nicht auf eine Rechtsfolge gerichtete Regelung ist ein Widerspruch in sich. Auch ein feststellender Verwaltungsakt trifft eine verbindliche und deshalb konstitutive Regelung[179]. Selbst wenn er lediglich feststellt, was sich bereits aus dem Gesetz ergibt, konkretisiert seine Regelung das allgemeine Gesetz verbindlich für den Einzelfall[180]. Sowohl normative als auch tatsächliche Unsicherheiten werden durch die verbindliche Feststellung beseitigt[181]. Hierdurch erlangt der feststellende Verwaltungsakt ebenfalls "rechtsschaffende Kraft"[182] und schließt, solange er wirksam ist, zur Bestimmung der materiellen Rechtslage den Durchgriff auf Rechtsnormen aus[183]. Auch die Regelung eines feststellenden Verwaltungsaktes erzeugt somit Bindungswirkung.

---

[176] Vgl. etwa Achterberg, § 21 Rdnr. 77; Battis, C I Rdnr. 115; Erichsen/Martens, § 12 I 3; Stelkens, in Stelkens/Bonk/Sachs, § 35 VwVfG Rdnr. 125.

[177] Das BVerwG geht in älteren Entscheidungen von "deklaratorisch feststellenden Verwaltungsakten" aus, vgl. BVerwGE 8, 261 (265); 14, 151 (152); 15, 306 (309); 34, 353 (354f.); ebenso z.b. Randak, JuS 1992, 33 (38). Auch in jüngeren Entscheidungen knüpft das Gericht hieran an, meint jedoch, daß in einer "rechtlich ungewissen Situation ... eine (potentiell) verbindliche Feststellung" getroffen werde, vgl. BVerwG, DÖV 1982, 703 (703); BVerwG, NVwZ 1988, 941 (941).

[178] Battis, C I Rdnr. 115; Ossenbühl, DÖV 1967, 246 (247ff.); Sachs, in Stelkens/Bonk/Sachs, § 43 VwVfG Rdnr. 103; Stelkens, in Stelkens/Bonk/Sachs, § 35 VwVfG Rdnr. 16.

[179] Hoffmann-Becking, DÖV 1972, 196 (199); Maurer, § 9 Rdnr. 46; Seibert, S. 94ff. und 174ff.; vgl. auch Knöpfle, BayVBl. 1982, 225 (228).

[180] BVerwGE 58, 37 (38f.); Achterberg, § 21 Rdnrn. 46 und 76; Erichsen/Martens, § 11 II 4; Stelkens, in Stelkens/Bonk/Sachs, § 35 VwVfG Rdnrn. 16 und 128. Dies räumt auch Battis, C I Rdnr. 115, ein.

[181] Erichsen/Martens, § 11 II 4; Hoffmann-Becking, DÖV 1972, 196 (199); Schwarze, in Knack, § 35 VwVfG Rdnr. 5.2.4; Wallerath, S. 180f..

[182] A.A. Ossenbühl, DÖV 1967, 246 (248).

[183] Dies zeigt sich insbesondere, wenn im Widerspruch zu gesetzlichen Vorschriften aufgrund eines Verwaltungsakts Leistungen gewährt wurden. Da der Verwaltungsakt nach allgemeiner Auffassung den materiellen Rechtsgrund der Leistung bildet (BVerwGE 8, 261 (264f.); BVerwG, DVBl. 1967, 486 (489); Hoffmann- Becking, DÖV 1972, 196 (199); Meyer/Borgs-Maciejewski, § 35 VwVfG Rdnr. 36; a.A. Ossenbühl, DÖV 1967, 246 (248f.)), entsteht ein öffentlich-rechtlicher Erstattungsanspruch erst nach dessen Aufhebung (vgl. BVerwGE 8, 261 (264ff.); Maurer, § 9 Rdnr. 46).

Die rechtsschaffende Wirkung eines Verwaltungsakts, die ihm den Charakter einer Rechtsquelle verschafft, unterscheidet ihn von einem Urteil, das nach der herrschenden prozessualen Rechtskrafttheorie das materielle Recht grundsätzlich nicht verändert[184].

(5) Die einheitliche Bindung aller Behörden

Als Rechtsquelle ist die Regelung eines Verwaltungsakts von allen Behörden in gleichem Maße zu beachten. Daher werden alle Behörden durch die Regelung eines wirksamen Verwaltungsakts gebunden[185] und sind verpflichtet, in nachfolgenden Verwaltungsverfahren keine widersprechenden Rechtsfolgen anzuordnen.

Der staatlichen Zuständigkeitsverteilung kommt insoweit keine entscheidende Bedeutung zu[186]. Zwar mag sie Entscheidungs- und Vollzugskompetenzen ausschließlich einer bestimmten Behörde zuweisen[187]. Dies ist jedoch nicht der ausschlaggebende Grund für die Bindung der Behörden an fremde Verwaltungsakte. Denn wegen der bis zur Nichtigkeitsschwelle fehlerunabhängigen Wirksamkeit von Verwaltungsakten mo-

---

[184] Leistungs- und Feststellungsurteile schaffen kein neues Recht, sondern stellen lediglich deklaratorisch eine Rechtsfolge beziehungsweise -lage fest (vgl. Hartmann, in Baumbach/Lauterbach, Vor § 322 ZPO Rdnr. 9; Rosenberg/Schwab, § 151 II 2; Stern, Verwaltungsprozessuale Probleme, S. 151, Fußnote 14.).
Eine Ausnahme bilden lediglich Gestaltungsurteile. Ihre Gestaltungswirkung bewirkt eine Veränderung der materiellen Rechtslage mit Wirkung inter omnes (vgl. Hartmann, in Baumbach/Lauterbach, Vor § 322 ZPO Rdnr. 9; Rosenberg/Schwab, § 94 III 1; Schmidt, JuS 1986, 35 (38); Stern, Verwaltungsprozessuale Probleme, S. 81f.).

[185] Richtigerweise werden nicht die Behörden selbst, sondern ihre Rechtsträger gebunden. Denn eine Behörde handelt lediglich als Organ für ihren Rechtsträger, besitzt keine eigene Rechtspersönlichkeit und kann daher nicht selbst Träger von Rechten und Pflichten sein.
Da im juristischen Sprachgebrauch die schlichte Organstellung von Behörden in der Regel nicht besonders zum Ausdruck kommt, selbst der Gesetzgeber nach § 78 Abs. 1 Nr. 2 VwGO in Verbindung mit Landesrecht Klagen gegen Behörden als Prozeßstandschafter ihres Rechtsträgers zuläßt (vgl. Stern, Verwaltungsprozessuale Probleme, S. 124) und im Umwelthaftungsgesetz in der Überschrift zu § 10 UHG sogar von "Auskunftsansprüchen gegen Behörden" die Rede ist, wird auch im folgenden der Einfachheit halber von einer Bindung der Behörden gesprochen.

[186] Dieser Ansicht sind jedoch Lämmle, S. 125ff., Roesler, S. 66f., sowie Seibert, S. 254 und 259ff.; vgl. auch Jarass, Konkurrenz, S. 93f.; Knöpfle, BayVBl. 1982, 225 (228f.); Randak, JuS 1992, 33 (34).

[187] Fluck, VerwArch 1988, 406 (416); Gaentzsch, NJW 1986, 2787 (2787, 2792); Ortloff, NJW 1987, 1665 (1666); Seibert, S. 254.

difizieren auch kompetenzwidrig erlassene Verwaltungsakte das materielle Recht[188], sind deshalb zu beachten und entfalten in einem späteren Verwaltungsverfahren Bindungswirkung gegenüber allen Behörden[189]. Die staatliche Zuständigkeitsordnung wird folglich allenfalls als "Reflex" der Bindungswirkung wirksamer Verwaltungsakte geschützt. Dieser "Reflex" wird allerdings - wie das Beispiel des kompetenzwidrig erlassenen Verwaltungsakts zeigt - nicht in allen Fällen ausgelöst.

(6) Folgen für die Terminologie zur Bindungswirkung von Verwaltungsakten

Aufgrund der einheitlichen Bindung der Behörden an die Regelung eines Verwaltungsakts ist die Unterscheidung zwischen materieller Bestandskraft und Tatbestandswirkung von Verwaltungsakten nicht gerechtfertigt.

Um die einheitliche Bindung der Behörden zu umschreiben, sollte der Begriff der materiellen Bestandskraft nicht verwandt werden[190]. Da dieser Begriff gerade die Anlehnung der Bindungswirkung eines Verwaltungsakts an die Rechtskraft eines Urteils zum Ausdruck bringen soll[191], dient er als Symbol für die nicht vorhandene "Wesensverwandtschaft" der Bindungswirkungen.
Auch auf den Begriff der Tatbestandswirkung sollte verzichtet werden[192], da dieser allein zur Abgrenzung gegenüber der materiellen Bestandskraft entwickelt wurde.

---

[188] Ähnlich wohl auch Sachs, in Stelkens/Bonk/Sachs, § 43 VwVfG Rdnr. 57.
Die Regelung eines Verwaltungsakts stellt dagegen die Zuständigkeit der handelnden Behörde nicht konkludent fest (so jedoch Fluck, VerwArch 1988, 406 (413)). Die Zuständigkeit der agierenden Behörde ist nicht Teil der Regelung, sondern lediglich eine Voraussetzung hierfür (vgl. zum Unterschied zwischen Regelungsvoraussetzungen und Regelungsgegenstand BVerwG, NVwZ 1986, 208; Gaentzsch, NJW 1986, 2787 (2793f.); Sachs, in Stelkens/Bonk/Sachs, § 43 VwVfG Rdnr. 49.). Geregelt werden lediglich die materiellrechtlichen Rechte und Pflichten, die im Verwaltungsrechtsverhältnis zu beachten sind.

[189] Lämmle, S. 208f., lehnt - aus seiner Sicht konsequent - eine Bindungswirkung kompetenzwidrig erlassener Verwaltungsakte ab. Mit der Wirksamkeit, die auch diesen Verwaltungsakten eigen ist, ist seine Auffassung jedoch nicht zu vereinbaren.

[190] Demgegenüber wollen Broß, VerwArch 1987, 91 (102), Kopp, DVBl. 1983, 392 (400), Merten, NJW 183, 1993 (1996), und Sachs, in Stelkens/Bonk/Sachs, § 43 VwVfG Rdnr. 85, mit dem Begriff ausdrücken, daß "die öffentliche Hand schlechthin in all ihren Gliederungen und Untergliederungen" beziehungsweise "alle rechtsanwendenden Staatsorgane" an die Regelung eines Verwaltungsakts gebunden werden.

[191] Vgl. Maurer, § 11 Rdnr. 3; ausführlich Seibert, S. 142ff..

[192] A.A. ist Peine, JZ 1990, 201 (207f.), der mit der Tradition dieses Begriffs argumentiert. Dessen uneinheitliche Verwendung erwähnt er allerdings nicht. Ebensowenig wird das sachlich nicht zu rechtfertigende Nebeneinander von materieller Bestandskraft und Tatbestandswirkung hinterfragt.

Um die Bindungen, die ein Verwaltungsakt in nachfolgenden Verwaltungsverfahren erzeugt, zu bezeichnen, bietet sich vielmehr der Begriff der Bindungswirkung von Verwaltungsakten an. Er hat in Rechtsprechung[193] und Literatur[194] schon eine relativ starke Verbreitung gefunden. Im folgenden wird wird daher dieser Begriff verwandt.

bb) Ergebnis zu b)

Mit dem Begriff der Legalisierungswirkung von Genehmigungen wird ein besonderer Aspekt der Bindungswirkung umschrieben, die Verwaltungsakten in späteren Verwaltungsverfahren zukommt. Grundlage dieser Bindungswirkung ist die Regelung eines Verwaltungsaktes, die das im konkreten Fall maßgebende materielle Recht vorgibt.

In einem nachfolgenden Verwaltungsverfahren ist die Regelung einer Genehmigung als Rechtsquelle von allen Behörden zu beachten; spätere der Gefahrenabwehr dienende Verfügungen dürfen ihr daher nicht widersprechen.

Diese "Sperrwirkung" einer Genehmigung steht jeder, dem Regelungsgehalt der Genehmigung widersprechenden Inanspruchnahme des Genehmigungsinhabers entgegen. Soweit eine Legalisierungswirkung von Genehmigungen anzuerkennen ist, darf eine Behörde erst nach einer entsprechenden Aufhebung der Genehmigung den durch sie Begünstigten als Störer in Anspruch nehmen. Der Inhaber einer Genehmigung haftet bis dahin für sein genehmigtes Verhalten beziehungsweise für einen genehmigungskonform herbeigeführten Zustand weder als Verhaltens- noch als Zustandsstörer.

Die dogmatische Grundlage für die Legalisierungswirkung von Genehmigungen liegt folglich nicht im Polizei- und Ordnungsrecht, sondern im allgemeinen Verwaltungsrecht. Die Legalisierungswirkung einer Genehmigung begrenzt quasi "von außen her" - als Ausprägung eines Instituts des allgemeinen Verwaltungsrechts - die öffent-

---

[193] Vgl. BVerwGE 66, 315 (318, ff.); 72, 300 (306f.); 74, 315 (320); BVerwG, DÖV 1985, 1013 (1013f.); 1990, 477 (477 passim); BVerwG, NVwZ 1989, 258 (258); VGH Mannheim, BWVPr 1986, 277 (277).

[194] Vgl. z.B. Büdenbender/Mutschler, Rdnrn. 52ff.; Fluck, VerwArch 1988, 406 (412ff.); Gaentzsch, NJW 1986, 2787 (2790ff.); Ipsen, Verw 1984, 169 (186 und 189); Jarass, Konkurrenz, S. 72ff.; Kollmann, DÖV 1990, 189 (189ff.); Kutschera, S. 173ff.; Lämmle, S. 117; Ortloff, NJW 1987, 1665 (1665ff. passim); Ossenbühl, NJW 1980, 1353 (1353ff.); Seibert, S. 37ff..

lich-rechtliche Haftung eines Genehmigungsinhabers. Auf die mit zahlreichen Unklarheiten belasteten polizei- und ordnungsrechtlichen Verursachungstheorien kommt es zur dogmatischen Begründung des Haftungsprivilegs daher nicht an[195].

---

[195] Seibert, der zwar einerseits die Legalisierungswirkung von Genehmigungen auch als Aspekt ihrer Bindungswirkung in nachfolgenden Verwaltungsverfahren erklärt (vgl. S. 333, 443f.), andererseits aber dennoch auf die polizei- und ordnungsrechtlichen Verursachungstheorien zu ihrer dogmatischen Begründung zurückgreift (vgl. S. 450ff. und DVBl. 1992, 664 (671)), ist insoweit inkonsequent.

D. Grenzen der Bindungswirkung von Verwaltungsakten als Maßstab für die Reichweite der Legalisierungswirkung von Genehmigungen

Da eine eventuelle Legalisierungswirkung von Genehmigungen auf der Bindungswirkung beruht, die Verwaltungsakten in nachfolgenden Verwaltungsverfahren zu eigen ist, sind die Grenzen dieser Bindungswirkung auch für die Reichweite der Legalisierungswirkung maßgebend. Objektive, subjektive und zeitliche Grenzen schränken die Bindungswirkung von Verwaltungsakten ein[1]. Der eingangs erwähnte Streit über die Reichweite der Legalisierungswirkung von Genehmigungen ist anhand dieser Grenzen zu entscheiden[2].

I. Objektive Grenze der Bindungswirkung

Die objektive Grenze der Bindungswirkung wird durch den sachlichen Regelungsgehalt eines Verwaltungsakts bestimmt[3]. Dieser ist anhand der allgemeinen Auslegungsgrundsätze zu ermitteln.

Nur soweit ein mit dem sachlichen Regelungsgehalt einer Genehmigung konformes Verhalten beziehungsweise ein hiermit konformer Zustand vorliegen, ist es einer Behörde verwehrt, ihren Inhaber als Störer in Anspruch zu nehmen[4]. Über den geregelten Gefahrenbereich kann die Legalisierungswirkung nicht hinausgehen. Die äußerste Grenze der Legalisierungswirkung wird also durch den sachlichen Regelungsgehalt einer Genehmigung bestimmt.

1. Allgemeine Auslegungsgrundsätze zur Bestimmung des sachlichen Regelungsgehalts von Verwaltungsakten

Bei der Auslegung des sachlichen Regelungsgehalts eines Verwaltungsakts ist vom Wortlaut der behördlichen Anordnung auszugehen. Neben dem Tenor ist die Begrün-

---

[1] Vgl. Braun, S. 48ff., 69ff. und 72ff.; Erichsen/Knoke, NVwZ 1983, 185 (190f.); Ipsen, S. 172ff. und 194f.; Randak, JuS 1992, 33 (34f.); Sachs, in Stelkens/Bonk/Sachs, § 43 VwVfG Rdnr. 46ff., 71ff. und 79ff.; Seibert, S. 203ff., 247ff. und 297ff..

[2] Vgl. zu den insoweit diskutierten drei Fragestellungen die Ausführungen am Ende der Einleitung. Die ersten beiden Fragenkomplexe betreffen die objektiven Grenzen der Bindungswirkung von Verwaltungsakten, für den dritten Fragenkomplex kommt es auf die subjektiven Grenzen der Bindungswirkung an.

[3] Gaentzsch, NJW 1986, 2787 (2790).

[4] BayVGH, BayVBl. 1992, 274 (274f.); Dombert, S, 67; Fluck, VerwArch 1988, 406 (422); Oerder, DVBl. 1992, 691 (694).

dung ergänzend heranzuziehen[5]. Ferner sind die tatsächlichen Umstände vor und beim Erlaß des Verwaltungsakts zu berücksichtigen[6]. § 133 BGB ist entsprechend anzuwenden[7]: Entscheidend ist der Empfängerhorizont des Adressaten; es kommt darauf an, wie er die Regelung der Behörde bei verständiger Würdigung der Umstände des Einzelfalls verstehen durfte[8]. Auch Bescheide, die Dritten auf ihren Widerspruch hin erteilt worden sind, sind wegen § 79 Abs. 1 Nr. 1 VwGO bei der Auslegung des Regelungsgehalts eines Verwaltungsakts zu berücksichtigen[9].

Verbleiben Unklarheiten, ist auf die für den Erlaß des Verwaltungsakts maßgebenden gesetzlichen Vorschriften zurückzugreifen[10]: Wegen der Gesetzesbindung der Verwaltung ist die Regelung eines Verwaltungsakts, wenn der ausdrücklich erklärte Wille der Behörde nicht entgegensteht[11], im Zweifel gesetzeskonform auszulegen[12].

2. Besonderheiten bei der Bestimmung des sachlichen Regelungsgehalts von Genehmigungen

Bei der Bestimmung des sachlichen Regelungsgehalts von Genehmigungen können die genannten allgemeinen Auslegungsgrundsätze weiter konkretisiert werden.

a) Konkretisierung des Genehmigungsgegenstands durch den Genehmigungsantrag und den gesetzlichen Genehmigungsvorbehalt

Der Genehmigungsgegenstand, über den die Behörde zu entscheiden hat, wird durch den Genehmigungsantrag und die zu seiner Präzisierung eingereichten Unterlagen be-

---

[5]   Erichsen/Martens, § 11 II 4 Rdnr. 25; Sach, S. 71f.; Stelkens, in Stelkens/Bonk/Sachs, § 35 VwVfG Rdnr. 38.

[6]   Vgl. BVerwGE 12, 91; 29, 312; 41, 305; Kluth, NVwZ 1990, 608 (610f.); Schweickhardt, Rdnr. 316; Stelkens, in Stelkens/Bonk/Sachs, § 35 VwVfG Rdnr. 38.

[7]   BVerwGE 49, 244 (247); 67, 305 (307f.); Battis, C I Rdnr. 90; Kluth, NVwZ 1990, 608 (610); Sach, S. 71; Schweickhardt, Rdnr. 316; Stelkens, in Stelkens/Bonk/Sachs, § 35 VwVfG Rdnr. 38.

[8]   BVerwGE 49, 244; BVerwG, NVwZ 1984, 518; NJW 1978, 234; NJW 1989, 53 (54); NVwZ 1990, 963 (965); OVG Münster, NWVBl. 1993, 154 (155); Fluck, VerwArch 1988, 406 (421); Schweickhardt, Rdnr. 316; Stelkens, in Stelkens/Bonk/Sachs, § 35 VwVfG Rdnr. 38.

[9]   BVerwG, NVwZ 1990, 963 (966).

[10] Erichsen/Martens, § 11 II 4 Rdnr. 25; Fluck, VerwArch 1988, 406 (421); Kluth, NVwZ 1990, 608 (610).

[11] VGH München, BayVBl. 1977, 394.

[12] Erichsen/Martens, § 11 II 4 Rdnr. 25; Kluth, NVwZ 1990, 608 (610f.); Sach, S. 73f..

stimmt[13]. Bei der Auslegung des sachlichen Regelungsgehalts einer Genehmigung geben diese Unterlagen wichtige Anhaltspunkte[14].

Die Gestattung geht grundsätzlich[15] nicht über das hinaus, was der Genehmigungsbehörde im Rahmen des Antrags zur Entscheidung vorgelegt wurde[16]. Der Inhaber einer Genehmigung kann also nicht von einer konkludenten Gestattung von Tätigkeiten oder Verfahren ausgehen, die in der Genehmigungsurkunde beziehungsweise in den Antragsunterlagen, auf die sich die Genehmigungsurkunde bezieht, nicht ausdrücklich erwähnt werden[17]. Es erfolgt auch keine "Global-Genehmigung", die auch künftige, beim Erlaß der Genehmigung noch nicht absehbare Betriebsweisen erfaßt[18].

Bestätigt wird dieses Ergebnis durch den umfassenden Genehmigungsvorbehalt, den der Gesetzgeber für die Errichtung und den Betrieb von Anlagen begründet hat, von denen erhebliche Auswirkungen auf die Umwelt ausgehen können. So bedürfen beispielsweise nicht nur die Errichtung und der Betrieb von immissionsschutzrechtlich genehmigungsbedürftigen Anlagen oder von Abfalldeponien, sondern auch die wesentliche Änderung dieser Anlagen oder ihres Betriebs einer Genehmigung[19]. Für den sachlichen Regelungsgehalt der entsprechenden Zulassungsentscheidungen gilt daher das Prinzip, daß alles verboten bleibt, was nicht ausdrücklich gestattet wird[20].

---

[13] OVG Münster, NWVBl. 1992, 176 (177); Fluck, ZfB 1989, 13 (22); Kutschera, S. 177; Lämmle, S. 220f..

[14] BVerwGE 80, 21 (24); 82, 61 (71); OVG Münster, NWVBl. 1992, 176 (177); Fluck, VerwArch 1988, 406 (414, 422); derselbe, DVBl. 1992, 862 (868); Lämmle, S. 220f.; Martens, J., JuS 1975, 69 (72); Stelkens, in Stelkens/Bonk/Sachs, § 35 VwVfG Rdnr. 38.

[15] Etwas anderes gilt lediglich dann, wenn die Genehmigungsbehörde ausdrücklich (rechtswidrig) mehr gestattet als beantragt wurde.

[16] BVerwG, NVwZ 1990, 963 (964f.); Roesler, S. 133f.; Sach, S. 74.

[17] Fluck, VerwArch 1988, 406 (422); Hermes, in: Wandel der Handlungsformen im öffentlichen Recht, S. 187 (209f.); Roesler, S. 166f.; a. A. Papier, Altlasten und polizeirechtliche Störerhaftung, S. 23f. und 27; derselbe, DVBl. 1985, 873 (876); derselbe, NVwZ 1986, 256 (257).

[18] BVerwG, NVwZ 1990, 963 (964f.); OVG Hamburg, GewArch 1992, 350 (350ff.).

[19] Vgl. § 15 Abs. 1 Satz 1 BImSchG und § 7 Abs. 2 Satz 1 i.V.m. Abs. 3 AbfG; nach § 25 Abs. 1 Satz 2 GewO galt Entsprechendes bereits "bei wesentlichen Veränderungen in dem Betrieb einer der unter § 16 (GewO) fallenden Anlagen".

[20] Vgl. zu immissionsschutzrechtlichen Genehmigungen BVerwG, NVwZ 1990, 963 (964); OVG Hamburg, GewArch 1992, 350 (350ff.); Murswiek, JuS 1991, 519 (519); Pudenz, UPR 1990, 331.

b) Keine Trennung zwischen einem genehmigten Verhalten und den hierdurch verursachten Gefahren oder Störungen

Bei der Bestimmung des sachlichen Regelungsgehalts einer Genehmigung kann weder anhand des Empfängerhorizonts ihres Inhabers[21] noch im Wege einer gesetzeskonformen Auslegung[22] zwischen einem genehmigten Verhalten und den hierdurch verursachten Gefahren oder Störungen unterschieden werden. Die Erwartung der Zulassungsbehörde, das gestattete Verhalten werde keine Gefahren oder Störungen hervorrufen, rechtfertigt den Ausschluß dennoch eintretender Beeinträchtigungen vom sachlichem Regelungsgehalt einer Genehmigung nicht[23]. Andernfalls bleibt von der Konkretisierungsfunktion eines gestattenden Verwaltungsakts, der "Gewißheit über das Verbindliche" schaffen soll[24], nichts übrig. Darüber hinaus wäre der Regelungsgehalt einer Genehmigung in sich widersprüchlich, wenn zwar eine Handlung, aber nicht die mit ihr verbundenen Folgen zugelassen würden. Daher erfaßt der sachliche Regelungsgehalt einer Genehmigung auch die nachteiligen Auswirkungen des zugelassenen Verhaltens[25].

Eine Legalisierung genehmigungskonform verursachter Gefahren oder Störungen kommt allerdings letztlich nur in Betracht, soweit der sachliche Regelungsgehalt einer Genehmigung die Behörden auch subjektiv bindet. Vor allem aufgrund der weitreichenden Befugnisse zum Erlaß von nachträglichen Anordnungen und nachträglichen Auflagen, die das Umweltrecht den Behörden gegenüber den Inhabern umweltrechtlicher Zulassungsentscheidungen verschafft, ist von einer erheblich eingeschränkten Bindung der Behörden und dementsprechend nur von einer stark reduzierten Legalisierungswirkung von Genehmigungen auszugehen[26].

---

[21] So jedoch Reinhardt, S. 139.

[22] Vgl. Sach, S. 76f..

[23] A.A. Breuer, JuS 1986, 359 (363); Feldhaus/Schmitt, WiVerw 1984, 1 (11f.); Hermes, in: Wandel der Handlungsformen im öffentlichen Recht, S. 187 (210); Kirchner/Kremer, ZfB 1990, 5 (10); Reinhardt, S. 139; Selmer, Privates Umwelthaftungsrecht, S. 32f.; vgl. auch Brandt/Dieckmann/Wagner, S. 42f.; Sach, S. 76f.; Seibert, S. 451ff..

[24] Vgl. BVerfGE 60, 253 (270), sowie allgemein oben C II 5 b) aa) (4).

[25] Im Ergebnis ebenso Engel, S. 64, Fluck, VerwArch 1988, 406 (427ff.), derselbe, ZfB 1989, 13 (26ff.), und Roesler, S. 69f. und 111ff..

[26] Vgl. im einzelnen unten Kapitel E.

c) Unterscheidung zwischen Genehmigungsvoraussetzungen und sachlichem Regelungsgehalt von Genehmigungen

Soweit der sachliche Regelungsgehalt von Genehmigungen anhand des einschlägigen Zulassungsrechts zu bestimmen ist, etwa weil Tenor und Begründung der behördlichen Entscheidung nicht eindeutig oder die Genehmigungsunterlagen - wie wohl nicht selten bei seit längerem stillgelegten Anlagen - nicht mehr vorhanden sind[27], wird die aktuelle Diskussion zum Verhältnis zwischen Genehmigungsvoraussetzungen und sachlichem Regelungsgehalt von Genehmigungen relevant. In der jüngeren Rechtsprechung und Literatur wird zunehmend die Auffassung vertreten, daß zwischen den Voraussetzungen und dem sachlichen Regelungsgehalt einer Genehmigung zu unterscheiden sei. Prüfungs- und Regelungsumfang stimmten beim Erlaß eines Verwaltungsakts nicht notwendigerweise überein[28]. Hintergrund des Meinungsstreits ist der Umstand, daß für zahlreiche Vorhaben - je nach dem, welche Umweltrelevanz ihnen zukommt - nicht nur eine, sondern mehrere Genehmigungen "parallel" erforderlich sind, deren Zulassungsvoraussetzungen zum Teil identisch sich[29].

Im folgenden wird am Beispiel "parallel" erforderlicher Genehmigungen untersucht, ob die Differenzierung zwischen Genehmigungsvoraussetzungen und sachlichem Regelungsgehalt von Genehmigungen geboten und nach welchen Kriterien der sachliche Regelungsgehalt einer Genehmigung gegebenenfalls zu bestimmen ist.

Die Genehmigungsvoraussetzungen parallel erforderlicher Genehmigungen überschneiden sich vielfach[30]. Dies ist insbesondere der Fall, wenn sich der Gesetzgeber generalklauselartiger Formulierungen bedient und beispielsweise verlangt, daß "öffent-

---

[27] Fluck, VerwArch 1988, 406 (422).
[28] Vgl. z.B. BVerwGE 72, 300; Gaentzsch, NJW 1986, 2787 (2790f.); Lämmle, S. 133ff.; Ortloff, NJW 1987, 1665 (1666); Seibert, S. 395ff.; Stelkens, in Stelkens/Bonk/Sachs, § 35 VwVfG Rdnr. 67; Wagner, M. A., S. 237.
[29] Vgl. hierzu Beckmann, DÖV 1987, 944 (950ff.); Fluck, NVwZ 1992, 114 (114); Gaentzsch, NJW 1986, 2787 (2788); Jarass, Konkurrenz, S. 68ff. und 74ff.; 81ff.; derselbe, WiVerw 1984, 169 (170ff.); Seibert, S. 353ff.; Upmeier, NuR 1986, 309 (309); Wagner, M. A., S. 190ff..
[30] Nach Gaentzsch, NJW 1986, 2787 (2792), beschränken sich die Genehmigungsvoraussetzungen typischerweise "nicht auf den fachgesetzlichen Rahmen ..., in dem sie stehen...".

lich-rechtliche Vorschriften einem Vorhaben nicht entgegenstehen dürfen"[31] oder das "Wohl der Allgemeinheit"[32] nicht gefährdet werden darf.

Im Falle einer Kongruenz von Prüfungs- und Regelungsgehalt[33] käme es daher bei parallel erforderlichen Genehmigungen regelmäßig zu mehreren miteinander konkurrierenden Regelungen[34]. Darüber hinaus gäbe es insbesondere neben bau- oder immissionsschutzrechtlichen Genehmigungen kein Bedürfnis mehr für weitere Zulassungsentscheidungen. Denn durch diese Genehmigungen würde - entsprechend ihrer generalklauselartig formulierten Voraussetzungen - bereits umfassend festgestellt, daß dem beantragen Vorhaben keine öffentlich-rechtlichen Vorschriften entgegenstehen. Sonstige Zulassungsentscheidungen - etwa eine wasserrechtliche Erlaubnis oder Bewilligung - würden also entbehrlich. Zumindest wäre ihre Erteilung präjudiziert[35].

Um dem Grundsatz der Gleichrangig-, Gleichwertig- und Selbständigkeit[36] mehrerer paralleler erforderlicher Genehmigungen zu entsprechen, bemühen sich Rechtsprechung[37] und Literatur[38], den Regelungsgehalt paralleler Genehmigungen voneinander abzugrenzen. Hierbei scheint sich die Auffassung durchzusetzen, daß der Regelungsgehalt einer Genehmigung grundsätzlich anhand des für die sachliche Zuständigkeit

---

[31] Vgl. z.B. § 6 Nr. 2 BImSchG oder § 70 Abs. 1 S. 1 BauO NW.

[32] Vor allem im Abfallrecht ist der Begriff "Wohl der Allgemeinheit" weit auszulegen und umfaßt nach § 8 Abs. 3 Satz 2 Nr. 1 i.V.m. § 2 Abs. 1 Satz 2 Nr. 6 AbfG jeden Verstoß gegen eine Rechtsnorm; vgl. hierzu Hösel/von Lersner, § 2 AbfG Rdnrn. 7 und 24; Kunig, in Kunig/Schwermer/Versteyl, § 2 AbfG Rdnr. 41.
Ob im Rahmen des § 6 WHG als "Wohl der Allgemeinheit" nur wasserwirtschaftliche oder darüber hinaus auch sonstige öffentliche Belange zu berücksichtigen sind, ist nach wie vor unklar. Die Rechtsprechung ist nicht eindeutig, vgl. BVerfGE 58, 300 (348); BVerwG, DVBl. 1979, 63 (66); DVBl. 1989, 1048; Büllesbach, DÖV 1992, 477 (477ff.) m.w.N..

[33] Hiervon gehen Büdenbender/Mutschler, S. 86; Jarass, DÖV 1978, 21 (24 und passim); derselbe, Wi-Verw 1984, 169 (173), und Salzwedel, ZfW 1973, 85 (89), vgl. auch derselbe, Probleme einer inneren Harmonisierung, S. 67f., aus. Unklar Ossenbühl, NJW 1980, 1353 (1354 und passim).

[34] Vgl. Gaentzsch, NJW 1986, 2787 (2789f.).

[35] Ähnlich Jarass, Konkurrenz, S. 74, und Seibert, S. 355.
Um dieses Ergebnis zu vermeiden, meint Upmeier, NuR 1986, 309 (315), daß dann, wenn für ein Vorhaben neben einer Baugenehmigung weitere Zulassungen erforderlich sind, die Baugenehmigung nur als zeitlich letzte erteilt werden dürfe. Auch das BVerwG, DVBl. 1989, 1055 (1059f.), erörtert dies, ohne sich festzulegen. Ablehnend VGH München, BayVBl. 1993, 370 (371ff.); Seibert, S. 359f..

[36] OVG München, BayVBl. 1993, 370 (372); Upmeier, NuR 1986, 309 (309f., 313).

[37] BVerwGE 72, 300 (330); 74, 315 (324); 82, 61 (68f.); BVerwG, DVBl. 1988, 489 (489f.); VGH München, DVBl. 1979, 673 (677); VGH Mannheim, NVwZ-RR 1991, 140 (140); OVG Münster, DVBl. 1988, 155 (157).

[38] Büdenbender/Mutschler, S. 97, Rdnr. 234; Büllesbach, S. 321ff.; Fluck, VerwArch 1988, 406 (423ff.); Gaentzsch, NJW 1986, 2787 (2789f. und 2792ff.); Jarass, Konkurrenz, S. 86ff.; Seibert, S. 395ff.; Stelkens, in Stelkens/Bonk/Sachs, § 35 VwVfG Rdnr. 67; Upmeier, NuR 1986, 309 (309ff.); Wagner, M. A., S. 220ff..

der Behörde maßgebenden Verfahrensrechts[39] zu bestimmen sei. Über die im einzelnen maßgebenden Kriterien gibt es jedoch keine Einigkeit.

aa) Wesentliche Auffassungen in Rechtsprechung und Literatur

Die derzeitige Diskussion zur Abgrenzung des Regelungsgehalts paralleler Genehmigungen beruht vor allem auf den Modellen der "Fachbindung" und der "Separation" behördlicher Entscheidungen[40].

(1) Modell der Fachbindung

Dem "Modell der Fachbindung" entspricht eine eingeschränkte Bindungswirkung des sachlichen Regelungsgehalts einer Genehmigung. Dieses Modell geht zwar im Grundsatz von einer Kongruenz zwischen Prüfungsmaßstab und Regelungsgehalt einer Genehmigung aus[41]. Die Bindungswirkung, die einer Genehmigung in nachfolgenden Verwaltungsverfahren zukommt, solle jedoch auf den Bereich beschränkt sein, in dem die Behörde in ihrem "eigentlichen" Zuständigkeitsbereich entscheidet. Dieser Bereich sei der, in dem die Behörde über eine besondere fachliche Kompetenz verfügt[42]. Entscheidet die Behörde dagegen in ihrem "uneigentlichen" Zuständigkeitsbereich, ergäben sich hieraus in späteren Verfahren keine Bindungen[43].
Die rechtliche Grundlage dieser eingeschränkten Bindung bilde die staatliche Zuständigkeits- und Kompetenzordnung[44].

Am Modell der Fachbindung wird kritisiert, daß nicht ersichtlich sei, weshalb die Bindungswirkung einer Genehmigung auf einen Teil ihres Regelungsgehalts beschränkt

---

[39] Vgl. BVerwGE 74, 315 (324); 80, 259 (262); VGH Mannheim, NVwZ-RR 1991, 140 (140); Fluck, VerwArch 1988, 406 (425); Gaentzsch, NJW 1986, 2787 (2792ff.); Ortloff, NJW 1987, 1665 (1666); Roesler, S. 150; Schmidt-Preuß, DVBl. 1991, 229 (233); Seibert, S. 396f.; Upmeier, NuR 1986, 309 (312ff.).

[40] Vgl. zu den Begriffen "Fachbindung" und Separation" Jarass, Konkurrenz, S. 74ff. und 81ff.. Mit seiner grundlegenden Schrift dürfte Jarass den Anstoß für die gegenwärtige Diskussion über die für die Bestimmung des Regelungsgehalts paralleler Genehmigungen maßgebenden Kriterien gegeben haben.

[41] Jarass, Konkurrenz, S. 75f.; anders Beckmann, DÖV 1987, 944 (951); Fluck, VerwArch 1988, 406 (425).

[42] Jarass, Konkurrenz, S. 78; vgl. auch Beckmann, DÖV 1987, 944 (951).

[43] Jarass, Konkurrenz, S. 78.
Hiervon geht wohl auch das BVerwG aus, vgl. BVerwG, NVwZ 1990, 559 (560).

[44] BVerwG, DÖV 1980, 178; Beckmann, DÖV 1987, 944 (953); Fluck, VerwArch 1988, 406 (425); vgl. hierzu auch Jarass, Konkurrenz, S. 79f..

sein solle. Gehe man davon aus, daß die Regelung einer Genehmigung neben einem verfügenden Teil, der die Ausführung des Vorhabens gestatte, auch aus einem feststellenden Teil bestehe, welcher das Vorliegen der Genehmigungsvoraussetzungen verbindlich feststelle[45], sei nicht ersichtlich, weshalb dem feststellenden Teil nicht in seiner Gesamtheit Bindungswirkung zukommen solle[46]. Darüber hinaus sei der Begriff der Fachkompetenz unscharf und daher für eine Abgrenzung der Bindungswirkungen nicht geeignet[47].

(2) Modell der Separation

Auch das "Modell der Separation" geht in seiner "reinen Form" davon aus, daß beim Erlaß einer Genehmigung Prüfungsmaßstab und Regelungsgehalt übereinstimmen. Die Prüfungs- und Regelungskompetenz der Genehmigungsbehörden wird allerdings beschränkt[48]. Bei generalklauselartig formulierten Genehmigungsvoraussetzungen, bei denen ein Vorhaben an allen öffentlich-rechtlichen Vorschriften zu messen ist[49], soll die Behörde nicht zur Prüfung und Entscheidung befugt sein, soweit in einem gesonderten Verfahren über die Zulässigkeit des Vorhabens zu entscheiden ist[50].

Gegen das Separationsmodell wird eingewandt, es sei mit dem umfassenden Prüfungsmaßstab, den generalklauselartig formulierte Genehmigungsvoraussetzungen vorgeben, nicht zu vereinbaren. Ferner bestehe die Gefahr, daß infolge der Aufspaltung der Prüfungskompetenz auf verschiedene Behörden wichtige Genehmigungsaspekte übersehen würden. Für die Verteilung des Prüfstoffs auf verschiedene Behörden gäbe es keine zuverlässigen Abgrenzungskriterien[51].

---

[45] Vgl. hierzu BVerwGE 28, 145 (148); 48, 242 (245); 58, 124 (127); 68, 241 (243); 69, 1 (3); 82, 61 (69); Gaentzsch, NJW 1986, 2787 (2790f.); Jarass, Konkurrenz, S. 73f.; Upmeier, NuR 1986, 309 (312, 315).

[46] Jarass, Konkurrenz, S. 80.

[47] Jarass, Konkurrenz, S. 80f..

[48] Vgl. hierzu Beckmann, DÖV 1987, 944 (951), Büllesbach, S. 324ff.; Schmidt-Preuß, DVBl. 1991, 229 (236), und Seibert, S. 365ff..

[49] Vgl. z.B. § 6 Nr. 2 BImSchG oder § 70 Abs. 1 Satz 1 BauO NW. Wagner, M. A., spricht auf S. 229ff. von "Öffnungsklauseln".

[50] VGH Mannheim, NVwZ-RR 1991, 140 (140); VGH München, BayVBl. 1978, 179; vgl. hierzu Jarass, Konkurrenz, S. 81f..
Ähnlich Fluck, VerwArch 1988, 406 (424, 427), der sich jedoch auf S. 425 zum Modell der Fachbindung bekennt, sowie Schmidt-Preuß, DVBl. 1991, 229 (229ff.), und Upmeier, NuR 1986, 309 (314).

[51] Beckmann, DÖV 1987, 944 (951f.); Jarass, Konkurrenz, S. 83f.; Seibert, S. 369ff.; Wagner, M. A., S. 199f..

Das "Separationsmodell" wird zum Teil in modifizierter Form vertreten[52]. Die Prüfpflichten der Genehmigungsbehörde und ihre Kompetenz zur Sachentscheidung stimmten nicht notwendigerweise überein[53]. Wegen der weit gefaßten Voraussetzungen vieler öffentlich-rechtlicher Genehmigungstatbestände seien dieselben Genehmigungsvoraussetzungen von verschiedenen Behörden parallel zu prüfen[54]. Parallele Regelungsbefugnisse schließe die staatliche Kompetenzordnung dagegen aus[55]. Sei ein entgegenstehender Wille der Genehmigungsbehörde nicht zu erkennen, müsse der Regelungsgehalt paralleler Genehmigungen anhand der staatlichen Kompetenzordnung daher so bestimmt werden, daß es nicht zu Überschneidungen komme[56].

bb) Stellungnahme

Um die Unstimmigkeiten zu vermeiden, die bei einer Kongruenz von Zulassungsvoraussetzungen und Regelungsgehalt von Genehmigungen auftreten, ist eine Differenzierung beider Bereiche geboten.

Dies gilt zunächst, wenn für ein Vorhaben mehrere Genehmigungen parallel erforderlich sind. Stimmten Prüfungs- und Regelungsgehalt der Genehmigungen hier überein, wäre die - durch verschiedene sachliche Zuständigkeiten der Behörden - gegliederte staatliche Kompetenzordnung ohne Funktion. Infolge der präjudizierenden Wirkung, die von der zeitlich ersten Genehmigung wegen ihres umfassenden Regelungsgehalts ausginge, liefen weitere fachgesetzliche Genehmigungserfordernisse praktisch weitgehend leer. Ferner bestünde die Gefahr sich widersprechender Regelungen durch verschiedene Behörden.
Zur Differenzierung sind wegen der aufgeführten Kritik weder das Modell der Fachbindung noch das Separationsmodell in seiner "reinen Form" geeignet. Demgegenüber überzeugt das modifizierte Separationsmodell.

Die Unterscheidung zwischen den Prüfungspflichten und der Regelungskompetenz einer Behörde ist jedoch nicht nur bei parallel erforderlichen Genehmigungen, sondern auch bei isolierten Genehmigungen erforderlich. Trotz unter Umständen weit gefaßter

---

[52] Vgl. Gaentzsch, NJW 1986, 2787 (2792 und 2794).
[53] Vgl. hierzu BVerwGE 72, 300 (330); 74, 315 (324); 80, 259 (261); 82, 61 (69); Engel, S. 24; Fluck, ZfB 1989, 13 (24f.); Gaentzsch, NJW 1986, 2787 (2790f. und 2794); Stelkens, in Stelkens/Bonk/Sachs, § 35 VwVfG Rdnr. 67.
[54] Gaentzsch, NJW 1986, 2787 (2792); wohl ähnlich Seibert, S. 396. Wagner, M. A., S. 220ff., will die entscheidende Behörde nur zu einer "vorläufigen Gesamtprüfung" verpflichten.
[55] Gaentzsch, NJW 1986, 2787 (2792 und 2794). Wohl ähnlich Wagner, M. A., S. 237.
[56] Gaentzsch, NJW 1986, 2787 (2792f.). Seibert, S. 396f., stellt auf die Fachkompetenz der entscheidenden Behörde ab.

Genehmigungsvoraussetzungen ist eine Behörde in keinem Fall zu Regelungen befugt, die über ihre Aufgabenzuweisung hinausgehen. Die sachliche Zuständigkeit der entscheidenden Behörde ist daher bei der Bestimmung des Regelungsgehalts einer Genehmigung stets als Auslegungskriterium zu berücksichtigen[57].

Bei generalklauselartig formulierten Genehmigungsvoraussetzungen hat die Behörde demnach vor dem Erlaß einer Genehmigung das Vorliegen der Genehmigungsvoraussetzungen zwar umfassend zu prüfen[58]. Dieser Prüfpflicht entspricht aber keine in gleicher Weise umfassende Regelungskompetenz[59]. Vielmehr bildet die sachliche Zuständigkeit der Genehmigungsbehörde - neben der Rechtsfolgenanordnung des Genehmigungstatbestandes - den äußersten Rahmen für ihre Regelungsbefugnisse.

Für die Bestimmung der sachlichen Zuständigkeit einer Behörde sind zunächst die Fach- und Organisationsgesetze maßgebend[60]. Bei ihrer Auslegung sind insbesondere der Gesetzeszweck sowie die Verteilung der Gesetzgebungs- und Verwaltungskompetenzen zwischen Bund und Ländern zu berücksichtigen[61].
Verweisen Zuständigkeitsvorschriften schlicht auf einen bestimmten fachgesetzlichen Genehmigungstatbestand, stimmt die Reichweite der sachlichen Zuständigkeit mit dem Kreis der zulässigen Rechtsfolgenanordnungen überein, die der Genehmigungstatbestand vorsieht.
Betrifft der zu regelnde Sachverhalt die sachliche Zuständigkeit mehrerer Behörden, ist die Behörde sachlich zuständig, zu deren Aufgabenbereich der stärkere Bezug besteht[62].

Ferner schränken sonstige, von anderen Behörden zu vollziehende Genehmigungstatbestände die sachliche Zuständigkeit einer Behörde ein[63]. Da die staatliche Kompetenzordnung parallele Regelungen mehrerer Behörden ausschließt, fehlt einer Behörde

---

[57] Vgl. Gaentzsch, NJW 1986, 2787 (2792).
[58] OVG Münster, BauR 1992, 610 (612), zum umfassenden "Prüfungsrahmen" der Bauaufsichtsbehörden.
[59] Soweit der sachliche Regelungsgehalt von Genehmigungen anhand des einschlägigen Zulassungsrechts zu bestimmen ist, kann zu seiner Konkretisierung daher nicht primär auf die Prüfpflichten der Genehmigungsbehörde abgestellt werden; so jedoch Mosler, 203; Peters/Schenk/Schlabach, S. 353; Schink, VerwArch 1991, 357 (383).
[60] Vgl. hierzu Upmeier, NuR 1986, 309 (312f.).
[61] Vgl. Gaentzsch, NJW 1986, 2787 (2794).
[62] Vgl. BVerwGE 74, 315 (324); 80, 259 (262); Ortloff, NJW 1987, 1665 (1668). Jarass, Konkurrenz, S. 95, plädiert im Interesse eines möglichst effektiven Rechtsschutzes im Zweifel für eine mehrfache Kompetenz der Behörden. Wegen der hiermit verbundenen Gefahr widersprüchlicher Regelungen, die einen effektiven Rechtsschutz wohl eher erschweren würden, erscheint dies jedoch nicht praktikabel.
[63] Vgl. OVG Münster, BauR 1992, 610 (612).

für Regelungen, die im Rahmen sonstiger Genehmigungen von anderen Behörden zu treffen sind, die sachliche Zuständigkeit.

cc) Kollision mit der Lehre vom feststellenden und verfügenden Regelungsgehalt von Genehmigungen

Mit dem Vorstehenden ist die herrschende Meinung zum Regelungsgehalt von Bau- und sonstigen Anlagengenehmigungen nicht zu vereinbaren:

Den Regelungen von Bau- und sonstigen Anlagengenehmigungen wird von der herrschenden Meinung neben einem verfügenden Teil, der die Ausführung des Vorhabens zulassen soll, auch eine Feststellung über das Vorliegen der Genehmigungsvoraussetzungen zugeschrieben. Entsprechend der generalklauselartig formulierten Voraussetzungen[64] dieser Genehmigungen soll durch den feststellenden Teil der Regelung das Vorliegen aller öffentlich-rechtlichen Genehmigungsvoraussetzungen verbindlich festgestellt werden[65].

Wären die fraglichen Genehmigungen mit einer derart umfassenden feststellenden Wirkung ausgestattet, bliebe für eine Unterscheidung zwischen Prüfungs- und Regelungskompetenzen der Genehmigungsbehörden praktisch kein Raum. Denn durch die generelle Feststellung der Rechtmäßigkeit des Vorhabens käme es gerade zu einer Kongruenz beider Bereiche[66]. Das Ergebnis stünde einer alle Zulassungsentscheidungen miteinschließenden Konzentrationswirkung gleich. Der Erlaß späterer Genehmigungen könnte nur noch abgelehnt werden, wenn man unterstellen würde, daß die Feststellung der Rechtmäßigkeit eines Vorhabens auf den Zeitpunkt des Erlasses der

---

[64] Öffentlich-rechtliche Vorschriften dürfen dem Vorhaben nicht entgegenstehen, vgl. z.B. § 70 BauO NW und § 6 Nr. 2 BImSchG.

[65] Vgl. zum Regelungsgehalt einer Baugenehmigung BVerwGE 28, 145 (148); 48, 242 (245); 58, 124 (127); 68, 241 (243); 69, 1 (3); 82, 61 (69); BVerwG, BauR 1988, 711 (712); Gaentzsch, NJW 1986, 2787 (2790f.); Jarass, Konkurrenz, S. 73f.; Ortloff, Bauordnungsrecht, S. 86ff.; derselbe, NVwZ 1990, 525 (528); Seibert, S. 335ff.; Sollondz, NuR 1989, 417 (421); Upmeier, NuR 1986, 309 (312, 315).
Zur historischen Entwicklung dieser Lehre ausführlich Seibert, S. 335ff..
Die zur Baugenehmigung entwickelten Grundsätze werden auf andere Anlagengenehmigungen übertragen. Vgl. zur atomrechtlichen Genehmigung BVerwG, DVBl. 1985, 401 (402), zur immissionsschutzrechtlichen Genehmigung OVG Lüneburg, NVwZ 1985, 506 (507), und allgemein Seibert, S. 353.

[66] Vgl. hierzu Jarass, Konkurrenz, S. 74, derselbe, § 6 BImSchG Rdnr. 8, und Seibert, S. 355.

ersten Genehmigung beschränkt ist[67] und sich zusätzlich die Sach- und Rechtslage nachträglich zum Nachteil des Antragstellers geändert hat.

Mit den gesetzlichen Vorgaben ist dieses Ergebnis nicht zu vereinbaren. So sehen etwa die Landesbauordnungen vor, daß die Baugenehmigung "auf Grund anderer Vorschriften bestehende Verpflichtungen zum Einholen von Genehmigungen, Bewilligungen, Erlaubnissen und Zustimmungen unberührt" läßt[68]. Auch den bei industriellen Anlagen wohl häufigsten Genehmigungstyp, die immissionsschutzrechtliche Genehmigung, hat der Gesetzgeber nur mit einer begrenzten Konzentrationswirkung ausgestattet[69].

(1) Ansätze zur Vermeidung der Kollision

Soweit ersichtlich, geht die Rechtsprechung auf den beschriebenen Widerspruch nicht ein[70].

In der Literatur bemühen sich einige Autoren, die Lehre von der Unterscheidung zwischen Voraussetzungen und Regelungsgehalt einer Genehmigung mit der Lehre vom feststellenden und verfügenden Teil der Regelung zu harmonisieren. Hierzu wird sowohl der feststellende als auch der verfügende Teil der Regelung auf den sachlichen Zuständigkeitsbereich, die "Fachkompetenz"[71] der entscheidenden Behörde begrenzt. Der feststellende Teil umfasse keine Aspekte, über die eine andere Behörde eine Sachentscheidung zu treffen habe[72].

(2) Stellungnahme

Fraglich ist, ob bei Bau- und sonstigen Anlagengenehmigungen die Anerkennung eines feststellenden Regelungsteils neben einem verfügenden Regelungsteil überhaupt

---

[67] Vgl. Preuß. OVG, OVGE 54, 383 (386); BVerwG, DVBl. 1964, 184 (184); BVerwG, BRS 18, 84 (84); Friauf, DVBl. 1971, 713 (719f.); Henning, DVBl. 1968, 740 (741f.); Rademacher, S. 136f.; Upmeier, NuR 1986, 309 (312) m.w.N..

[68] Vgl. z.B. § 70 Abs. 3 Satz 2 BauO NW.

[69] Vgl. zu § 13 Satz 1 BImSchG BVerwG, NuR 1990, 162 (163).

[70] Vgl. BVerwGE 74, 315 (324); 80, 259 (261f.); 82, 61 (69).
Zweifel an der Vereinbarkeit der herkömmlichen Lehre mit der sich durchsetzenden Unterscheidung von Genehmigungsvoraussetzungen und "Genehmigungsgegenstand" klingen immerhin beim OVG Münster, DVBl. 1988, 155 (157), an.

[71] Seibert, S. 397, unklar Engel, S. 17.

[72] Gaentzsch, NJW 1986, 2787 (2793); Ortloff, NJW 1987, 1665 (1668f.); Sollondz, NuR 1989, 417 (421). Hiervon scheint auch das BVerwG, NVwZ 1989, 863 (863f.), stillschweigend auszugehen.

gerechtfertigt ist. Sollte dies der Fall sein, ist der feststellende Regelungsteil einer Genehmigung jedenfalls auf den sachlichen Zuständigkeitsbereich der Genehmigungsbehörde zu beschränken, um die staatliche Kompetenzordnung nicht zu gefährden und die Entscheidung des Gesetzgebers für eine beschränkte Konzentration von Zulassungsentscheidungen nicht zu umgehen.

(a) Zum verfügenden Regelungsteil einer Genehmigung

Nach inzwischen wohl allgemeiner Auffassung enthält eine Genehmigung jedenfalls einen verfügenden Regelungsteil, der das durch den Genehmigungsvorbehalt begründete gesetzliche Verbot aufhebt[73]. Ob darüber hinaus eine konstitutive Zulassung des Vorhabens erfolgt, ist bei gebundenen Entscheidungen[74] umstritten[75]. Beispielhaft ist insoweit die Diskussion zum Regelungsgehalt einer Baugenehmigung. Manche vertreten die Auffassung, mit der Aufhebung des Verbots folge die Zulässigkeit des Vorhabens unmittelbar aus dem Gesetz[76]. Andere meinen, daß erst die Baugenehmigung die konkrete Ausführung des Baus gestatte und dieser daher konstitutive Wirkung zukomme[77].

Die Vorstellung, ein Vorhaben werde beim Wegfall des generellen gesetzlichen Verbots quasi von selbst zulässig, berücksichtigt nicht, daß eine Genehmigung neben der Aufhebung des gesetzlichen präventiven[78] oder repressiven[79] Verbots auch das materielle Recht in bezug auf das beantragte Vorhaben modifiziert. Die Genehmigung stellt klar, wie das Vorhaben im einzelnen durchzuführen ist[80]. Mit ihrem Erlaß wird eine neue "Rechtsquelle" geschaffen, der hinsichtlich der Frage der Zulässigkeit des Vorhabens Anwendungsvorrang vor den abstrakt generellen gesetzlichen Regelungen zukommt[81].

---

[73] Vgl. zum verfügenden Regelungsgehalt einer Baugenehmigung: Friauf, DVBl. 1971, 713 (721); Ortloff, NJW 1987, 1665 (1667ff.); derselbe, Bauordnungsrecht, S. 86ff. und 92; derselbe, NVwZ 1990, 525 (528); Seibert, S. 343f.; Sollondz, NuR 1989, 417 (421).

[74] Wie zum Beispiel bei bau- oder immissionsschutzrechtlichen Genehmigungen.

[75] Vgl. Wahl, DVBl. 1982, 51 (52f.).

[76] OVG Koblenz, NVwZ-RR 1992, 289 (290); vgl. hierzu auch Ortloff, NJW 1987, 1665 (1667f.); derselbe, Bauordnungsrecht, S. 86f.; Seibert, S. 336f. und 343f..

[77] Dolde, in: Festschrift für Bachof, S. 191 (202); Friauf, DVBl. 1971, 713 (721). Vgl. hierzu auch Ortloff, Bauordnungsrecht, S. 87 m.w.N. in Fußnote 147.

[78] Wie z.B. im Bau- und Immissionsschutzrecht.

[79] Wie z.B. im Atom- und Wasserrecht.

[80] Vgl. zur Baugenehmigung Martens, J., JuS 1975, 69 (73), zur immissionsschutzrechtlichen Genehmigung Sundermann, S. 72.

[81] Vgl. oben C II 5 b) aa) (4).

Der verfügende Regelungsteil einer Genehmigung hat daher eine konstitutive Wirkung.

(b) Zum feststellenden Regelungsteil einer Genehmigung - untersucht am Beispiel der "materiellen Schutzfunktion" einer Baugenehmigung

Einige Autoren erkennen neben dem verfügenden Regelungsteil einer Genehmigung einen weiteren feststellenden nicht an[82]. Die herrschende Meinung, nach der durch eine Genehmigung verbindlich festgestellt werde, daß alle für ein Vorhaben erforderlichen Genehmigungsvoraussetzungen vorliegen, beruhe auf einer Verwechslung der tatbestandlichen Voraussetzungen mit dem Regelungsgehalt einer Genehmigung[83].

Für diese Kritik spricht, daß ihr eine konsequente Differenzierung zwischen Voraussetzungen und Regelungsgehalt von Genehmigungen zugrunde liegt, die zum Schutz der staatlichen Kompetenzordnung grundsätzlich erforderlich ist. Die Annahme, beim Erlaß einer Genehmigung werde auch das Vorliegen der hierfür erforderlichen Voraussetzungen verbindlich feststellt, ist daher nur gerechtfertigt, wenn besondere Umstände dies gebieten.

Eine entsprechende Regelung liegt zweifelsohne vor, wenn die entscheidende Behörde beim Erlaß der Genehmigung ihren Willen zur Feststellung von Genehmigungsvoraussetzungen ausdrücklich erklärt.
Hieran fehlt es jedoch regelmäßig: Meist nimmt eine Behörde schlicht auf die Antragsunterlagen, die gegebenenfalls mit Bemerkungen versehen werden, Bezug[84]. Ausführungen zum Vorliegen der Genehmigungsvoraussetzungen dürfte eine Genehmigungsurkunde allenfalls bei einer teilweisen Ablehnung des beantragten Vorhabens enthalten.

Möglicherweise gebieten die einschlägigen Zulassungsvorschriften, die, wie oben dargelegt[85], bei einem lückenhaften oder unklaren Regelungsgehalt zur Auslegung heranzuziehen sind, eine feststellende Regelung zum Vorliegen der Genehmigungsvoraussetzungen. Die Genehmigungstatbestände sehen eine entsprechende Regelung zwar

---

[82] Exemplarisch sind auch hier die Rechtsansichten, die zum Regelungsgegenstand einer Baugenehmigung vertreten werden: Vgl. Friauf, DVBl. 1971, 713 (721), derselbe, WiVerw 1989, 121 (156f.), und Seibert, S. 337f. m.w.N. in Fußnote 7.

[83] Friauf, DVBl. 1971, 713 (721), derselbe, WiVerw 1989, 121 (156f.).

[84] Vgl. OVG Münster, NWVBl. 1992, 176 (177); Martens, J., JuS 1975, 69 (72); Seibert, S. 334f..

[85] Vgl. D I 1.

nicht ausdrücklich vor; wegen der Funktion, die eine Genehmigung erfüllen soll, könnte sie jedoch erforderlich sein.

Dies wird im folgenden am Beispiel einer Baugenehmigung untersucht:

Einer Baugenehmigung werden auch dann noch Wirkungen zugeschrieben, wenn das Bauvorhaben bereits ausgeführt worden ist. Für das errichtete Bauwerk soll sie eine "materielle Schutzfunktion" entfalten[86]. Denn erst nach der Aufhebung der Baugenehmigung sei die Bauaufsichtsbehörde etwa zum Erlaß einer Abrißverfügung befugt. Die Behörde könne sich hier nicht unmittelbar auf die gegebenenfalls bestehende Unvereinbarkeit des Baus mit den baurechtlichen Vorschriften berufen[87]. Eine gesetzliche Regelung der "materiellen Schutzfunktion" gibt es nicht. Die Auffassung, daß eine wirksame Baugenehmigung jedenfalls vor einer direkten Abrißverfügung schützt, entspricht aber einer lang andauernden allgemeinen Überzeugung, so daß von ihrer gewohnheitsrechtlichen Anerkennung ausgegangen werden muß. Umstritten ist dagegen, ob eine Baugenehmigung ebenfalls einer Verfügung, die lediglich die Nutzung eines Bauwerks beschränkt, entgegen steht[88].

Eine Baugenehmigung schließt eine unmittelbare Abrißverfügung nur dann aus, wenn neben der Zulassung des Baus zumindest auch das Vorliegen bestimmter baurechtlicher Genehmigungsvoraussetzungen festgestellt wird[89]: Der verfügende Teil einer Genehmigung kann eine entsprechende Sicherungsfunktion nicht erfüllen. Denn die Zulassung des Baus - die Freigabe seiner Errichtung - erledigt sich mit dessen tatsächlicher Vollendung[90]. Zwar wird auch die Nutzung des Baus zugelassen[91]. Selbst wenn man jedoch davon ausgeht, daß einer Baugenehmigung grundsätzlich auch gegenüber Nutzungsbeschränkungen eine Schutzfunktion zukommt, so ist die zugelassene Nutzung doch vom Fortbestand des Baus abhängig[92]. Die Rechtsposition, die ein Bauherr durch die Nutzungszulassung erlangt, ist insoweit also lediglich akzessorisch und entsprechend schwach.

---

[86] Friauf, DVBl. 1971, 713 (722); derselbe, WiVerw 1989, 121 (158f.). Ähnlich BVerwG, BauR 1988, 711 (712); Martens, J., JuS 1975, 69 (74); Ortloff, NJW 1987, 1665 (1669); derselbe, Bauordnungsrecht, S. 95; Sollondz, NuR 1989, 417 (421). Vgl. auch Gaentzsch, NJW 1986, 2787 (2791f.).

[87] Friauf, DVBl. 1971, 713 (722); Seibert, S. 346; jeweils m.w.N..

[88] Eine Sicherungsfunktion der Nutzungszulassung lehnt Henning, DVBl. 1968, 740 (743) ab. Friauf, DVBl. 1971, 713 (722), Martens, J., JuS 1975, 69 (74), und Rademacher, S. 136, erkennen sie an.

[89] Im Ergebnis ebenso Martens, J., JuS 1975, 69 (73f.); Ortloff, S. 96; Seibert, S. 346ff..

[90] Ortloff, Bauordnungsrecht, S. 96. Nach Seibert, S. 347, "erlischt" sie.

[91] Henning, DVBl. 1968, 740 (741); Martens, J., JuS 1975, 69 (70); Pietzcker, JZ 1985, 209 (211f.); Rademacher, S. 134; Schmidt-Preuß, DVBl. 1991, 229 (230); Seibert, S. 423f..

[92] Vgl. hierzu auch Seibert, S. 350ff..

Daher ist prinzipiell davon auszugehen, daß beim Erlaß einer Baugenehmigung auch eine auf den sachlichen Zuständigkeitsbereich der Baugenehmigungsbehörde beschränkte konkludente Feststellung zum Vorliegen der Genehmigungsvoraussetzungen erfolgt. Die Bindungswirkung des feststellenden Regelungsteils einer Baugenehmigung ergänzt somit die Bindungswirkung des verfügenden Regelungsteils[93]; das errichtete Gebäude wird hierdurch gegen die unmittelbare Durchsetzung der materiellrechtlichen Anforderungen, die das Fachrecht stellt, geschützt. Wie noch dargelegt wird[94], ist dieser Schutz jedoch nicht umfassend. Er besteht vielmehr nur, soweit die sonstigen, insbesondere die subjektiven Grenzen der Bindungswirkung einer gesicherten Rechtsposition des Bauherrn nicht entgegenstehen. Vor allem die Befugnisse der Behörden zum Erlaß von nachträglichen Anordnungen nach § 24 BImSchG sowie zur Durchsetzung der Anforderungen der bauordnungsrechtlichen Generalklauseln schließen eine vollständige Bindung der Behörden an den sachlichen Regelungsgehalt einer Baugenehmigung, die ein umfassender Schutz des Bauherrn voraussetzen würde, aus[95].

Die Ausführungen zur Sicherungsfunktion der Baugenehmigung gelten für sonstige Anlagengenehmigungen im Grundsatz entsprechend. Daher weisen auch sie neben einem verfügenden einen feststellenden Regelungsteil auf, durch den der Inhaber der Anlage - zumindest partiell[96] - vor der unmittelbaren Durchsetzung der Anforderungen, die die einschlägigen materiellrechtlichen Vorschriften begründen, geschützt wird.

---

[93] Entgegen der Auffassung von Engel, S. 29f., und Seibert, S. 451f., beruht die Legalisierungswirkung deshalb nicht ausschließlich auf der Bindungswirkung des feststellenden Regelungsgehalts einer Genehmigung. Vielmehr verstärkt die Bindungswirkung des feststellenden Regelungsgehalts lediglich die Bindungswirkung des verfügenden Regelungsgehalts einer Genehmigung und erweitert hierdurch die Grundlage für ihre Legalisierungswirkung.

[94] Vgl. unten E IV 6.

[95] Vgl. unten E IV 3 und 5 b).

[96] Wie bei einer Baugenehmigung kann es auch hier eine "materielle Schutzfunktion" des feststellenden Regelungsteils nur innerhalb der subjektiven und zeitlichen Grenzen des Bindungswirkung des sachlichen Regelungsgehalts geben.
Bei sonstigen Anlagengenehmigungen ist vor allem die subjektive Reichweite der Bindungswirkung begrenzt: Soweit der Gesetzgeber die Behörden etwa zum Erlaß von nachträglichen Anordnungen (vgl. z.B. § 25 Abs. 3 GewO a. F. und § 17 BImSchG) oder nachträglichen Auflagen (vgl. z.B. § 8 Abs. 1 Satz 3 AbfG) ermächtigt, schränkt er die Bindung der Behörden an den sachlichen Regelungsgehalt einer Genehmigung ein; vgl. hierzu ausführlich unten Kapitel E.

dd) Ergebnis zu c)

Beim Erlaß einer Genehmigung geht der für die Behörde maßgebende Prüfungsmaßstab vielfach über ihre Regelungskompetenz hinaus. Bau- und sonstige Anlagengenehmigungen weisen neben einem verfügenden einen feststellenden Regelungsteil auf, durch den das Vorliegen bestimmter Genehmigungsvoraussetzungen feststellt wird; beide Regelungsteile werden durch den sachlichen Zuständigkeitsbereich der Genehmigungsbehörde begrenzt.

Das vorstehend präferierte Regelungsmodell verzichtet zwar auf eine strikte Trennung zwischen Voraussetzungen und Regelungsgehalt einer Genehmigung. Zum Schutz der staatlichen Kompetenzordnung sowie zur Verhinderung widersprüchlicher Regelungen parallel entscheidender Behörden ist diese jedoch auch nicht erforderlich. Eine auf die sachliche Zuständigkeit der entscheidenden Behörde reduzierte Feststellung zum Vorliegen der Genehmigungsvoraussetzungen reicht hierfür aus.

Klarzustellen bleibt, daß der feststellende Teil einer Regelung nicht nur zu begrenzen ist, wenn für ein Vorhaben mehrere Genehmigungserfordernisse bestehen[97]. Die Sachentscheidungsbefugnis einer Behörde kann über ihren sachlichen Zuständigkeitsbereich in keinem Fall hinausreichen. Sie ist daher auch nicht berechtigt, verbindlich festzustellen, ob und welche weitere Genehmigungen andere Behörden für ein Vorhaben zu erteilen haben und ob diese vorliegen[98].

II. Subjektive Grenze der Bindungswirkung

Die subjektive Grenze der Bindungswirkung betrifft die Frage, wer durch die Regelung eines Verwaltungsakts gebunden wird.

---

[97] In diesem Sinne äußern sich jedoch Fluck, VerwArch 1988, 406 (425), derselbe, ZfB 1989, 13 (25f.), Gaentzsch, NJW 1986, 2787 (2793), Ortloff, NJW 1987, 1665 (1668f.), und Sollondz, NuR 1989, 417 (421); vgl. auch BVerwG, NVwZ 1989, 863 (863f.).

[98] So jedoch Ortloff, NJW 1987, 1665 (1668f.); derselbe, Bauordnungsrecht, S. 92.

1. Bindung der Behörden

Eine Legalisierungswirkung setzt voraus, daß die zur Gefahrenabwehr eingreifenden Behörden an die sachliche Regelung einer Genehmigung gebunden und daher verpflichtet sind, der Genehmigung widersprechende Verfügungen zu unterlassen[99].

Wie oben dargelegt, sind grundsätzlich alle Behörden an den sachlichen Regelungsgehalt eines wirksamen Verwaltungsakts gebunden[100]. Denn die Regelung eines Verwaltungsakts konkretisiert beziehungsweise modifiziert das im entschiedenen Fall maßgebende materielle Recht[101] und ist deshalb prinzipiell von allen Behörden zu beachten.

Die Reichweite dieser Bindung hängt nicht abstrakt davon ab, ob durch eine Zulassungsentscheidung ein präventives oder repressives Verbot aufgehoben oder eine "rechtszuteilende" staatliche Planungsentscheidung getroffen wurde. Insbesondere können aus den verschiedenen Zulassungstatbeständen allein keine Verantwortungssphären für Risiken hergeleitet werden, die beim Erlaß einer Zulassungsentscheidung nicht erkennbar sind[102]. Denn Unterschiede hinsichtlich der Rechtsstellung, die ein An-

---

[99] Herrmann, Flächensanierung als Rechtsproblem, S. 106f., der allein auf die Adressaten einer Genehmigung und die durch sie betroffenen Dritten abstellt, läßt dies außer acht.

[100] Vgl. C II 5 b) aa) (5). Im Ergebnis ebenso Lämmle, S. 124.

[101] Vgl. C II 5 b) aa) (4).

[102] A.A. Schrader, S. 186ff.; ähnlich Nauschütt, S. 165f. und 168f.. Nach Schrader übernimmt der Staat bei repressiven Verboten sowie "rechtszuteilenden" staatlichen Planungsentscheidungen die Mitverantwortung für unerkennbare Risiken; sie würden daher von "der Regelungswirkung" der Genehmigungen umfaßt (Schrader, S. 192) und legalisiert. Bei der Aufhebung eines präventiven Verbots durch eine Genehmigung sollen diese Risiken dagegen beim Genehmigungsinhaber bleiben. Hermes, in: Wandel der Handlungsformen im öffentlichen Recht, S. 187 (205ff.), schließt aus der Funktion der Kontrollerlaubnis, daß nur bei erkennbaren und vorhersehbaren Umständen eine Verantwortungsübernahme durch den Staat in Form einer Legalisierungswirkung von Genehmigungen in Betracht komme. Er leitet seine Auffassung aus ungeschriebenen Grundsätzen her, die er der vom Gesetzgeber weder dem Begriff noch der Funktion nach definierten Kontrollerlaubnis zuschreibt, a.a.O., S. 204ff.. Hierbei beachtet Hermes die von ihm zuvor selbst aufgestellte Prämisse nicht, a.a.O., S. 190, nach der in erster Linie der Gesetzgeber über die Verteilung von Investitions- und Schadensrisiken zwischen einem Genehmigungsinhaber und der Allgemeinheit zu entscheiden habe; es dürfe nicht vorschnell auf den "Sinn" einer Genehmigung zurückgegriffen werden. Seine Ansicht, der Gesetzgeber habe die Verteilung der Risiken, die bei der Erteilung einer Genehmigung nicht erkennbar seien, nicht geregelt, a.a.O., S. 203f., trifft nicht zu. Die insoweit vom Gesetzgeber vorgegebenen Wertungen werden unten, im Rahmen der Untersuchung der Legalisierungswirkung typischer umweltrelevanter Zulassungsentscheidungen in Kapitel E, dargelegt.

tragsteller in den entsprechenden Zulassungsverfahren jeweils inne hat[103], wirken sich nach dem Erlaß einer Zulassungsentscheidung nicht mehr aus. Soweit die Zulassungsentscheidung oder das einschlägige fachrechtliche Instrumentarium die Bindungswirkung nicht besonders regeln, unterscheidet sich die Zulassung eines Vorhabens, die nach der Aufhebung eines präventiven Verbots erfolgt, weder bezüglich ihrer gestattenden Wirkung für den Antragsteller noch hinsichtlich ihrer Bindungswirkung für die Behörden von einer Zulassungsentscheidung, die nach der Beseitigung eines repressiven Verbots oder aufgrund einer planerischen Abwägung erlassen wird.

Auch für einen allgemeinen Vorbehalt, der eine Bindung der Behörden an den sachlichen Regelungsgehalt einer Genehmigung ausschließen könnte, soweit Risiken der gestatteten Tätigkeit beim Erlaß einer Genehmigung nicht vorhanden, atypisch oder zumindest objektiv nicht voraussehbar waren, ist keine gesetzliche Grundlage ersichtlich[104].

Der Gesetzgeber hat die Bindung der Behörden an den sachlichen Regelungsgehalt von Zulassungsentscheidungen im Umweltrecht allerdings durch spezielle Vorschriften besonders geregelt. So sehen die Fachgesetze etwa gesetzliche Vorbehalte[105], nachträgliche Anordnungen[106] sowie nachträgliche Auflagen[107] vor. Aufgrund dieser Regelungen kann ein zugelassenes Vorhaben fortwährend an neue Entwicklungen angepaßt

---

[103] Bei der Aufhebung eines präventiven Verbots, wie es beispielsweise § 4 BImSchG begründet, hat die Genehmigungsbehörde im Rahmen einer gebundenen Entscheidung über das Vorliegen der Genehmigungsvoraussetzungen zu entscheiden. Liegen die Genehmigungsvoraussetzungen vor, ist die Genehmigung zu erteilen; der Antragsteller hat einen uneingeschränkten Anspruch auf Erteilung der Genehmigung, der Behörde steht kein Ermessen zu (Schmatz/Nöthlichs, § 6 BImSchG Nr. 1).
Liegt dagegen ein repressives Verbot vor, wie etwa nach § 2 WHG, besteht selbst dann, wenn öffentlich-rechtliche Vorschriften dem Vorhaben nicht entgegenstehen, ein Versagungsermessen der Zulassungsbehörde. Der Antragsteller hat lediglich einen Anspruch auf ermessensfehlerfreie Entscheidung (Breuer, Wasserrecht, Rdnrn. 187ff.).
Entsprechendes gilt, wenn das Gesetz der Zulassungsbehörde planerische Gestaltungsfreiheit einräumt, wie etwa im Rahmen von Planfeststellungsverfahren nach § 7 Abs. 2 AbfG (Schwermer, in Kunig/Schwermer/Versteyl, § 6 AbfG Rdnrn. 23ff.).
[104] Im Ergebnis ebenso Fluck, VerwArch 1988, 406 (430f.), Papier, in Altlasten und Umweltrecht S. 59 (68f.), derselbe, NVwZ 1986, 256 (258f.), Roesler, S. 179ff., Nauschütt, S. 164, und Ziehm, S. 34ff.. Demgegenüber meinen etwa Breuer, JuS 1986, 359 (363), derselbe, NVwZ 1987, 751 (756), Schink, DVBl. 1985, 1149 (1155), derselbe, DVBl. 1986, 161 (166f.), und Striewe, ZfW 1986, 273 (285), daß eine Legalisierungswirkung von vornherein nur "nach Maßgabe der behördlichen Sachprüfung und Entscheidung" bestehen könne; ähnlich Kloepfer, in Altlasten und Umweltrecht S. 17 (35ff.), derselbe, NuR 1987, 1 (14) und Sach, S. 77f.. Diese Auffassung setzt eine Differenzierung zwischen dem genehmigten Verhalten und den hierdurch verursachten Gefahren oder Störungen voraus, die bereits oben unter D I 2 b) als nicht vertretbar abgelehnt wurde.
[105] § 5 WHG.
[106] § 17 BImSchG und § 25 Abs. 3 GewO a.F.
[107] § 8 Abs. 1 Satz 3 AbfG.

und selbst ursprüngliche Fehleinschätzungen der Zulassungsbehörde korrigiert werden[108]. Wie im Rahmen der Untersuchung der verschiedenen Genehmigungstypen noch im einzelnen dargelegt wird[109], wird die Bindung der Behörden an den sachlichen Regelungsgehalt von Zulassungsentscheidungen durch das spezialgesetzliche Instrumentarium im Verhältnis zu den vorstehend genannten allgemeinen Grundsätzen stark eingeschränkt.

2. Bindung des Genehmigungsinhabers

Der Inhaber einer Genehmigung ist stets an die Regelung der ihm erteilten Genehmigung gebunden; die Anforderungen, welche die Regelung stellt, hat er zu erfüllen.

3. Privilegierung des Genehmigungsinhabers durch die Legalisierungswirkung von Genehmigungen

Eine Genehmigung wirkt legalisierend, soweit sich ihr Inhaber gegenüber weitergehenden Anforderungen der Behörden auf die Erfüllung der durch die Genehmigung begründeten Pflichten berufen kann. Grundlage der Legalisierungswirkung ist also eine entsprechende Bindung der Behörden. Ihr entspricht auf seiten des Genehmigungsinhabers das Recht, nicht mit einer Verfügung belastet zu werden, die dem Regelungsgehalt seiner Genehmigung widerspricht.

4. Privilegierung Dritter durch die Legalisierungswirkung von Genehmigungen

Fraglich ist, ob neben dem Adressaten auch Dritte in den Genuß einer Legalisierungswirkung gelangen.

Vor allem die Erwerber ehemals gewerblich oder industriell genutzter Grundstücke sind daran interessiert, gegebenenfalls an der Legalisierungswirkung von Genehmigungen teilzuhaben, die für die auf dem Grundstück betriebenen Anlagen erteilt wurden. Denn nur wenn und soweit auch sie sich darauf berufen können, daß Umweltbeeinträchtigungen genehmigungskonform verursacht wurden - beziehungsweise daß ein genehmigungskonformer Zustand vorliegt - sind sie von der öffentlich-rechtlichen

---

[108] Vgl. unten Kapitel E sowie zur "Dynamisierung" von öffentlich-rechtlichen Zulassungen durch spezialgesetzliche Instrumente allgemein Steiner, VerwArch 1992, 479 (482).

[109] Vgl. unten Kapitel E.

Störerhaftung befreit. Andernfalls haften sie für die von ihrem Grundstück ausgehenden Störungen der öffentlichen Sicherheit als Zustandsstörer originär[110].

Da die Zustandshaftung des Erwerbers im Verhältnis zu der des Veräußerers nicht akzessorisch ist, erfordert die Einschränkung der Zustandshaftung des Erwerbers aufgrund der Legalisierungswirkung einer dem Veräußerer erteilten Genehmigung, die vielfach kurzerhand behauptet wird[111], eine eigenständige Begründung.

Ein Autor[112] meint, die Legalisierungswirkung von Genehmigungen gehe auf die Erwerber von Anlagengrundstücken über, weil sie ebenso wie die Zustandshaftung selbst "dinglicher Natur" sei und daher auch späteren Sachherrschaftsinhabern zugute komme. Näher erläutert wird diese Ansicht jedoch nicht.

Die Frage, ob auch ein Dritter, der nicht Adressat einer Genehmigung ist, von ihrer eventuellen Legalisierungswirkung profitiert, bildet einen speziellen Ausschnitt aus dem Fragenkreis zur Rechtsnachfolge in subjektiv öffentliche Rechte[113]. Der Grundstückserwerber will sich auf einen Teilaspekt der aus einer Genehmigung folgenden Rechte[114] berufen, um der öffentlich-rechtlichen Störerhaftung zu entgehen. Nach dem Grundsatz "a maiore ad minus" sind die Grundsätze zur Rechtsnachfolge in subjektiv öffentliche Rechte auch hierfür maßgebend. Diese gilt es daher zunächst zu ermitteln. Anschließend werden die Folgerungen, die sich hieraus für die subjektive Reichweite der Legalisierungswirkung von Genehmigungen ergeben, geprüft.

---

[110] Vgl. Breuer, JuS 1986, 359 (364); derselbe, NVwZ 1987, 751 (756); Drews/Wacke/Vogel/Martens, S. 299; Friauf, in von Münch, S. 97 (132, Rdnr. 88); Götz, Rdnr. 227; Kloepfer, in Altlasten und Umweltrecht, S. 46; derselbe, NuR 1987, 7 (18); Papier, Altlasten und polizeirechtliche Störerhaftung, S. 59; derselbe, DVBl. 1985, 873 (878); derselbe, NVwZ 1986, 256 (262); derselbe, Jura 1989, 505 (510).

[111] Vgl. Breuer, JuS 1986, 359 (362); derselbe, NVwZ 1987, 751 (755); Kloepfer, in Altlasten und Umweltrecht, S. 43; derselbe, NuR 1987, 7 (16f.); Knemeyer, Rdnr. 326; Schink, DVBl. 1986, 161 (166).

[112] Papier, Altlasten und polizeirechtliche Störerhaftung, S. 31; derselbe, DVBl. 1985, 873 (876).

[113] Vgl. zur Rechtsnachfolge im Verwaltungsrechtsverhältnis allgemein Erichsen/Martens, § 10 III 6.

[114] Vgl. zur Begründung subjektiv öffentlicher Rechte durch Genehmigungen z.B. Feldhaus, in Feldhaus, § 4 BImSchG Rdnr. 36; Jarass, § 4 BImSchG Rdnr. 18.

a) Rechtsnachfolge in subjektiv öffentliche Rechte

Subjektiv öffentliche Rechte gehen ohne weiteres auf den Rechtsnachfolger über, wenn eine gesetzliche Regelung[115] dies vorsieht. Fehlt eine gesetzliche Regelung, besteht Einigkeit, daß ein subjektiv öffentliches Recht jedenfalls dann nicht übergeht, wenn es höchstpersönlich und daher nicht übergangs- beziehungsweise nachfolgefähig ist[116]. Im übrigen ist umstritten, ob der Übergang subjektiv öffentlicher Rechte einen Übergangstatbestand voraussetzt[117], und ob ein eventuell erforderlicher Übergangstatbestand dem öffentlichen Recht angehören muß[118] oder zivilrechtliche Rechtsnachfolgetatbestände im öffentlichen Recht entsprechend anwendbar sind[119].

Der Übergang eines Rechts auf ein anderes Rechtssubjekt setzt sowohl im Zivilrecht als auch im öffentlichen Recht zum einen die Übergangsfähigkeit des Rechts und zum anderen einen Übergangstatbestand als Rechtsgrund voraus.

Jedes Recht ist grundsätzlich übergangsfähig, es sei denn, die Berechtigung ist ausnahmsweise höchstpersönlich[120].

Wie ein privates Recht geht auch ein subjektiv öffentliches Recht entweder kraft Gesetzes oder kraft Rechtsgeschäftes auf ein anderes Rechtssubjekt über. Da eine gesetzliche Regelung der Rechtsnachfolge in subjektiv öffentliche Rechte vielfach fehlt[121], kommt meist lediglich ein rechtsgeschäftlicher Rechtsübergang in Betracht. Für Anleihen bei den Rechtsgeschäften des Zivilrechts, etwa für eine analoge Anwendung der §§ 398ff. BGB[122], besteht kein Bedürfnis, da das öffentliche Recht eigene Handlungs-

---

[115] Entsprechende gesetzliche Regelungen sind nur selten vorhanden (vgl. z.B. § 25 Abs. 1 S. 1 GewO a.F. und die Zusammenstellung von Erichsen/Martens, § 10 III 6, Rdnr. 68). Eine Systematik ist nicht zu erkennen.

[116] Erichsen/Martens, § 10 III 6; von Mutius, VerwArch 1980, 93 (98); Otto, S. 69f.; Rumpf, VerwArch 1987, 269 (293ff.); Wolff/Bachof I, § 42 IV d, 43 V b.
Vgl. zur parallelen Diskussion zum Übergang der durch Verwaltungsakt konkretisierten Pflichten BVerwG, DVBl. 1971, 1624; OVG Saarlouis, BRS 22 Nr. 215; OVG Münster, DVBl. 1973, 226; VGH Mannheim, DVBl. 1977, 861; Drews/Wacke/Vogel/Martens, S. 298f.; Peine, VerwArch 1980, 941 (944f.).

[117] Vgl. zum Stand der Meinungen in Rechtsprechung und Literatur Rumpf, VerwArch 1987, 269 (273ff.).

[118] Von Mutius, VerwArch 1980, 93 (99), und Peine, DVBl. 1980, 941 (945f.), halten einen öffentlich-rechtlichen Übergangstatbestand für erforderlich.

[119] Erichsen/Martens, § 10 III 6, wollen die §§ 398ff., 1922 und 1967 BGB im öffentlichen Recht entsprechend anwenden. Ebenso wohl Rumpf, VerwArch 1987, 269 (307).

[120] Otto, S. 69f. m.w.N. aus der älteren Literatur.

[121] Vgl. die Übersicht von Erichsen/Martens, § 10 III 6.

[122] Sie wird von Erichsen/Martens, § 10 III 6, erwogen.

formen zur Verfügung stellt: Zweiseitige Rechtsgeschäfte des öffentlichen Rechts sind öffentlich-rechtliche Verträge, einseitige Verwaltungsakte[123].

b) Konsequenzen für den Übergang der Legalisierungswirkung von Genehmigungen

Jedenfalls dann, wenn Rechtsnormen ausdrücklich vorsehen, daß Genehmigungen auf den Rechtsnachfolger des Genehmigungsinhabers übergehen[124], kommt eine eventuelle Legalisierungswirkung von Genehmigungen auch dem Rechtsnachfolger zugute.

Fehlt eine solche gesetzliche Regelung[125], bildet die Genehmigung selbst den Übergangstatbestand für die Rechtsnachfolge, wenn und soweit sie eine intransitive, nicht personenbezogene Regelung enthält, welche die öffentlich-rechtlichen Eigenschaften[126] beziehungsweise den öffentlich-rechtlichen "Rechtszustand"[127] der Sache festlegt[128]. Spiegelbildlich zur Widmung, die eine öffentlich-rechtliche Dienstbarkeit begründet und den jeweiligen Eigentümer einer Sache verpflichtet, Beschränkungen seines Eigentums hinzunehmen[129], berechtigt eine sachbezogene Genehmigung den je-

---

[123] Vgl. zum Verwaltungsakt als "verwaltungsrechtlicher Willenserklärung", als "rechtsgeschäftlicher Willensäußerung" z.B. Stelkens, in Stelkens/Bonk/Sachs, § 35 VwVfG Rdnr. 32ff. m.w.N..

[124] Dies ist beispielsweise bei den §§ 7 Abs. 2, 8 Abs. 6 und 19 a Abs. 4 WHG der Fall. Ferner sehen die Landesbauordnungen den Übergang einer Baugenehmigung auf den Rechtsnachfolger des ersten Inhabers vor, vgl. etwa § 70 Abs. 2 BauO NW.
Auch der frühere § 25 Abs. 1 Satz 1 GewO (BGBl. III, Ordnungsnummer 7100-1) sah vor, daß "die Genehmigung zu einer unter § 16 (GewO) fallenden ... Anlage, ... wenn die Anlage an einen neuen Erwerber übergeht, einer Erneuerung nicht (bedarf)".

[125] Wie etwa im BImschG, AbfallG und BBergG.

[126] Vgl. Otto, S. 92; Rohrmus, S. 99f..

[127] Kopp, § 35 VwVfG Rdnr. 65.

[128] Ähnlich Gaentzsch, NJW 1986, 2787 (2791).

[129] Vgl. hierzu z.B. Erichsen/Martens, §§ 45 I 3, 46 III, 47 II und 48 II.

weiligen Sachherrn zur Ausübung des genehmigten Verhaltens[130], soweit nicht ausnahmsweise eine ausdrückliche gesetzliche Regelung entgegensteht[131]. Weist eine Genehmigung im Einzelfall neben einer sachbezogenen Regelung personale Elemente auf[132], partizipiert der Rechtsnachfolger nur im Rahmen des intransitiven, sachbezogenen Teils der Regelung von der Legalisierungswirkung[133].

Die vorstehenden Prämissen schließen den Übergang der Legalisierungswirkung bei Anlagengenehmigung nicht per se aus[134]. Die Behauptung, hier sei lediglich ein dinglicher Bezug zur Anlage, nicht zum Grundstück gegeben[135], trifft nicht zu. Sie hat die Existenz von standortunabhängigen Anlagengenehmigungen zur Voraussetzung, die es nicht gibt: So ist etwa die standort- beziehungsweise grundstücksunabhängige Erteilung einer immissionsschutzrechtlichen Genehmigung nicht denkbar. Dies zeigt sich zum Beispiel daran, daß vor dem Erlaß einer immissionsschutzrechtlichen Genehmigung im Rahmen der nach § 5 Abs. 1 Nr. 1 BImSchG erforderlichen Gefahrenprognose[136] stets die Wahrscheinlichkeit des Eintritts eines Schadens für die im Einwirkungsbereich der Anlage liegenden Rechtsgüter der Allgemeinheit und der Nachbarschaft zu bewerten ist. Ohne Berücksichtigung der standortspezifischen Besonderheiten der Anlage, insbesondere ihrer Nachbarschaft, ist dies nicht möglich[137].

---

[130] Heitmann, H., S. 119ff.; Otto, S. 90ff.; Rohrmus, S. 120.
Heitmann, H., S. 121, Otto, S. 92f., sowie Rohrmus, S. 99f. und 120, meinen, bei der Veräußerung einer Sache, deren öffentlich-rechtliche Eigenschaften ein sachbezogener Verwaltungsakt geregelt, finde kein abgeleiteter Erwerb der öffentlich-rechtlichen Rechtsposition statt. Dem Erwerber würden die öffentlich-rechtlichen Rechte und Pflichten des Veräußerers nicht übertragen. Er rücke vielmehr originär in die Position des Veräußerers ein, weil die rechtlichen Eigenschaften untrennbar der Sache anhafteten (Otto, S.92).
Diese Auffassung ist zu pauschal. Auch rein sachbezogene Genehmigungen, die keine besonderen persönlichen Eigenschaften voraussetzen, begünstigen stets einen individuellen Adressaten und gewähren ihm eine ausschließliche, gegenüber Beeinträchtigungen abwehrfähige öffentlich-rechtliche Rechtsposition. Diese Rechtsposition geht nicht von selbst auf einen anderen über, sondern nur, wenn ein von der Rechtsordnung anerkannter Übergangstatbestand dies vorsieht. Erforderlich ist ein entsprechendes Gesetz oder Rechtsgeschäft.

[131] Vgl. Erichsen/Martens, § 10 III 6, Fußnote 294. Willemer, S. 197, spricht vom "Grundsatz der Nachfolgefähigkeit sachbezogener ... Positionen".

[132] Dies ist beispielsweise der Fall, wenn eine Zulassungsentscheidung auch die Zuverlässigkeit des Betreibers einer Anlage betrifft, vgl. insoweit etwa § 8 Abs. 3 Nr. 2 AbfG.

[133] Vgl. zum Streit, ob zur Rechtsnachfolge in die durch einen Verwaltungsakt begründeten Rechte eine ausschließlich sachbezogene Regelung erforderlich ist, Erichsen/Martens, § 10 III 6 a.E.; von Mutius, VerwArch 1980, 93 (103f.); Otto, S. 95; Peine, DVBl. 1980, 941 (947).

[134] Dieser Auffassung ist jedoch Fluck, VerwArch 1988, 406 (420); derselbe, ZfB 1989, 13 (21).

[135] Fluck, VerwArch 1988, 406 (420); derselbe, ZfB 1989, 13 (21); ähnlich Roesler, S. 216ff..

[136] Vgl. hierzu Sellner, Rdnrn. 24ff. m.w.N..

[137] BVerwG, NVwZ 1990, 963 (964).

Entsprechendes gilt beispielsweise auch für Anlagengenehmigungen, die nach § 16 GewO erteilt wurden. Nach § 16 Abs. 1 Satz 1 GewO waren Anlagen genehmigungsbedürftig, die "durch die örtliche Lage oder die Beschaffenheit der Betriebsstätte für die Besitzer oder Bewohner der benachbarten Grundstücke oder für das Publikum überhaupt erhebliche Nachteile, Gefahren oder Belästigungen herbeiführen können"[138]. Die Genehmigung blieb nach § 25 Abs. 1 Satz 1 GewO nur so lange in Kraft, "als keine Änderung in der Lage oder Beschaffenheit der Betriebsstätte vorgenommen" wurde[139].

Die Grundstücksbezogenheit von Baugenehmigungen, Zulassungsentscheidungen nach dem AbfG - insbesondere für Deponien - oder bergrechtlichen Betriebsplänen ist evident.

III. Zeitliche Grenze der Bindungswirkung

Die zeitliche Grenze der Bindungswirkung betrifft das Entstehen sowie den Wegfall der Bindung an die Regelung eines Verwaltungsakts.

1. Zeitpunkt der Entstehung der Bindung

Wann die Bindung der Behörden an den Regelungsgehalt eines Verwaltungsakts entsteht, ist umstritten. Einige Autoren meinen, die Bindung trete mit der Wirksamkeit[140] des Verwaltungsakts ein, andere sind der Ansicht, sie sei erst nach dessen Unanfechtbarkeit[141] vorhanden.

Oben wurde bereits dargelegt[142], daß die Modifizierung der materiellen Rechtslage, die mit der Regelung eines Verwaltungsakts intendiert wird, mit der "inneren Wirksamkeit" des Verwaltungsakts "in Kraft" tritt. Folglich ist dieser Zeitpunkt für das Entstehen der Bindungswirkung maßgebend.

---

[138] BGBl. III, Ordnungsnummer 7100-1, S. 5.
[139] BGBl. III, Ordnungsnummer 7100-1, S. 8.
[140] Vgl. Fluck, VerwArch 1988, 406 (411); Ortloff, NJW 1987, 1665 (1665f.); Sachs, in Stelkens/Bonk/Sachs, § 43 Rdnr. 44; Seibert, S. 208ff..
[141] Vgl. Braun, S. 39f.; Büdenbender/Mutschler, Rdnr. 56; Erichsen/Knoke, NVwZ 1983, 185 (188); Knoke, S. 99.; Kopp, Vorb. § 35 VwVfG Rdnrn. 20 und 23; derselbe, DVBl 1983, 392 (395); Merten, NJW 1983, 1993 (1996); Ule/Laubinger, S. 391f..
[142] Vgl. C II 5 b) aa) (4).

Vor und nach dem Eintritt der Unanfechtbarkeit unterscheidet sich die Bindung der Behörden nicht. Bei noch nicht unanfechtbaren Verwaltungsakten reduziert § 50 VwVfG lediglich den Vertrauensschutz eines Begünstigten.

2. Aufhebung der Bindungswirkung durch Rücknahme, Widerruf, Fristablauf oder Eintritt einer auflösenden Bedingung

Ein Verwaltungsakt ist nach § 43 Abs. 2 VwVfG bis zu seiner Aufhebung oder Erledigung wirksam. Bis zu diesem Zeitpunkt modifiziert er das materielle Recht und entfaltet hierdurch Bindungswirkung[143].

Die Aufhebung einer Genehmigung durch ihre rückwirkende Rücknahme beseitigt nach Maßgabe der Rückwirkung jede Bindungswirkung. Für eine Legalisierungswirkung bleibt insoweit kein Raum. Entsprechende Aufhebungsverfügungen dürften jedoch eher selten sein.

Wird die Rücknahme demgegenüber nur für die Zukunft erklärt oder erfolgt ein Widerruf, steht dies der Legalisierungswirkung einer Genehmigung nicht entgegen. Da die Genehmigung hier lediglich mit Wirkung für die Zukunft erlischt[144], bleibt die Bindung der Behörden für den vor der Rücknahme liegenden Zeitraum unberührt.
Für das Erlöschen einer befristeten oder einer auflösend bedingten Genehmigung durch Fristablauf oder Eintritt der Bedingung gilt Entsprechendes.

3. Kein Wegfall der Bindungswirkung durch Änderung der Sach- oder Rechtslage

Im Schrifttum wird teilweise vertreten, die Bindungswirkung eines Verwaltungsakts setze grundsätzlich voraus, daß sich die Sach-oder Rechtslage nach seinem Erlaß nicht verändert habe. Bei nachträglichen Veränderungen entfalle die Bindung[145].

---

[143] Vgl. oben C II 5 b) aa) (4).
[144] Vgl. zum Widerruf §§ 21 Abs. 1 1. Halbsatz BImSchG, 49 Abs. 1 VwVfG.
[145] Braun, S. 72ff.; Erichsen/Knoke, NVwZ 1983, 185 (191); Henning, DVBl. 1968, 740 (743); Sachs, JuS 1982, 264 (265); derselbe, in Stelkens/Bonk/Sachs, § 43 VwVfG Rdnrn. 79f.; Seibert, S. 222ff.; vgl. auch BVerwG, NVwZ 1984, 727 (727). Unklar Fluck, VerwArch 1988, 406 (415).

Zur Begründung verweisen manche auf die zeitlichen Grenzen für die materielle Rechtskraft eines Urteils[146]. Andere erklären, die Behörde habe nur die zum Zeitpunkt ihrer Entscheidung bestehende Sach- und Rechtslage berücksichtigen können[147].

Die vorstehenden Meinungen überzeugen nicht. Wegen der bereits dargelegten Unterschiede zwischen einem Verwaltungs- und einem Gerichtsverfahren[148] kann die zeitliche Reichweite der Bindungswirkung eines Verwaltungsakts nicht aus den prozessualen Grundsätzen zur materiellen Rechtskraft eines Urteils hergeleitet werden. Gegen eine Abhängigkeit der Bindungswirkung von Verwaltungsakten von der zum Zeitpunkt ihres Erlasses bestehenden Sach-oder Rechtslage spricht im übrigen, daß hierdurch der Anwendungsbereich der Vorschriften über die Rücknahme und den Widerruf von Verwaltungsakten stark eingeschränkt würde und vor allem die §§ 49 Abs. 2 Nrn. 3 und 4, 51 Abs. 1 Nr. 1 VwVfG überflüssig wären. Durch eine Änderung der Sach- oder Rechtslage kommt es folglich nicht zu einem "automatischen" Wegfall der Bindungswirkung[149].

Dies schließt allerdings nicht aus, daß eine Behörde ihre Regelung speziell auf die beim Erlaß des Verwaltungsaktes maßgebende Sach- und Rechtslage ausrichtet und deshalb bei deren Änderung die Bindungswirkung entfällt. Aus den oben genannten Gründen ist dies jedoch nicht die Regel, sondern nur die Ausnahme[150]; eine Behörde muß ihren entsprechenden Willen ausdrücklich bekunden.

4. Kein rückwirkender Wegfall der Bindungswirkung beim Verzicht auf eine Genehmigung

Wird eine Anlage endgültig stillgelegt, erlöschen die für sie erteilten Genehmigungen durch einen konkludenten Verzicht ihres Inhabers[151]. Dieser Verzicht wirkt jedoch nur ex nunc. Denn auf die begünstigenden Wirkungen, die eine Genehmigung während der

---

[146] Sachs, JuS 1982, 264 (265); derselbe, in Stelkens/Bonk/Sachs, § 43 VwVfG Rdnrn. 79ff..

[147] Braun, S. 72ff.; Henning, DVBl. 1968, 740 (743); Seibert, S. 222ff.. Unklar Erichsen/Knoke, NVwZ 1983, 185 (191).

[148] Vgl. oben C II 5 b) aa) (3).

[149] Im Ergebnis ebenso Fluck, VerwArch 1988, 406 (415); Kopp, GewArch 1986, 41 (42f.); Lämmle, S. 122ff.; Ortloff, NVwZ 1983, 705 (706); Roesler, S. 180.

[150] Ähnlich Kopp, GewArch 1986, 41 (43).

[151] Zum Erlöschen einer immissionsschutzrechtlichen Genehmigung durch Verzicht: BVerwG, DÖV 1990, 479 (480); Feldhaus, in Feldhaus, § 18 BImSchG Rdnr. 11; Fluck, BB 1991, 1797 (1798); Jarass, § 18 BImSchG Rdnr. 7. Papier, NVwZ 1986, 256 (258), NWVBl. 1989, 322 (325), und JURA 1989, 505 (508), geht bei der Stillegung einer Anlage dagegen von der Erledigung der entsprechenden Genehmigung aus.

Errichtung und des Betriebs der Anlage vermittelt, will ihr Inhaber nicht verzichten. Für den vor der Stillegung liegenden Zeitraum bleiben die Bindungswirkungen der erteilten Genehmigungen also unberührt[152].

---

[152] Im Ergebnis ebenso Engel, S. 42, Fluck, ZfB 1989, 13 (20f.), und Roesler, S. 202f..

E. Für eine Legalisierungswirkung in Betracht kommende Genehmigungen

Eine Legalisierungswirkung wird insbesondere für
- wasserrechtliche Erlaubnisse und Bewilligungen,
- immissionsschutzrechtliche Genehmigungen,
- gewerberechtliche Genehmigungen,
- Baugenehmigungen,
- Zulassungsentscheidungen für Abfallentsorgungsanlagen,
- bergrechtliche Betriebspläne sowie für
- Genehmigungen, die auf DDR-Recht beruhen,

in Betracht gezogen.

Ob und inwieweit hier eine Legalisierungswirkung anzuerkennen ist, wird nachfolgend geprüft.

Daß eine Legalisierungswirkung von Genehmigungen im Anwendungsbereich von Eingriffsnormen, die gerade die Inanspruchnahme des Inhabers einer Genehmigung vorsehen, von vornherein nicht denkbar ist, wurde schon dargelegt[1]. Auf den verbleibenden Bereich, in dem eine Legalisierungswirkung möglich ist, wird bei der Untersuchung der verschiedenen Genehmigungstypen eingegangen.

Das Entstehen und die Reichweite der Legalisierungswirkung einer Genehmigung hängen von den objektiven, subjektiven und zeitlichen Grenzen der Bindungswirkung ihrer Regelung ab[2]. Für die Bestimmung dieser Grenzen ist in erster Linie der in der Genehmigungsurkunde zum Ausdruck kommende Regelungswille der Genehmigungsbehörde entscheidend[3]. Weil die entsprechenden Bescheide jedoch meist schlicht auf die eingereichten Antragsunterlagen Bezug nehmen und häufig weitere Auslegungshinweise fehlen[4], ist oft auf das einschlägige Zulassungsrecht zurückzugreifen[5].

Während die aus dem allgemeinen Verwaltungsrecht folgende zeitliche Grenze der Bindungswirkung für alle Verwaltungsakte gleich ist[6], unterscheiden sich die objektiven und subjektiven Grenzen der Bindungswirkung von Verwaltungsakten je nach dem Regelungsgehalt, den ein Verwaltungsakt aufweist. Die spezifischen Vorgaben,

---

[1] Vgl. oben B II.
[2] Vgl. oben Kapitel D.
[3] Vgl. oben D I 1.
[4] Vgl. hierzu Martens, J., JuS, 1975, 69 (72); Seibert, S. 334f..
[5] Vgl. auch oben D I 2 c).
[6] Vgl. oben D III.

die insoweit für Genehmigungen aus dem jeweiligen Zulassungsrecht folgen, werden im folgenden dargestellt.

I. Wasserrechtliche Erlaubnisse und Bewilligungen nach §§ 7 und 8 WHG

1. Genehmigungsbedürftige Benutzungstatbestände

Nach § 2 WHG bedarf grundsätzlich jede Benutzung eines Gewässers einer Erlaubnis nach § 7 WHG oder einer Bewilligung nach § 8 WHG. § 3 WHG definiert die vom WHG erfaßten Benutzungen. Es handelt sich um Handlungen, die objektiv darauf gerichtet sind, sich eines Gewässers für bestimmte Zwecke zu bedienen[7].

Wasserrechtliche Benutzungshandlungen, die Umweltbeeinträchtigungen verursachen, sind insbesondere das Einbringen und Einleiten von festen und flüssigen Stoffen[8] nach § 3 Abs. 1 Nrn. 4 und 5 WHG sowie sonstige Maßnahmen nach § 3 Abs. 2 Nr. 2 WHG, welche die Beschaffenheit des Wassers beeinträchtigen[9]. § 8 Abs. 2 Satz 2 WHG[10] schließt seit dem 1.10.1976 - im Gegensatz zur früheren Rechtslage - für diese Gewässernutzungen eine Bewilligung aus. Nach dem Inkrafttreten des § 8 Abs. 2 Satz 2 WHG kann eine legalisierende Wirkung insoweit also nur noch von einer Erlaubnis ausgehen. Eine eventuelle Legalisierungswirkung alter Bewilligungen bleibt hiervon allerdings unberührt. Nachfolgend wird deshalb auch auf Bewilligungen eingegangen.

2. Keine Legalisierungswirkung im Anwendungsbereich des § 5 WHG

Im Anwendungsbereich des § 5 Abs. 1 WHG kommt eine Legalisierungswirkung nicht in Betracht. Denn nach dieser Vorschrift stehen Erlaubnis und Bewilligung kraft Gesetzes unter dem Vorbehalt nachträglicher zusätzlicher Anforderungen und Maßnah-

---

7   BVerwG, ZfW 1974, 296f.; Gieseke/Wiedemann/Czychowski, § 3 WHG Rdnrn. 5, 60 und passim.
8   Der Begriff "Einbringen" betrifft nur feste Stoffe, das "Einleiten" bezieht sich auf flüssige, schlammige und gasförmige Stoffe, vgl. Gieseke/Wiedemann/Czychowski, § 3 WHG Rdnrn. 25 und 32. Zu den flüssigen "Stoffen" gehört vor allem das Abwasser, vgl. Gieseke/Wiedemann/Czychowski, § 3 WHG Rdnrn. 37 und 48.
9   Im Gegensatz zu den Handlungen im Sinne des § 3 Abs. 1 Nrn. 4 und 5 WHG ist für Maßnahmen im Sinne des § 3 Abs. 2 Nr. 2 WHG kein zweckgerichtetes Verhalten erforderlich. Es reicht aus, daß das Verhalten geeignet ist, den umschriebenen Erfolg herbeizuführen, Gieseke/Wiedemann/Czychowski, § 3 WHG Rdnr. 60.
10 Eingeführt durch Gesetz vom 26.4.1976, BGBl. I S. 1109.

men. Eine "Sperrwirkung" des Regelungsgehalts einer Erlaubnis oder Bewilligung hat der Gesetzgeber insoweit also gerade ausgeschlossen.

a) Vorbehalt des § 5 Abs. 1 WHG

Der gesetzliche Vorbehalt erfaßt nach § 5 Abs. 1 Nrn. 1 und 1a WHG die für die Entstehung von Umweltbeeinträchtigungen relevanten Gewässernutzungen des § 3 Abs. 1 Nrn. 4 und 5 sowie Abs. 2 Nr. 2 WHG. Die zuständigen Behörden werden durch § 5 Abs. 1 WHG ermächtigt, Gewässerbeeinträchtigungen, die durch eine Erlaubnis oder eine Bewilligung zugelassen worden sind, zu reduzieren. Nach § 5 Abs. 1 Nr. 1 WHG können zusätzliche Anforderungen an die Beschaffenheit einzubringender oder einzuleitender Stoffe gestellt werden; in Betracht kommen etwa erhöhte Anforderungen an die physikalische, chemische und biologische Beschaffenheit einzubringender oder einzuleitender Stoffe oder die Einschränkung ihrer Menge[11]. § 5 Abs. 1 Nr. 1a i.V.m. § 4 Abs. 2 Nr. 2a WHG ermächtigt zur Anordnung von Ausgleichsmaßnahmen; denkbar ist beispielsweise die künstliche Belüftung eines Gewässers, um dessen Sauerstoffgehalt zu erhöhen[12].

b) Grenzen des Vorbehalts

Die Reichweite des Vorbehalts wird durch sachliche und zeitliche Grenzen, durch den Anwendungsbereich der Vorschriften zum Widerruf und zur Rücknahme von Erlaubnis und Bewilligung sowie möglicherweise durch die "Risikoverteilung", die im Zulassungsverfahren stattgefunden haben könnte, begrenzt.

aa) Sachliche und zeitliche Grenzen

Zusätzliche Anforderungen an die Beschaffenheit einzubringender oder einzuleitender Stoffe nach § 5 Abs. 1 Nr. 1 WHG dienen lediglich dazu, die künftige Schadstoffbelastung eines Gewässers zu reduzieren. Auch Maßnahmen zum Ausgleich einer auf die Benutzung zurückzuführenden Beeinträchtigung des Wassers nach § 5 Abs. 1 Nr. 1a i.V.m. § 4 Abs. 2 Nr. 2a WHG sollen nur weiteren Gewässerbeeinträchtigungen vor-

---

[11] Letzteres ist umstritten. Wie hier Breuer, Wasserrecht, Rdnr. 414, mit dem zutreffenden Hinweis, daß der Begriff der "Beschaffenheit" i.S.v. § 5 Abs. 1 Nr. 1 WHG weit auszulegen ist und auch die Menge eines Stoffs erfaßt. A.A. Gieseke/Wiedemann/Czychowski, § 5 WHG Rdnr. 4a.

[12] Gieseke/Wiedemann/Czychowski, § 5 WHG Rdnr. 4b und § 4 WHG Rdnr. 92.

beugen. Verfügungen zur Behebung bereits eingetretener Störungen, etwa zur Beseitigung von Grundwasserverunreinigungen, sind dagegen nicht möglich. Darüber hinaus kann das Instrumentarium des § 5 Abs. 1 Nr. 1 WHG und § 5 Abs. 1 Nr. 1a i.V.m. § 4 Abs. 2 Nr. 2a WHG nur während der Benutzung eines Gewässers, nicht mehr danach, angewandt werden.

Außerhalb des sachlichen und zeitlichen Anwendungsbereichs des § 5 Abs. 1 WHG sind zur Gefahrenabwehr und Störungsbeseitigung sonstige spezielle Eingriffsnormen und die polizei- und ordnungsrechtlichen Generalklauseln anzuwenden.

bb) Grenzen aus den Vorschriften zum Widerruf und zur Rücknahme von Erlaubnis und Bewilligung

Um den Regelungsgehalt einer Erlaubnis oder einer Bewilligung zum Nachteil ihres Inhabers zu verändern, hat der Gesetzgeber neben den Mitteln des § 5 Abs. 1 WHG in den §§ 7 Abs. 1 Satz 1 und 12 WHG den Widerruf[13] und in § 48 VwVfG die Rücknahme[14] vorgesehen. Die Modifizierung des sachlichen Regelungsgehalts dieser Zulassungsentscheidungen durch nachträgliche zusätzliche Anforderungen und Maßnahmen nach § 5 Abs. 1 Nrn. 1 und 1a WHG darf deshalb im Ergebnis nicht dazu führen, daß die Vorschriften zum Widerruf und zur Rücknahme leerlaufen. Dies gilt nicht zuletzt wegen der Entschädigungspflicht, die § 12 Abs. 1 WHG und § 48 Abs. 3 VwVfG begründen[15]. Der Gesetzgeber muß vielmehr davon ausgegangen sein, daß Erlaubnis und Bewilligung außerhalb des sachlichen Regelungsgehalts, der vom Vorbehalt des § 5 Abs. 1 WHG erfaßt wird, einen weiteren sachlichen Regelungsgehalt aufweisen, der nur durch völlige oder teilweise Aufhebung der Zulassungsentscheidungen geändert werden kann.

---

[13] Vgl. zu den Voraussetzungen für den Widerruf einer wasserrechtlichen Erlaubnis VGH München, ZfW 1991, 180 (183f.).

[14] Nach allgemeiner Ansicht findet § 48 VwVfG auf eine Erlaubnis und Bewilligung Anwendung, vgl. Salzwedel, in: Festschrift für Sendler, S. 321 (328 m.w.N.).

[15] Sendler, RdWWi 18, 29 (42f.), geht demgegenüber davon aus, daß zusätzliche Anforderungen nach § 5 Abs. 1 Nr. 1 WHG, "die im Extremfall die weitere Wassernutzung gänzlich ausschließen können", vom Inhaber einer Bewilligung wegen des Vorbehalts des § 5 Abs. 1 WHG hinzunehmen seien. Lediglich bei alten Rechten und Befugnissen im Sinne des § 15 WHG, auf die § 5 Abs. 1 WHG nach § 5 Abs. 2 WHG entsprechend anzuwenden ist, hält Sendler, RdWWi 18, 29 (43f.), eine Reduktion des Anwendungsbereichs des § 5 Abs. 1 WHG zum Schutz eines eingerichteten und ausgeübten Gewerbebetriebs für erforderlich.
Folgt man dieser Auffassung, wird die Entschädigungspflicht, welche die §§ 12 Abs. 1 WHG und 48 Abs. 3 VwVfG begründen, umgangen.

Hierzu gehört jedenfalls ihr "Kernbereich". Durch Anforderungen oder Maßnahmen nach § 5 Abs. 1 Nr. 1 und Nr. 1a WHG darf die zugelassene Benutzung eines Gewässers nicht unmöglich werden. Dies gilt zum einen für die unmittelbaren Benutzungstatbestände. Daher ist es zum Beispiel nicht zulässig, die Einleitung von festen und flüssigen Schadstoffen, die durch eine Erlaubnis zugelassen wurde, durch zusätzliche Anforderungen nach § 5 Abs. 1 Nr. 1 WHG völlig zu untersagen. Zum anderen darf der Zweck der Gewässernutzung nicht vereitelt werden. Es ist folglich nicht statthaft, mit dem Instrumentarium des § 5 Abs. 1 WHG ein von der Benutzung eines Gewässers abhängiges Gesamtvorhaben - etwa den Betrieb eines Stahl-[16] oder Kraftwerks[17] - überhaupt in Frage zu stellen.

Im übrigen ist im Einzelfall - ähnlich wie nach § 17 Abs. 2 Satz 2 BImSchG - anhand des allgemeinen Verhältnismäßigkeitsgrundsatzes[18] zu entscheiden, wann der Bereich des nach § 5 Abs. 1 WHG Zulässigen verlassen und zur Modifizierung des Regelungsgehalts einer wasserrechtlicher Zulassungsentscheidung ihre völlige oder teilweise Aufhebung notwendig wird. Nachträgliche Anforderungen und Maßnahmen nach § 5 Abs. 1 Nrn. 1 und 1a WHG müssen deshalb zur Reduzierung von Gewässerverunreinigungen geeignet, erforderlich und im engeren Sinne verhältnismäßig - also unter Berücksichtigung der für den Benutzer des Gewässers entstehenden Belastungen angemessen - sein.

Im Rahmen der Verhältnismäßigkeit im engeren Sinne ist insbesondere der Aufwand, der durch nachträgliche Anforderungen und Maßnahmen nach § 5 Abs. 1 Nr. 1 und Nr. 1a WHG für den Benutzer des Gewässers entsteht, zu berücksichtigen. Der ökologische Nutzen der zu reduzierenden Gewässerbeeinträchtigungen ist mit den Belastungen, die den Benutzer treffen, abzuwägen. Angemessen und im Rahmen des § 5 Abs. 1 WHG in der Regel hinzunehmen sind etwa begrenzte Modifizierungen an technischen und baulichen Anlagen sowie unwesentliche Änderungen beim Betrieb einer von der Benutzung eines Gewässers abhängigen Anlage[19]. Umfangreiche Änderungen an bereits vorhandenen technischen und baulichen Einrichtungen, die einer Neuerrichtung gleichkommen, sind dagegen als nachträgliche Anforderungen und Maßnahmen nach § 5 Abs. 1 Nr. 1 oder Nr. 1a WHG nicht mehr zumutbar. Ferner ist zu berücksichtigen,

---

[16] Vgl. OVG Münster, ZfW 1976, 242 (242f.).
[17] Salzwedel, in: Festschrift für Sendler, S. 321 (330).
[18] Vgl. zur Berücksichtigung des allgemeinen Verhältnismäßigkeitsgrundsatzes im Rahmen der Anwendung des § 5 Abs. 1 WHG Breuer, Wasserrecht, Rdnr. 422; Gieseke/Wiedemann/Czychowski, § 5 WHG Rdnr. 3 und § 4 WHG Rdnr. 56.
Zur Entstehung und Ableitung des Verhältnismäßigkeitsgebots Stern, in: Festschrift für Lerche, S. 165 (167ff.).
[19] Salzwedel, in: Festschrift für Sendler, S. 321 (330).

inwieweit sich die der Gewässernutzung dienenden Einrichtungen und ein von der Gewässernutzung abhängiges Gesamtvorhaben bereits amortisiert haben[20]. Schließlich sind Anforderungen und Maßnahmen zur Gefahrenabwehr eher zumutbar als solche, die lediglich der Gewässervorsorge dienen[21].

cc) Zu Grenzen aus der "Risikoverteilung im Zulassungsverfahren"

Fraglich ist, ob auch die "Risikoverteilung im Zulassungsverfahren"[22] den Anwendungsbereich des § 5 Abs. 1 WHG begrenzt. So wird die Auffassung vertreten, im Verlauf eines Zulassungsverfahrens entstehe zwischen der Behörde und dem Benutzer eines Gewässers "eine Art Geschäftsgrundlage"[23]. Inwieweit der Benutzer eines Gewässers die Folgen einer Fehleinschätzung des künftigen Gewässerzustands, einer neuen politischen Bewertung der Vertretbarkeit von Gewässerbeeinträchtigungen oder einer fehlerhaften Anwendung der einschlägigen Vorschriften zu tragen habe, sei daher anhand des Ablaufs des Zulassungsverfahrens zu rekonstruieren[24].

Für die Verteilung der von der Behörde und dem Inhaber einer Erlaubnis oder Bewilligung zu tragenden Risiken ist in erster Linie der Regelungsgehalt dieser Zulassungsentscheidungen entscheidend, der die Grundlage für ihre Bindungswirkung bildet. Sofern die entsprechenden Bescheide eine bestimmte Risikoverteilung ausweisen, ist diese maßgebend.

Soweit es hieran - wie wohl in der Regel - fehlt, kann die Risikoverteilung nicht in Anlehnung an die Lehre vom Wegfall der Geschäftsgrundlage nach "Treu und Glauben" bestimmt werden[25]:

Die im Zivilrecht entwickelte Lehre vom Wegfall der Geschäftsgrundlage betrifft eine vertragliche Leistungsstörung. Weil ein Umstand, der für eine Vertragspartei die Grundlage ihres Geschäftswillens bildet und der der anderen Vertragspartei erkennbar war, von vornherein (von beiden unerkannt) fehlt oder nachträglich wegfällt, ist der erstgenannten Vertragspartei eine Erfüllung des Vertrags mit den ursprünglich verein-

---

[20] Salzwedel, in: Festschrift für Sendler, S. 321 (330f.).
[21] Salzwedel, in: Festschrift für Sendler, S. 321 (331f.).
[22] Salzwedel, in: Festschrift für Sendler, S. 321 (325ff., 329 und 331f.), ähnlich Sendler, WiVerw 1993, 235 (299).
[23] Salzwedel, in: Festschrift für Sendler, S. 321 (332).
[24] Salzwedel, in: Festschrift für Sendler, S. 321 (324ff. und 332ff.).
[25] So jedoch Salzwedel, in: Festschrift für Sendler, S. 321 (332f.).

barten Pflichten nach Treu und Glauben nicht zumutbar[26]. Daher ist der Vertrag an die veränderten Umstände anzupassen oder, soweit dies nicht möglich ist, notfalls aufzulösen[27]. § 60 Abs. 1 Satz 1 VwVfG überträgt diese Grundsätze weitgehend auf öffentlich-rechtliche Verträge.

Eine analoge Anwendung der Grundsätze zum Wegfall der Geschäftsgrundlage zur Bestimmung der vom Inhaber einer Erlaubnis oder Bewilligung zu tragenden Risiken setzt eine planwidrige Lücke im Wasserrecht und eine vergleichbare Interessenlage voraus[28]. Beides liegt nicht vor:

Eine planwidrige Lücke im Wasserrecht ist nicht ersichtlich. Der Gesetzgeber hat durch § 5 Abs. 1 WHG die vom Inhaber einer Erlaubnis oder Bewilligung zu tragenden Risiken geregelt. Die Vorschrift differenziert nicht nach dem Anlaß für eine nachträgliche zusätzliche Anforderung oder Maßnahme. Der Inhaber einer wasserrechtlichen Zulassungsentscheidung trägt folglich - solange der Kernbereich der Zulassungsentscheidung nicht berührt wird und der Verhältnismäßigkeitsgrundsatzes nicht entgegensteht - stets das Risiko einer nachträglichen Beschränkung der Gewässernutzung. Weder Fehleinschätzungen der Zulassungsbehörde in tatsächlicher oder rechtlicher Hinsicht noch eine veränderte politische Bewertung der Vertretbarkeit von Gewässerbeeinträchtigungen stehen somit dem Erlaß von nachträglichen Anforderungen und Maßnahmen entgegen. Wenn eine Behörde mit dem Instrumentarium des § 5 Abs. 1 WHG eigene Fehler korrigiert, können lediglich Amtshaftungsansprüche entstehen[29].

Darüber hinaus ist die Interessenlage, die bei vertraglichen Beziehungen besteht, nicht mit der vergleichbar, die in einem Verwaltungsrechtsverhältnis gegeben ist, daß von einer Behörde einseitig durch Verwaltungsakt geregelt wird. Denn die Beteiligten stehen sich nicht gleichgeordnet, sondern in einem Über-und Unterordnungsverhältnis gegenüber.

3. Der für eine Legalisierungswirkung verbleibende Bereich

Denkbar ist eine Legalisierungswirkung von Erlaubnis und Bewilligung außerhalb des Anwendungsbereichs des § 5 Abs. 1 WHG gegenüber sonstigen speziellen Eingriffs-

[26] Heinrichs, in Palandt, § 242 BGB Rdnrn. 122ff..
[27] Heinrichs, in Palandt, § 242 BGB Rdnrn. 130ff..
[28] Vgl. zu den Voraussetzungen für eine Analogie Larenz, S. 381ff..
[29] Vgl. Breuer, Wasserrecht, Rdnr. 418; Gieseke/Wiedemann/Czychowski, § 5 WHG Rdnr. 4. Einschränkend Salzwedel, in: Festschrift für Sendler, S. 321 (328).

normen sowie den polizei-und ordnungsrechtlichen Generalklauseln, insbesondere wenn bereits eingetretene Umweltbeeinträchtigungen beseitigt werden sollen.

Ob und inwieweit in diesem Bereich eine Legalisierungswirkung einer Erlaubnis oder einer Bewilligung anzuerkennen ist, hängt von der Bindungswirkung ihres Regelungsgehalts ab.

4. Bindungswirkung von Erlaubnis und Bewilligung

Die Bindungswirkung von Erlaubnis und Bewilligung wird durch spezifische objektive und subjektive Grenzen eingeschränkt[30].

a) Objektive Grenze der Bindungswirkung

Für die objektive Grenze der Bindungswirkung von Erlaubnis und Bewilligung ist ihr sachlicher Regelungsgehalt maßgebend[31].

aa) Sachlicher Regelungsgehalt von Erlaubnis und Bewilligung

Das WHG gibt den sachlichen Regelungsgehalt von Erlaubnis und Bewilligung vor. Nach §§ 7 Abs. 1 Satz 1 und 8 Abs. 1 Satz 1 WHG gestatten sowohl eine Erlaubnis als auch eine Bewilligung "ein Gewässer zu einem bestimmten Zweck in einer nach Art und Maß bestimmten Weise zu benutzen". Mit dem Erlaß einer Erlaubnis oder einer Bewilligung wird das durch den Genehmigungsvorbehalt begründete repressive Verbot aufgehoben[32] und eine im einzelnen umschriebene[33] Nutzung konstitutiv[34] zugelassen. Trotz der weit gefaßten Zulassungsvoraussetzungen - nach § 6 WHG darf von der beabsichtigten Benutzung keine Beeinträchtigung des "Wohls der Allgemeinheit"[35] zu erwarten sein - betreffen die sachlichen Regelungen einer Erlaubnis oder einer Bewilli-

---

[30] Vgl. den Anfang des Kapitel E.
[31] Vgl. oben D I.
[32] Gieseke/Wiedemann/Czychowski, § 2 Rdnr. 3.
[33] Gieseke/Wiedemann/Czychowski, § 7 WHG Rdnr. 15ff. und § 8 WHG Rdnr. 3.
[34] Gieseke/Wiedemann/Czychowski, § 7 WHG Rdnr. 2.
[35] Ob im Rahmen des § 6 WHG als "Wohl der Allgemeinheit" nur wasserwirtschaftliche oder darüber hinaus auch sonstige öffentliche Belange zu berücksichtigen sind, ist nach wie vor unklar. Die Rechtsprechung ist nicht eindeutig, vgl. BVerfGE 58, 300 (348); BVerwG, DVBl. 1979, 63 (66); DVBl. 1989, 1048; VGH München, ZfW 1994, 287 (288); vgl. auch Büllesbach, DÖV 1992, 477 (477ff.) m.w.N..

gung wegen der gebotenen Differenzierung zwischen den Genehmigungsvoraussetzungen und dem sachlichen Regelungsgehalt einer Genehmigung[36] allein die unmittelbaren Auswirkungen eines Vorhabens auf ein Gewässer[37].

Neben diesem verfügenden Regelungsgehalt erfolgt keine Feststellung zum Vorliegen der Zulassungsvoraussetzungen. Denn die Zulassung zur Benutzung eines Gewässers ist handlungs-, nicht anlagenbezogen. Eine "materielle Schutzfunktion", die den Inhaber einer Erlaubnis oder einer Bewilligung vor der Beseitigung der der Gewässernutzung dienenden Einrichtungen schützen könnte, kann von einer Erlaubnis oder Bewilligung also nicht ausgehen. Damit fehlt für die Anerkennung eines feststellenden Regelungsgehalts die Grundlage[38].

bb) Unterschiede zwischen Erlaubnis und Bewilligung

Erlaubnis und Bewilligung unterscheiden sich hinsichtlich der Rechtsstellung, die sie ihren Inhabern gegenüber Behörden und Dritten vermitteln. Die Erlaubnis gewährt nach § 7 Abs. 1 Satz 1 WHG eine "Befugnis", die Bewilligung gemäß § 8 Abs. 1 Satz 1 WHG ein "Recht". Diese terminologische Differenzierung[39] findet ihre Entsprechung in einer unterschiedlichen rechtlichen Ausgestaltung beider Zulassungsformen: Während die Erlaubnis nach § 7 Abs. 1 Satz 1 WHG kraft Gesetzes ohne besondere Voraussetzungen widerruflich ist, normiert § 12 WHG für den Widerruf einer Bewilligung einen strengeren Maßstab[40]. Darüber hinaus hat eine Bewilligung nach § 11 WHG i.V.m. § 8 Abs. 3 WHG - im Gegensatz zu einer Erlaubnis - privatrechtsgestaltende Wirkungen. Sie schließt gesetzliche Ansprüche Betroffener auf Störungsbeseitigung, Unterlassung, Herstellung von Schutzeinrichtungen und auf Schadensersatz aus[41].

Im Rahmen der Untersuchung der Legalisierungswirkung von Erlaubnis und Bewilligung werden diese Unterschiede nicht relevant. Denn für die Legalisierungswirkung

---

[36] Vgl. oben D I 2 c).
[37] Vgl. Breuer, Wasserrecht, Rdnr. 101; Gieseke/Wiedemann/Czychowski, § 7 WHG Rdnr. 16. Hieran ändert auch der Erlaß des UVPG nichts. Nach § 12 UVPG i.V.m. den §§ 1, 2 Abs. 1 Sätze 2 und 4 UVPG ist bei UVP-pflichtigen Vorhaben zwar eine medienübergreifende Bewertung der voraussichtlichen Umweltauswirkungen eines Vorhabens vorzunehmen. Diese Bewertung betrifft jedoch lediglich die Prüfung der Zulassungsvoraussetzungen. Der von den fachgesetzlichen Vorschriften vorgegebene Regelungsgehalt einer Genehmigung bleibt unberührt.
[38] Vgl. oben D I 2 c) cc) (2) (b).
[39] Vgl. hierzu Sendler, RdWWi 18, 29 (31f.).
[40] Vgl. Breuer, Wasserrecht, Rdnrn. 87, 430ff. und 438ff.; Gieseke/Wiedemann/Czychowski, § 7 WHG Rdnr. 3 und § 8 WHG Rdnr. 5; Sendler, RdWWi 18, 29 (30f.).
[41] Vgl. hierzu Breuer, Wasserrecht, Rdnrn. 87 und 736.

sind nicht die Voraussetzungen, die für die Aufhebung einer Zulassungsentscheidung durch Rücknahme und Widerruf bestehen, oder ihre privatrechtsgestaltenden Wirkungen maßgebend. Entscheidend ist vielmehr, ob und inwieweit eine Genehmigung wegen ihrer Bindungswirkung bis zu ihrer Aufhebung oder der sonstigen Beendigung ihrer Wirksamkeit einem nachträglichen repressiven Vorgehen der Behörden entgegensteht, das dem Regelungsgehalt der Genehmigung widerspricht[42].

b) Subjektive Grenze der Bindungswirkung

Während die umfassende Bindung des Inhabers einer Erlaubnis oder einer Bewilligung und seiner Rechtsnachfolger[43] an den sachlichen Regelungsgehalt außer Frage steht, schließt der gesetzliche Vorbehalt, den § 5 Abs. 1 WHG für beide Zulassungsentscheidungen begründet, eine entsprechend weitreichende Bindung der Behörden aus.

aa) Keine Bindung der Behörden an den Teil des sachlichen Regelungsgehalts einer Erlaubnis oder Bewilligung, der vom Vorbehalt des § 5 Abs. 1 WHG erfaßt wird

Der Teil des sachliche Regelungsgehalts einer Erlaubnis oder einer Bewilligung, der vom Vorbehalt des § 5 Abs. 1 WHG erfaßt wird, ist nicht dazu geeignet, eine Bindung der Behörden zu begründen. Denn er kann von vornherein durch zusätzliche Anforderungen und Maßnahmen - wenn auch nur mit präventiver Zielsetzung[44] - verschärft werden und steht somit zur Disposition der Behörden. Die Rechtsstellung, die der Inhaber einer Erlaubnis oder Bewilligung erlangt, ist in gleichem Maße von Anfang an eingeschränkt[45]. Es besteht eine gewisse Parallele zu den einseitig verpflichtenden Rechtsgeschäften des Zivilrechts[46]. Macht die zuständige Behörde vom Vorbehalt Gebrauch, erfolgt deshalb auch keine Teilaufhebung einer wasserrechtlichen Erlaubnis

---

[42] Ähnlich Schneider, S. 83; unentschlossen Breuer, JuS 1986, 359 (363). Vgl. im übrigen oben C II 3.
[43] Vgl. § 7 Abs. 2 und § 8 Abs. 6 WHG.
   § 7 Abs. 2 WHG wurde erst durch Gesetz vom 26.4.1976, BGBl. I S. 1109, eingeführt. Im Verhältnis zur früheren Rechtslage trat hierdurch jedoch keine wesentliche Änderung ein, da die Landeswassergesetze bereits vorher den Übergang auf den Rechtsnachfolger fast durchweg vorsahen (vgl. Gieseke/Wiedemann/Czychowski, § 7 WHG Rdnr. 22).
[44] Vgl. oben E I 2 b) aa).
[45] Vgl. Breuer, Wasserrecht, Rdnr. 418; Franke, ZfW 1986, 195 (205).
[46] Vgl. hierzu Heinrichs, in Palandt, Vor § 104 BGB Rdnr. 15 und Vor § 305 BGB Rdnr. 4.

oder Bewilligung, etwa in Form eines teilweisen Widerrufs[47] nach den §§ 7 Abs. 1 Satz 1 und 12 WHG oder einer teilweisen Rücknahme nach § 48 VwVfG[48]. Mit der Anwendung des in § 5 Abs. 1 WHG vorgesehenen Instrumentariums muß der Inhaber einer Erlaubnis oder Bewilligung von vornherein rechnen. Er genießt keinerlei Bestands- oder Vertrauensschutz[49].

Dem kann nicht entgegengehalten werden, die Wasserbehörde übernehme mit der Erteilung einer wasserrechtlichen Erlaubnis oder Bewilligung eine "volkswirtschaftliche Mitverantwortung" für das Vorhaben, so daß das vom Inhaber der Erlaubnis oder Bewilligung zu tragende Risiko durch Auslegung des jeweiligen Bescheids und unter Berücksichtigung des vorangegangenen Zulassungsverfahrens zu ermitteln sei[50]. Der Regelungsgehalt einer Erlaubnis oder einer Bewilligung kann nämlich den gesetzlichen Vorbehalt des § 5 Abs. 1 WHG nicht überwinden. Das volkswirtschaftliche Interesse an der Erhaltung wirtschaftlicher Werte wird lediglich als Reflex der Schranken des Vorbehalts, die sich aus den Vorschriften zum Widerruf und zur Rücknahme von Erlaubnis und Bewilligung ergeben, geschützt. Daher können nachträgliche Anforderungen oder Anordnungen nach § 5 Abs. 1 WHG grundsätzlich auch dann erlassen werden, wenn die Anforderungen erfüllt werden, die die Regelung oder die Nebenbestimmungen einer Erlaubnis oder einer Bewilligung stellen.

---

[47] So wohl auch Gieseke/Wiedemann/Czychowski, § 5 WHG Rdnr. 4, und Salzwedel, in: Festschrift für Sendler, S. 321 (330). Anderer Ansicht ist Hill, GewArch 1981, 183 (184).
Aus § 12 Abs. 1 und 2 WHG ergibt sich nichts Gegenteiliges:
Betrachtet man die Vorschrift isoliert, könnte man aus ihrem Wortlaut zwar schließen, die nach § 5 WHG zulässigen nachträglichen Anforderungen und Anordnungen stellten einen Unterfall eines teilweisen Widerrufs dar. Denn nach § 12 Abs. 1 und 2 WHG kann eine Bewilligung widerrufen werden, soweit "dies nicht schon nach § 5 (WHG)" ohne Entschädigung zulässig ist.
Aus dem systematischen Zusammenhang zwischen § 12 Abs. 1 und 2 WHG und § 5 WHG folgt jedoch, daß der Verweis in § 12 Abs. 1 und 2 WHG nur die nach § 5 WHG zulässigen Einschränkungen der durch die Bewilligung zugelassenen Benutzung betrifft. § 5 WHG regelt allein die Zulässigkeit solcher Einschränkungen, die im Gegensatz zu § 12 WHG unmittelbar, also ohne vorherige Aufhebung der betroffenen Bewilligung, möglich sind. Im übrigen spricht auch die Überschrift zu § 5 WHG, "Vorbehalt", dafür, daß der Inhaber einer Erlaubnis oder Bewilligung in den von § 5 WHG erfaßten Fällen von vornherein keine Rechtsposition erlangt, die ihm vor der Anwendung der Vorschrift zunächst wieder entzogen werden müßte.
[48] Nach allgemeiner Ansicht ist die Vorschrift auf eine Erlaubnis oder Bewilligung anwendbar, vgl. Salzwedel, in: Festschrift für Sendler, S. 321 (328 m.w.N.).
[49] Breuer, Wasserrecht, Rdnr. 418; Franke, ZfW 1976, 195 (205); Gieseke/Wiedemann/Czychowski, § 5 WHG Rdnr. 2; Hill, GewArch 1981, 183 (184).
[50] So jedoch Salzwedel, in: Festschrift für Sendler, S. 321 (324, 328 und passim).

bb) Bindung der Behörden an den nur durch Rücknahme und Widerruf zu modifizierenden sachlichen Regelungsgehalt

Der sachliche Regelungsgehalt einer Erlaubnis oder einer Bewilligung, der nicht vom Instrumentarium des § 5 Abs. 1 WHG erfaßt wird und dessen Änderung deshalb einen Widerruf oder eine Rücknahme voraussetzt, ist auch für die Behörden als materielles Recht verbindlich.

5. Folgerungen für die Legalisierungswirkung von Erlaubnis und Bewilligung

Soweit eine Bindung der Behörden an den sachlichen Regelungsgehalt einer Erlaubnis oder einer Bewilligung fehlt, gibt es für eine Legalisierungswirkung keine Grundlage. Der Inhaber einer Erlaubnis oder Bewilligung kann deshalb trotz einer zulassungskonformen Nutzung eines Gewässers auch außerhalb des Anwendungsbereichs des § 5 Abs. 1 WHG nach sonstigen speziellen Eingriffsnormen oder aufgrund der polizei- und ordnungsrechtlichen Generalklauseln als Störer in Anspruch genommen werden.

Außerhalb dieses Bereichs sind die Behörden aufgrund ihrer Bindung dagegen nicht befugt, Verfügungen zu erlassen, die dem sachlichen Regelungsgehalt einer Erlaubnis oder Bewilligung widersprechen. Erlaubnis und Bewilligung wirken insoweit legalisierend.

Für die Reichweite der Legalisierungswirkung sind die Kriterien, die für die Abgrenzung des Anwendungsbereichs des § 5 Abs. 1 WHG vom Anwendungsbereich der Vorschriften zum Widerruf und zur Rücknahme einer Erlaubnis oder einer Bewilligung dargelegt worden sind, entscheidend[51]. Im Ergebnis darf durch den Erlaß einer nachträglichen Verfügung, welche die Abwehr von Gefahren oder die Beseitigung von Störungen zum Ziel hat, die auf einer zugelassenen Gewässerbeeinträchtigung beruhen, also weder der Kernbereich des Regelungsgehalts einer Erlaubnis oder einer Bewilligung in Frage gestellt, noch der Benutzer des Gewässers unverhältnismäßig belastet werden.

Das Erlöschen einer Erlaubnis oder einer Bewilligung - durch Fristablauf oder durch Verzicht ihres Inhabers - schließt die Legalisierungswirkung nicht aus[52]. Soll ein früherer Benutzer eines Gewässers als Störer in Anspruch genommen werden, ist zu prüfen, ob die nunmehr vorgesehene Verfügung während der Wirksamkeit einer Erlaubnis

---

[51] Vgl. oben E I 2 b) bb).
[52] Vgl. oben D III 2 und 4.

oder Bewilligung in den Kernbereich dieser Zulassungsentscheidungen eingebrochen wäre. Entsprechendes gilt für die Verhältnismäßigkeitsprüfung.

Die konkrete Reichweite der Legalisierungswirkung kann nur im Einzelfall bestimmt werden. Abstrakt sind lediglich folgende allgemeine Aussagen möglich:

Anordnungen und Maßnahmen nach § 5 Abs. 1 WHG sind in erster Linie auf die Abwehr von Gewässerbeeinträchtigungen gerichtet, die auf einzelnen Aspekten einer zugelassenen Gewässernutzung beruhen - etwa auf einer zu hohen Konzentration oder Menge eingebrachter oder eingeleiteter Stoffe beziehungsweise auf unterlassenen Ausgleichsmaßnahmen. Zur Abwehr entsprechender Gefahren und Störungen kann der Inhaber einer Erlaubnis oder Bewilligung sowohl nach § 5 Abs. 1 WHG als auch nach sonstigen speziellen Eingriffsnormen oder den polizei- und ordnungsrechtlichen Generalklauseln als Störer in Anspruch genommen werden. Ob die Entstehung von Gefahren und Störungen von der Zulassungsbehörde durch den Erlaß einer Erlaubnis oder einer Bewilligung mit verursacht wurde - etwa durch die Festsetzung zu hoher Schadstoffmengen - oder ob sich im voraus objektiv nicht erkennbare Risiken verwirklicht haben, ist für die Störerhaftung ohne Belang[53].

Soweit die zugelassene Gewässernutzung dagegen an sich Gefahren hervorruft - etwa weil das Einbringen oder Einleiten eines Stoffes unabhängig von seiner Konzentration oder Menge unvertretbar hohe Risiken birgt - und daher überhaupt untersagt werden muß, ist der Kernbereich des sachlichen Regelungsgehalts einer Erlaubnis oder Bewilligung betroffen. Die Inanspruchnahme des Inhabers einer Erlaubnis oder Bewilligung setzt hier den Widerruf oder die Rücknahme dieser Zulassungsentscheidungen voraus. Solange dies nicht erfolgt, ist der Inhaber einer Erlaubnis oder Bewilligung von jeder öffentlich-rechtlichen Haftung befreit.

II. Immissionsschutzrechtliche Genehmigungen nach § 4 BImSchG

1. Genehmigungsbedürftige Anlagen

Anlagen, die einer immissionsschutzrechtlichen Genehmigung bedürfen, werden in der 4. BImSchV abschließend aufgeführt. Nach § 4 Abs. 1 Satz 1 BImSchG handelt es sich um Anlagen, "die aufgrund ihrer Beschaffenheit oder ihres Betriebs in besonderem Maße geeignet sind, schädliche Umwelteinwirkungen hervorzurufen oder in ande-

---

[53] Vgl. oben E I 2 b) cc).

rer Weise die Allgemeinheit oder die Nachbarschaft zu gefährden, erheblich zu benachteiligen oder erheblich zu belästigen". Durch das Investitionserleichterungs- und Wohnbaulandgesetz vom 22. April 1993[54] wurde die Genehmigungspflicht auf "ortsfeste Abfallentsorgungsanlagen zur Lagerung oder Behandlung von Abfällen" ausgedehnt, die dafür aus der Zulassungspflicht nach § 7 AbfG entlassen wurden[55]. Der Kreis der von der 4. BImSchV erfaßten Anlagen ist weit: So werden neben Anlagen, die der Wärme- und Energieerzeugung, der Metallverarbeitung oder der Herstellung chemischer Erzeugnisse dienen, zum Beispiel auch Anlagen erfaßt, die zur Herstellung von Nahrungs-, Genuß- oder Futtermitteln sowie von landwirtschaftlichen Erzeugnissen errichtet und betrieben werden.

2. Keine Legalisierungswirkung im Anwendungsbereich des § 17 BImSchG

Im Anwendungsbereich des § 17 BImSchG bleibt für eine Legalisierungswirkung einer immissionsschutzrechtlichen Genehmigung kein Raum. Denn die von der Vorschrift vorgesehenen nachträglichen Anordnungen sind gerade darauf gerichtet, die Anforderungen, die eine Genehmigung stellt, zu verschärfen oder neue hinzuzufügen[56]. Einen Schutz des Genehmigungsinhabers aufgrund des sachlichen Regelungsgehalts einer immissionsschutzrechtlichen Genehmigung hat der Gesetzgeber insoweit also ausgeschlossen[57].

a) Nachträgliche Anordnungen nach § 17 BImSchG

Nachträgliche Anordnungen haben nur die spezifisch immissionsschutzrechtlichen Anforderungen zum Gegenstand, die das BImSchG und die aufgrund dieses Gesetzes erlassenen Rechtsverordnungen an den Betreiber einer genehmigungsbedürftigen Anlage stellen. § 17 BImSchG ermächtigt die zuständigen Behörden insbesondere zur Durchsetzung der Pflichten, die sich aus § 5 BImSchG und aus Rechtsverordnungen nach § 7 BImSchG ergeben[58].

---

[54] BGBl. I S. 466 (483).
[55] BGBl. I 1993, S. 466 (482).
[56] Vallendar, in Feldhaus, § 17 BImSchG Nrn. 7 und 9f; Fluck, DVBl. 1992, 862 (869f.); derselbe, UPR 1992, 326 (328).
[57] Sendler, WiVerw 1993, 235 (274), spricht insoweit von einer Einschränkung des "Bestandsschutzes".
[58] Vgl. zu weiteren Pflichten Jarass, § 17 BImSchG Rdnrn. 10f.; Vallendar, in Feldhaus, § 17 BImSchG Nr. 9.

b) Grenzen für den Erlaß nachträglicher Anordnungen

Der Anwendungsbereich des § 17 BImSchG ist, ähnlich wie der des § 5 Abs. 1 WHG, sachlich und zeitlich begrenzt. Weitere Einschränkungen ergeben sich aus den Vorschriften zum Widerruf und zur Rücknahme von immissionsschutzrechtlichen Genehmigungen.

aa) Sachliche Grenzen

Wie bereits erwähnt, dienen nachträgliche Anordnungen allein dazu, den Betreiber einer genehmigungsbedürftigen Anlage zur Erfüllung seiner immissionsschutzrechtlichen Pflichten anzuhalten. Die Durchsetzung weiterer Anforderungen, die andere öffentlich-rechtliche Vorschriften begründen[59], ist dagegen nicht möglich[60].

Nachträgliche Anordnungen sind wegen des Inhalts der durchzusetzenden immissionsschutzrechtlichen Pflichten anlagen- beziehungsweise grundstücksbezogen: Die Pflichten des § 5 Abs. 1 BImSchG betreffen die Errichtung und den Betrieb einer Anlage. § 5 Abs. 3 BImSchG begründet Pflichten, die sich auf die Anlage und das Anlagengrundstück beziehen; sie sind auch noch nach der Betriebseinstellung - vom früheren Betreiber[61] - zu erfüllen.

Erst nach der Einführung der anlagen- und grundstücksbezogenen Pflichten des § 5 Abs. 3 BImSchG kann durch nachträgliche Anordnungen die Beseitigung bereits eingetretener Umweltbeeinträchtigungen angeordnet werden[62]. Zuvor waren wegen der Errichtungs- und Betriebsbezogenheit der Pflichten des § 5 Abs. 1 BImSchG nur "präventive" Anordnungen - etwa zum weiteren Herabsetzen von Emissionen und Immissionen durch zusätzliche technische Einrichtungen[63] - zulässig. Da sich die Verpflichtung des § 5 Abs. 3 BImSchG lediglich auf die Anlage und das Anlagengrundstück bezieht[64], kann nach § 17 BImSchG allerdings auch nur insoweit die Beseitigung von Umweltbeeinträchtigungen angeordnet werden. Die Anordnung entsprechender Maß-

---

[59] Vgl. § 6 Nr. 2 BImSchG.
[60] Fluck, UPR 1992, 326 (330); Jarass, § 17 BImSchG Rdnr. 10; Vallendar, in Feldhaus, § 17 BImSchG Nr. 10.
[61] Dienes, NWVBl. 1990, 404 (405f); Sellner, NVwZ 1991, 305 (309). Vgl. zur Anwendung der Vorschrift auf mehrere Betreiber Hansmann, NVwZ 1993, 921 (923f.).
[62] Hansmann, NVwZ 1993, 921 (926); Roesler, S. 100f.; a.A. Seibert, DVBl. 1992, 664 (666).
[63] Martens, DVBl. 1981, 597 (605 Fußnote 99).
[64] Seibert, DVBl. 1992, 664 (666), hält entgegen dem Wortlaut des § 5 Abs. 3 BImSchG nur anlagenbezogene Anordnungen für zulässig.

nahmen auf fremden Grundstücken ist dagegen nicht möglich. Sie müßte auf die polizei- und ordnungsrechtlichen Generalklauseln gestützt werden[65].

Nachträgliche Anordnungen dürfen den Anlagenbetrieb nicht faktisch vereiteln[66]. Denn für eine Betriebsuntersagung oder eine Stillegung der Anlage sieht § 20 Abs. 1 und 2 BImSchG besondere Voraussetzungen vor: Nach § 20 Abs. 1 BImSchG kann eine Betriebsuntersagung nur angeordnet werden, wenn der Betreiber Pflichten nicht erfüllt, die durch eine Auflage, eine vollziehbare nachträgliche Anordnung oder eine abschließend bestimmte Pflicht aus einer Rechtsverordnung nach § 7 BImSchG begründet wurden; die Stillegung einer Anlage ist nach § 20 Abs. 2 BImSchG nur zulässig, wenn die immissionsschutzrechtliche Genehmigung - ursprünglich oder nach ihrer Aufhebung durch Rücknahme oder Widerruf[67] - fehlt.
Eine strikte Abgrenzung des Anwendungsbereichs des § 17 BImSchG vom Anwendungsbereich des § 20 Abs. 1 und 2 BImSchG ist allerdings nicht möglich. Denn eine nachträgliche Anordnung, welche die Betreiberpflichten verschärft, "untersagt" zugleich zum Teil den entsprechenden vorherigen Betrieb der Anlage. Die Schwelle vom Anwendungsbereich des § 17 BImSchG zu dem des § 20 Abs. 1 und 2 BImSchG dürfte im Einzelfall überschritten sein, wenn substantielle Beschränkungen des genehmigten Betriebs angeordnet werden. Geringfügige Modifizierungen des Anlagenbetriebs und kurzfristige Betriebsunterbrechungen können dagegen in Form von nachträglichen Anordnungen angeordnet werden[68].

bb) Zeitliche Grenzen

Nach § 17 Abs. 4 a BImSchG können nachträgliche Anordnungen nur während eines Zeitraums von zehn Jahren getroffen werden. Nach wohl überwiegender Auffassung folgt hieraus jedoch keine Sperrwirkung für Maßnahmen, die nach diesem Zeitraum aufgrund sonstiger spezieller Eingriffsgrundlagen oder aufgrund der polizei- und ordnungsrechtlichen Generalklauseln angeordnet werden[69].

---

[65] VGH Mannheim, UPR 1990, 310 (311); Hansmann, NVwZ 1993, 921 (926); Martens, DVBl. 1981, 597 (605); Seibert, DVBl. 1992, 664 (666); Vallendar, in Feldhaus, § 17 BImSchG Nr. 10.
[66] Vgl. Hansmann, in von Landmann/Rohmer, Umweltrecht, § 20 BImSchG Rdnr. 14; Vallendar, in Feldhaus, § 17 BImSchG Nr. 7.
[67] Hansmann, in von Landmann/Rohmer, Umweltrecht, § 20 BImSchG Rdnrn. 43ff; Jarass, § 20 BImSchG Rdnr. 21.
[68] Vgl. Hansmann, in von Landmann/Rohmer, Umweltrecht, § 20 BImSchG Rdnr. 14.
[69] Hansmann, NVwZ 1993, 921 (928); Jarass, § 5 BImSchG Rdnr. 84 und § 17 BImSchG Rdnr. 54; Vallendar, UPR 1991, 91 (95). Fluck, BB 1991, 1797 (1804), läßt die Frage offen.

cc) Grenzen aus den Vorschriften zum Widerruf und zur Rücknahme immissionsschutzrechtlicher Genehmigungen

Der Anwendungsbereich des § 17 BImSchG ist vom Widerruf einer immissionsschutzrechtlichen Genehmigung nach § 21 BImSchG und einer Rücknahme nach § 48 VwVfG[70] abzugrenzen. Eine nachträgliche Anordnung schränkt den sachlichen Regelungsgehalt einer immissionsschutzrechtlichen Genehmigung im Grundsatz ebenso ein wie eine Teilaufhebung der Genehmigung durch Widerruf oder Rücknahme[71]. Weil die zuständige Behörde über die Maßnahmen, die mit einer nachträglichen Anordnung durchgesetzt werden sollen, im Rahmen ihres Auswahlermessens entscheidet, könnte an sich jeder Aspekt des immissionsschutzrechtlichen Regelungsgehalts einer Genehmigung durch eine nachträgliche Anordnung modifiziert werden. Die Anwendung des § 17 BImSchG darf im Ergebnis jedoch nicht dazu führen, daß die Regelungen der §§ 21 BImSchG und 48 VwVfG leerlaufen. Im Gegensatz zum Erlaß einer nachträglichen Anordnung ist eine völlige oder teilweise Aufhebung der Genehmigung nach § 21 Abs. 4 BImSchG und § 48 Abs. 3 VwVfG nur gegen Entschädigung zulässig, soweit das Vertrauen des Genehmigungsinhabers auf den Bestand der Genehmigung schutzwürdig ist[72].

Zur Abgrenzung des Anwendungsbereichs des § 17 BImSchG von dem der §§ 21 BImSchG und 48 VwVfG gelten die Ausführungen zur Abgrenzung des Anwendungsbereichs des § 5 Abs. 1 WHG von dem der §§ 7 Abs. 1 Satz 1, 12 WHG und 48 VwVfG entsprechend[73]:

Jedenfalls der "Kernbereich" des sachlichen Regelungsgehalts einer immissionsschutzrechtlichen Genehmigung kann nur durch Widerruf oder Rücknahme geändert werden. Die Durchsetzung der immissionsschutzrechtlichen Pflichten durch eine nachträgliche Anordnung darf also - auch aus diesem Grund[74] - den durch die Genehmigung zugelassenen Betrieb weder vereiteln noch in seinem Wesen verändern[75].

---

[70] Vgl. VGH Kassel, NVwZ-RR 1993, 348 (348ff.); Fluck, DVBl. 1992, 862 (869); Jarass, § 21 BImSchG Rdnr. 2.
Die Rücknahme einer immissionsschutzrechtlichen Genehmigung ist jedoch nur bei ihrer ursprünglichen Rechtswidrigkeit, nicht bei einer nachträglichen Änderung der Sach- oder Rechtslage, möglich. Im letztgenannten Fall kann eine Anpassung der Genehmigung lediglich durch nachträgliche Anordnung oder Widerruf erfolgen, vgl. BVerwG, NVwZ-RR 1991, 236 (236).

[71] Vgl. Fluck, DVBl. 1992, 862 (869f.); Sach, S. 114f..

[72] Vgl. zu den insoweit maßgebenden Kriterien VGH Kassel, NVwZ-RR 1993, 348 (350).

[73] Vgl. oben E I 2 b) bb).

[74] Vgl. ferner die obigen Ausführungen zur Abgrenzung des Anwendungsbereichs des § 17 BImSchG von dem des § 20 Abs. 1 und 2 BImSchG in E II 2 b) aa).

[75] Ähnlich Sach, S. 115.

Im übrigen regelt § 17 Abs. 2 Satz 1 BImSchG ausdrücklich, daß nachträgliche Anordnung nur im Rahmen des Verhältnismäßigen zulässig sind. Weitergehende Modifizierungen des sachlichen Regelungsgehalts einer immissionsschutzrechtlichen Genehmigung setzen nach § 17 Abs. 2 Satz 2 BImSchG die vollständige oder teilweise Aufhebung der Genehmigung durch einen Widerruf voraus.

Der Grundsatz der Verhältnismäßigkeit steht der Durchsetzung der immissionsschutzrechtlichen Schutzpflichten aus § 5 Abs. 1 Nr. 1 und Abs. 3 Nr. 1 BImSchG, auf die es im Rahmen dieser Arbeit in erster Linie ankommt, nur in atypischen Fällen entgegen. Denn aus § 17 Abs. 1 Satz 2 BImSchG folgt, daß der Gesetzgeber der Erfüllung dieser Pflichten gegenüber den Interessen des Anlagenbetreibers grundsätzlich Vorrang einräumt[76]. Der Anlaß für das nachträgliche Eingreifen der Behörden ist für die Abgrenzung des Anwendungsbereichs des § 17 BImSchG vom Anwendungsbereich der §§ 21 BImSchG und 48 VwVfG unerheblich. Weder § 5 BImSchG, der die immissionsschutzrechtlichen Grundpflichten begründet[77], noch § 17 BImSchG differenzieren insoweit[78]. Eine nachträgliche Anordnung kann daher auch dann erlassen werden, wenn Umweltbeeinträchtigungen abgewehrt werden sollen, die der Betreiber einer Anlage nicht zu vertreten hat, etwa weil sie auf Fehlern der Zulassungsbehörde beruhen[79]. Ein Vorgehen nach den §§ 21 BImSchG oder 48 VwVfG wird erst erforderlich, wenn der Kernbereich einer immissionsschutzrechtlichen Genehmigung berührt wird oder eine nachträgliche Anordnung unverhältnismäßig wäre. Stehen diese Kriterien dem Erlaß einer nachträglichen Anordnung nicht entgegen, kann der Betreiber sich nur im Rahmen von Amtshaftungsansprüchen finanziell schadlos halten.

3. Der für eine Legalisierungswirkung verbleibende Bereich

In Betracht kommt eine Legalisierungswirkung einer immissionsschutzrechtlichen Genehmigung somit außerhalb des Anwendungsbereichs des § 17 BImSchG gegenüber der Anwendung sonstiger spezieller Eingriffsnormen oder der polizei- und ordnungsrechtlichen Generalklauseln, wenn Umweltbeeinträchtigungen außerhalb des Anlagengrundstücks oder - zehn Jahre nach der Einstellung des gesamten Betriebs - auf dem Anlagengrundstück beseitigt werden sollen.

---

[76] Vallendar, in Feldhaus, § 17 BImSchG Nr. 15; vgl. auch die Gegenäußerung der Bundesregierung zur Gesetzesinitiative des Bundesrates zur Neufassung des § 17 Abs. 2 BImSchG (BT-Drucks. 10/1862 (neu), S. 11, abgedruckt bei Feldhaus, § 17 BImSchG Nr. 2).

[77] Vgl. hierzu statt vieler Sellner, in Festgabe aus Anlaß des 25jährigen Bestehens des Bundesverwaltungsgerichts, 1978, S. 603 (603ff.).

[78] Jarass, § 17 BImSchG Rdnr. 13f; Vallendar, in Feldhaus, § 17 BImSchG Nr. 9.

[79] Ähnlich Sach, S. 119f.. A.A. ist Fluck, DVBl. 1992, 862 (870), der insoweit eine Rücknahme beziehungsweise einen Widerruf der Genehmigung für erforderlich hält.

Ob und inwieweit eine immissionsschutzrechtliche Genehmigung im vorstehenden Bereich legalisierend wirkt, hängt von der Bindungswirkung ihres Regelungsgehalts ab.

4. Bindungswirkung einer immissionsschutzrechtlichen Genehmigung

Die Bindungswirkung einer immissionsschutzrechtlichen Genehmigung wird durch ihre spezifischen objektiven und subjektiven Grenzen bestimmt[80].

a) Objektive Grenze der Bindungswirkung

Die objektive Grenze der Bindungswirkung einer immissionsschutzrechtlichen Genehmigung ergibt sich aus ihrem sachlichen Regelungsgehalt.

Der verfügende Teil der Regelung einer immissionsschutzrechtlichen Genehmigung hebt das durch den Genehmigungsvorbehalt begründete Errichtungs- und Betriebsverbot auf[81]. Darüber hinaus werden dem Betreiber Art und Umfang der Errichtung und des Betriebs der Anlage im einzelnen vorgegeben[82]. Da für die wesentliche Änderung "der Lage, der Beschaffenheit oder des Betriebs" einer genehmigungsbedürftigen Anlage nach § 15 Abs. 1 Satz 1 BImSchG eine Änderungsgenehmigung erforderlich ist, gilt für den sachlichen Regelungsgehalt einer immissionsschutzrechtlichen Genehmigung das Prinzip, daß alles verboten bleibt, was durch die Genehmigung nicht ausdrücklich zugelassen wird[83]. Die Zulassung geht nicht über das hinaus, was der Genehmigungsbehörde im Rahmen des Antrags zur Entscheidung vorgelegt wurde. Es erfolgt keine "Global-Genehmigung", die auch künftige, beim Erlaß der Genehmigung noch nicht absehbare Betriebsweisen erfaßt[84].

Neben dem verfügenden Regelungsteil weist eine immissionsschutzrechtliche Genehmigung als Anlagengenehmigung einen feststellenden Regelungsteil auf, der die errichtete Anlage partiell vor der unmittelbaren Durchsetzung der Anforderungen schützt, welche die materiellrechtlichen Vorschriften begründen[85]. Für die Reichweite

---

[80] Vgl. oben den Anfang des Kapitel E.

[81] Feldhaus, § 4 BImSchG Nr. 36; Jarass, § 6 BImSchG Rdnr. 25.

[82] BVerwG, NVwZ 1990, 963 (964).

[83] BVerwG, NVwZ 1990, 963 (964); OVG Hamburg, GewArch 1992, 350 (350ff.); Murswiek, JuS 1991, 519 (519); Pudenz, UPR 1990, 331.

[84] BVerwG, NVwZ 1990, 963 (964f.); OVG Hamburg, GewArch 1992, 350 (350ff.); Sach, S. 190f.. Vgl. auch oben D I 2 a).

[85] Vgl. oben D I 2 c) cc) (2) (b).

dieses Schutzes ist neben der zeitlichen vor allem die noch darzulegende subjektive Grenze der Bindungswirkung des sachlichen Regelungsgehalts entscheidend.

aa) Konzentrationswirkung einer immissionsschutzrechtlichen Genehmigung

Nach § 13 BImSchG besitzt eine immissionsschutzrechtliche Genehmigung eine begrenzte Konzentrationswirkung[86]. "Mit Ausnahme" der in § 13 Satz 1 BImSchG genannten Genehmigungen schließt sie "andere, die Anlage betreffende behördliche Entscheidungen ein". Es ist demnach nur ein Genehmigungsverfahren durchzuführen. Die sachliche Zuständigkeit der an sich für die mit eingeschlossenen Genehmigungen zuständigen Behörden wird verdrängt und wächst der immissionsschutzrechtlichen Genehmigungsbehörde zu[87]. Dementsprechend findet auch beim Regelungsgehalt einer immissionsschutzrechtlichen Genehmigung eine Summation statt; er betrifft nicht nur die immissionsschutzrechtliche Zulässigkeit der fraglichen Anlage, sondern umfaßt ebenfalls die an sich von den mit eingeschlossenen Genehmigungen zu regelnden Fragen[88]. Entschieden wird insbesondere auch über die bauplanungs- und bauordnungsrechtliche Zulässigkeit[89] der Anlage. Ferner sind beispielsweise etwaige Ausnahmegenehmigungen nach dem Natur- und Landschaftsschutzrecht mit eingeschlossen[90]. Zu Fragen, über die im Rahmen der von der Konzentrationswirkung ausdrücklich ausgenommenen Zulassungsentscheidungen zu entscheiden ist[91], wird demgegenüber keine Regelung getroffen.

Da die Konzentration nach § 6 Nr. 2 BImSchG das für die mit eingeschlossenen Genehmigungen maßgebende materielle Zulassungsrecht unberührt läßt[92], weist die Bindungswirkung, die auf den den konzentrierten Genehmigungen entsprechenden Regelungsteilen einer immissionsschutzrechtlichen Genehmigung beruht, keine spezifisch immissionsschutzrechtlichen Besonderheiten auf. Nachfolgend wird daher hier nur untersucht, welche Bindungswirkung vom immissionsschutzrechtlichen Regelungsteil ausgeht[93].

---

[86] Hierzu Fluck, NVwZ 1992, 114 (115, 118).
[87] Fluck, NVwZ 1992, 114 (116), spricht von einer "Verfahrenskonzentration".
[88] Dies meint wohl Fluck, NVwZ 1992, 114 (116), mit dem Ausdruck "Entscheidungskonzentration".
[89] Sellner, Immissionsschutzrecht, Rdnr. 192.
[90] Vgl. VGH Kassel, NVwZ-RR 1993, 348 (350); Sellner, Immissionsschutzrecht, Rdnr. 194.
[91] Beispielsweise durch eine wasserrechtliche Erlaubnis oder Bewilligung.
[92] Fluck, NVwZ 1992, 114 (116).
[93] Ob und in welchem Umfang etwa eine Baugenehmigung, die regelmäßig durch eine immissionsschutzrechtliche Genehmigung konzentriert wird, legalisierend wirkt, wird unten, unter E IV, gesondert geprüft.

bb) Spezifisch immissionsschutzrechtlicher Regelungsgehalt einer Genehmigung nach § 4 BImSchG

Spezifisch immissionsschutzrechtlich sind bei einer Genehmigung nach § 4 BImSchG die Regelungen, die gemäß § 6 Nr. 1 BImSchG sicherstellen, daß die sich aus § 5 BImSchG oder aus einer aufgrund des § 7 BImSchG erlassenen Rechtsverordnung ergebenden Pflichten erfüllt werden. Beim Erlaß einer entsprechenden Regelung nimmt die Genehmigungsbehörde auf die Angaben Bezug, die ein Genehmigungsantrag nach §§ 4a bis 4d 9. BImSchV insoweit enthalten muß[94]. Nach diesen Vorschriften sind die geplante Auslegung der Anlage, die vorgesehenen Verfahren, die Einsatzstoffe etc. anzugeben; darüber hinaus sind die Maßnahmen darzulegen, mit denen der Betreiber die immissionsschutzrechtlichen Pflichten erfüllen will. Durch den spezifisch immissionsschutzrechtlichen Regelungsteil einer Genehmigung nach § 4 BImSchG werden dem Betreiber die von ihm verfaßten Angaben zur Errichtung und zum Betrieb der Anlage - in der Regel mit Einschränkungen oder Ergänzungen[95] - verbindlich vorgegeben. Die Genehmigungsbehörde kann hierzu den "Gegenstand der Genehmigung"[96] inhaltlich entsprechend ausgestalten oder nach § 12 BImSchG Nebenbestimmungen[97] erlassen[98].

b) Subjektive Grenze der Bindungswirkung

Ähnlich wie bei einer wasserrechtlichen Erlaubnis und Bewilligung steht auch bei einer immissionsschutzrechtlichen Genehmigung der umfassenden Bindung des Genehmigungsinhabers und seiner Rechtsnachfolger[99] an den sachlichen Regelungsgehalt der Genehmigung nur eine eingeschränkte Bindung der Behörden gegenüber.

---

[94] Vgl. zu den spezifisch immissionsschutzrechtlichen Angaben im einzelnen Fluck, DVBl. 1992, 682 (684f.).

[95] Fluck, DVBl. 1992, 682 (683 und 865).

[96] Vgl. § 21 Abs. 1 Nr. 3 9. BImSchV.

[97] Vgl. § 21 Abs. 1 Nr. 4 9. BImSchV.

[98] Vgl. zu den im Rahmen dieser Arbeit nicht relevanten Abgrenzungsfragen Fluck, DVBl. 1992, 862 (863ff.).

[99] Nach allgemeiner Auffassung geht eine immissionsschutzrechtliche Genehmigung auf die Rechtsnachfolger des ersten Genehmigungsinhabers über, vgl. Friauf, WiVerw 1986, 87 (98); Jarass, § 6 BImSchG Rdnr. 24; Kutscheidt, in von Landmann-Rohmer, Umweltrecht, vor § 4 BImSchG Rdnrn. 16f.; Schmatz/ Nöthlichs, § 4 BImSchG Nr. 3; Stich/Porger, § 4 BImSchG Nr. 11; Ule, in Ule/Laubinger, § 4 BImSchG Rdnr. 3. Die Grundlage des Rechtsübergangs ist die Sach- und Grundstücksbezogenheit einer Genehmigung zur Errichtung und zum Betrieb einer Anlage, BVerwG DÖV 1990, 479 (480); Schmatz/Nöthlichs, § 4 BImSchG Nr. 3, und oben D II 4 b).

aa) Keine Bindung der Behörden an den Teil des sachlichen Regelungsgehalts, der mit nachträglichen Anordnungen modifiziert werden kann

Die Befugnis zum Erlaß von nachträglichen Anordnungen, welche die Durchsetzung der durch § 5 BImSchG begründeten Pflichten bezwecken, ist mit einer Bindung der Behörden an den mit nachträglichen Anordnungen modifizierbaren Teil des sachlichen Regelungsgehalts einer immissionsschutzrechtlichen Genehmigung nicht zu vereinbaren[100]. Die Ausführungen zu § 5 Abs. 1 WHG gelten entsprechend[101].

Im Rahmen der Störerhaftung für Altlasten und andere Umweltbeeinträchtigungen geht es vor allem um die Durchsetzung der durch § 5 Abs. 1 Nrn. 1 und 3 sowie Abs. 3 BImSchG[102] normierten Pflichten. Sie decken im Anwendungsbereich des BImSchG die Gefahrenquellen ab, die während der Errichtung und des Betriebs einer Anlage oder nach ihrer Stillegung für die Verursachung von Umweltbeeinträchtigungen in Betracht kommen. Werden diese Pflichten erfüllt, kann eine Altlast nicht entstehen[103]:

Zu vermeiden sind
- Gefahren, erhebliche Nachteile und erhebliche Belästigungen, die von Luftverunreinigungen, Geräuschen, Erschütterungen, Licht, Wärme, Strahlen und ähnlichen Umwelteinwirkungen verursacht werden, als "schädliche Umwelteinwirkungen" nach § 5 Abs. 1 Nr. 1 und Abs. 3 Nr. 1 BImSchG i.V.m. § 3 Abs. 1, Abs. 2 und 3 BImSchG,
- alle anderen vom Anlagegrundstück ausgehenden physischen Einwirkungen[104] als "sonstige Gefahren, erhebliche Nachteile und erhebliche Belästigungen" gemäß § 5 Abs. 1 Nr. 1 und Abs. 3 Nr. 1 BImSchG sowie
- Gefahren, die von Reststoffen und Abfällen ausgehen können, nach § 5 Abs. 1 Nr. 3 und Abs. 3 Nr. 2 BImSchG.

Der Inhaber einer immissionsschutzrechtlichen Genehmigung kann sich gegenüber einer nachträglichen Anordnung, die ihn zur Erfüllung der durch § 5 BImSchG begründeten Pflichten anhält, grundsätzlich nicht auf die Beachtung der Regelung bezie-

---

[100] Vgl. zum eingeschränkten "Bestandsschutz" Feldhaus, § 5 BImSchG Nr. 2; Kutscheidt, in von Landmann- Rohmer, Umweltrecht, vor § 4 BImSchG Rdnrn. 20 und 22.

[101] Vgl. oben E I 4 b) aa).

[102] § 5 Abs. 3 BImSchG wurde durch das dritte Gesetz zur Änderung des BImSchG vom 11.5.1990, BGBl. I S. 870, eingefügt.

[103] Fluck, BB 1991, 1797 (1797); Vallendar, UPR 1991, 91 (95).

[104] Jarass, § 5 BImSchG Rdnr. 32.

hungsweise der Nebenbestimmungen der ihm erteilten Genehmigung berufen[105]. Denn die Pflichten des § 5 BImSchG sind neben und unabhängig von den Vorgaben, die sich aus der Regelung einer immissionsschutzrechtlichen Genehmigung für den Betreiber ergeben, zu erfüllen[106]. Nach § 6 Nr. 1 BImSchG muß nämlich einerseits als Genehmigungsvoraussetzung zu erwarten sein, daß der Betreiber die Anforderungen des § 5 BImSchG beachten wird[107]. Andererseits verpflichtet § 5 BImSchG den Betreiber dynamisch[108], nämlich während des gesamten Zeitraums der Errichtung, des Betriebs und im Rahmen des § 5 Abs. 3 BImSchG sogar noch nach der Betriebseinstellung der Anlage, zur Erfüllung der in der Vorschrift genannten Anforderungen.

Der Inhaber einer immissionsschutzrechtlichen Genehmigung trägt somit von vornherein[109] das Risiko, daß sich die von der Genehmigungsbehörde beim Erlaß der Genehmigung getroffene Prognose, die Zulassung der Errichtung und des Betriebs der Anlage sei mit den Pflichten des § 5 BImSchG vereinbar, nachträglich als falsch erweist[110]. Im übrigen ändert sich der Inhalt der nach § 5 BImSchG zu erfüllenden Pflichten mit neuen Erkenntnissen über die Schädlichkeit von Umwelteinwirkungen und durch Fortschritte in der Umweltschutztechnik[111]. Eine nachträgliche Anordnung, die wegen neuer Erkenntnisse über die Gefährlichkeit des Anlagenbetriebs oder der eingesetzten Stoffe zusätzliche Anforderungen stellt, hat der Betreiber deshalb in der Regel hinzunehmen. Nur wenn er aufgrund besonderer Umstände darauf vertrauen[112] durfte, daß er durch sein genehmigungskonformes Verhalten die Anforderungen des § 5 BImSchG

---

[105] Vgl. Dolde, in: Festschrift für Bachof, S. 191 (203); Feldhaus, § 5 BImSchG Nr. 2; Jarass, § 17 BImSchG Rdnr. 13; derselbe, DVBl. 1986, 314 (315, 318); derselbe, Anwendung neuen Umweltrechts, S. 26; Pietzcker, JZ 1985, 209 (212); Rid/Hammann, VBlBW 1988, 7 (8f.); Schmatz/Nöthlichs, § 5 BImSchG Nr. 3; Schmidt/Müller, JuS 1986, 127 (128); Sendler, UPR 1990, 41 (42); derselbe, WiVerw 1993, 235 (279f.); Sundermann, S. 72f..

[106] Petersen, F., S. 30f.; Sundermann, S. 72.

[107] Vallendar, UPR 1991, 91 (92).

[108] Dolde, in Festschrift für Bachof, S. 191 (203ff.); Feldhaus, § 5 BImSchG Nr. 2; Friauf, WiVerw 1986, 87 (105); derselbe, WiVerw 1989, 121 (176); Jarass, § 5 BImSchG Rdnr. 2; Rid/Hammann, VBlBW 1988, 7 (8); Sach, S. 89f.; Sellner, in: Festschrift für Sendler, S. 339 (339f. und passim); Sendler, Dokumentation zur 6. wissenschaftlichen Fachtagung der Gesellschaft für Umweltrecht e.V., S. 29 (61); derselbe, UPR 1990, 41 (42); Sundermann, S. 73.

[109] Vgl. Dolde, NVwZ 1986, 873 (874, 879); Feldhaus, WiVerw 1986, 67 (71); Friauf, WiVerw 1989, 121 (177); Petersen, F., S. 31; Sach, S. 92ff., 138f.; Sellner, Immissionsschutzrecht, Rdnr. 22; Sundermann, S. 72f..

[110] Vgl. Dolde, in Festschrift für Bachof, S. 191 (206); derselbe, NVwZ 1986, 873 (874); Jarass, DVBl. 1986, 314 (314f.); Rid/Hammann, VBlBW 1988, 7 (8 und 12f.); Sendler, WiVerw 1993, 235 (278).

[111] Dolde, in Festschrift für Bachof, S. 191 (205f.); Feldhaus, WiVerw 1986, 67 (71); Friauf, WiVerw 1989, 121 (176); Rid/Hammann, VBlBW 1988, 7 (8).

[112] Vgl. zur Schutzwürdigkeit des Vertrauens auf den Bestand einer Genehmigung nach § 21 Abs. 4 Satz 1 BImSchG trotz eines Verstoßes gegen die Grundpflichten des § 5 BImSchG OLG Hamm, NVwZ 1990, 693 (694f.); a.A. Jarass, § 21 BImSchG Rdnr. 31.

erfüllen werde[113], kann die Durchsetzung der Grundpflichten im Einzelfall unverhältnismäßig[114] sein.

bb) Bindung der Behörden an den nur durch Rücknahme und Widerruf zu modifizierenden sachlichen Regelungsgehalt

Soweit der sachliche Regelungsgehalt einer immissionsschutzrechtlichen Genehmigung nicht mit nachträglichen Anordnungen, sondern nur durch Widerruf und Rücknahme geändert werden kann, werden auch die Behörden gebunden.

5. Folgerungen für die Legalisierungswirkung einer immissionsschutzrechtlichen Genehmigung

Auch hinsichtlich der Folgerungen, die sich aus der beschränkten Bindungswirkung des sachlichen Regelungsgehalts einer immissionsschutzrechtlichen Genehmigung für ihre Legalisierungswirkung ergeben, gelten die Ausführungen zu § 5 Abs. 1 WHG entsprechend[115]:

Soweit die Behörden durch den sachlichen Regelungsgehalt einer immissionsschutzrechtlichen Genehmigung nicht gebunden werden, gibt es keine Legalisierungswirkung. Für ein "Recht auf Umweltverschmutzung"[116] fehlt hier die Grundlage. Der Inhaber einer immissionsschutzrechtlichen Genehmigung kann deshalb trotz einer genehmigungskonformen Errichtung und eines genehmigungskonformen Betriebs seiner Anlage auch außerhalb des Anwendungsbereichs des § 17 BImSchG nach sonstigen speziellen Eingriffsnormen und den polizei- und ordnungsrechtlichen Generalklauseln als Störer in Anspruch genommen werden.

---

[113] Vgl. Dolde, NVwZ 1986, 873 (879 und 881ff.); Feldhaus, WiVerw 1986, 67 (83ff.); Jarass, DVBl. 1986, 314 (316ff.); Rid/ Hammann, VBlBW 1988, 7 (9 und 11f.); Schmatz/Nöthlichs, § 5 BImSchG Nr. 3.

[114] Vgl. zur früher erforderlichen "wirtschaftlichen Vertretbarkeit" Sendler, Dokumentation zur 6. wissenschaftlichen Fachtagung der Gesellschaft für Umweltrecht e.V., S. 29 (64ff.); Sundermann, S. 74 und 142ff. m.w.N..

[115] Vgl. oben E I 5.

[116] Vgl. zum Begriff Sendler, in: Dokumentation zur 6. wissenschaftlichen Fachtagung der Gesellschaft für Umweltrecht e.V., S. 29 (53); derselbe, UPR 1983, 33 (41).
Entgegen der hier vertretenen Auffassung meint wohl Friauf, WiVerw 1989, 121 (131), ein solches Recht folge generell aus einer immissionsschutzrechtlichen Genehmigung.

In dem Umfang, in dem die Behörden dagegen an den sachlichen Regelungsgehalt einer immissionsschutzrechtlichen Genehmigung gebunden sind, sind sie weder nach § 17 BImSchG noch bei der Anwendung sonstiger spezieller Eingriffsnormen oder der polizei-und ordnungsrechtlichen Generalklauseln zu Verfügungen befugt, die dem sachlichen Regelungsgehalt einer immissionsschutzrechtlichen Genehmigung widersprechen. Eine immissionsschutzrechtliche Genehmigung wirkt insoweit legalisierend.

Nachträgliche Verfügungen, die auf die Abwehr oder Beseitigung genehmigungskonform verursachter Gefahren oder Störungen gerichtet sind, dürfen deshalb weder den Kernbereich des Regelungsgehalts einer immissionsschutzrechtlichen Genehmigung in Frage stellen, noch den Inhaber einer immissionsschutzrechtlichen Genehmigung unverhältnismäßig belasten[117].

Soll ein früherer Betreiber einer immissionsschutzrechtlichen Anlage nach dem Erlöschen seiner Genehmigung als Störer in Anspruch genommen werdenf[118], kommt es für die Legalisierungswirkung darauf an, ob die nunmehr vorgesehene Verfügung während der Wirksamkeit der immissionsschutzrechtlichen Genehmigung in den Kernbereich der Genehmigung eingebrochen wäre. Entsprechendes gilt für die Verhältnismäßigkeitsprüfung.

Die Reichweite der Legalisierungswirkung einer immissionsschutzrechtlichen Genehmigung kann nur im Einzelfall bestimmt werden. Folgende generelle Aussagen sind möglich:

Zur Abwehr oder Beseitigung von Umweltbeeinträchtigungen, die durch einzelne Aspekte der Errichtung und des Betriebs einer Anlage verursacht werden, die in ihrer Umweltrelevanz nicht erkannt oder unterschätzt wurden, kann der Inhaber einer immissionsschutzrechtlichen Genehmigung sowohl nach § 17 BImSchG als auch nach sonstigen speziellen Eingriffsnormen oder den polizei-und ordnungsrechtlichen Generalklauseln als Störer in Anspruch genommen werden. Dies gilt jedoch nur, soweit entsprechende Maßnahmen den genehmigten Betrieb weder vereiteln noch ihn in seinem Wesen verändern.

Wurden Umweltbeeinträchtigungen zugelassen, deren Untersagung den Betrieb der genehmigten Anlage überhaupt in Frage stellen würde, würde eine entsprechende nachträgliche Verfügung den Kernbereich des sachlichen Regelungsgehalts einer im-

---

[117] Vgl. oben E II 2 b) cc).
[118] Vgl. zur Legalisierungswirkung einer durch Verzicht erloschenen Genehmigung oben D III 4.

missionsschutzrechtlichen Genehmigung verletzen. Solange eine immissionsschutzrechtliche Genehmigung hier nicht widerrufen oder zurückgenommen worden ist, ist ihr Inhaber von jeder öffentlich-rechtlichen Haftung befreit.

III. Gewerberechtliche Genehmigungen nach den §§ 16 und 25 Abs. 1 GewO

1. Genehmigungsbedürftige Anlagen

Nach § 16 der Reichsgewerbeordnung vom 30.6.1900[119] (GewO) war "zur Errichtung von Anlagen, welche durch die örtliche Lage oder die Beschaffenheit der Betriebsstätte für die Besitzer oder Bewohner der benachbarten Grundstücke oder für das Publikum überhaupt erhebliche Nachteile, Gefahren oder Belästigungen herbeiführen können", eine gewerberechtliche Genehmigung erforderlich. Ursprünglich enthielt § 16 GewO selbst eine abschließende Aufzählung[120] der genehmigungsbedürftigen Anlagen. Erfaßt wurden etwa Anlagen "zur Feuerwerkerei und zur Bereitung von Zündstoffen aller Art", chemische Fabriken, Anlagen zur Herstellung und Veredelung von Erdöl- und Kohleprodukten, Brennöfen, Anlagen zur Herstellung und Verarbeitung von Metallen, Gerbereien, Tierkörperbeseitigungsanstalten etc.. Mit der Neufassung des § 16 GewO durch das Gesetz zur Änderung der Gewerbeordnung und Ergänzung des Bürgerlichen Gesetzbuches vom 22.12.1959[121] wurde der Katalog der genehmigungsbedürftigen Anlagen in eine Rechtsverordnung[122] übertragen.

2. Gewerbe- und immissionsschutzrechtliche Eingriffsgrundlagen als Schranken einer Legalisierungswirkung

Spezielle gewerberechtliche Normen, die gerade eine Verschärfung oder sonstige Beschränkung des Regelungsgehalts einer gewerberechtlichen Genehmigung bezweck-

---

[119] RGBl. S. 321. Die §§ 16ff. GewO beruhten im wesentlichen auf den entsprechenden Regelungen der §§ 26ff. der Allgemeinen Gewerbeordnung für Preußen vom 17.1.1845 (Gesetz-Sammlung 1845, S. 46) sowie der §§ 16 ff. der Gewerbeordnung für den Norddeutschen Bund vom 21.6.1869 (Bundes-Gesetzblatt S. 245.).
Vgl. zur geschichtlichen Entwicklung des Rechts der genehmigungsbedürftigen Anlagen Feldhaus, § 4 BImSchG Nrn. 2ff.; derselbe, WiVerw 1986, 67 (68ff.); Kutscheidt, in von Landmann/Rohmer, vor § 4 BImSchG Rdnrn. 1ff.; Markou, S. 45ff..

[120] Von Landmann/Rohmer, 11. Auflage, § 16 GewO Nr. 5.

[121] BGBl. I S. 781.

[122] Verordnung über genehmigungsbedürftige Anlagen nach § 16 der Gewerbeordnung vom 4.8.1960, BGBl. I S. 690. Vgl. zu den Änderungen Feldhaus, § 4 BImSchG Nr. 5.

ten[123], gelten seit dem Inkrafttreten des BImSchG am 1.4.1974[124] nicht mehr; insoweit kommt ein Ausschluß einer eventuellen Legalisierungswirkung heute also nicht mehr in Betracht.

Allerdings schränkt nunmehr § 67 Abs. 1 BImSchG den Bereich ein, in dem eine Legalisierungswirkung denkbar ist. Nach dieser Vorschrift gelten Genehmigungen, die gemäß §§ 16 und 25 Abs. 1 GewO erteilten wurden, als Genehmigungen nach dem BImSchG fort. Die Inhaber gewerberechtlicher Genehmigungen erhalten durch § 67 Abs. 1 BImSchG den gleichen Status wie diejenigen, für die von vornherein eine immissionsschutzrechtliche Genehmigung maßgebend ist[125]. Weiterreichende Berechtigungen, die gegebenenfalls durch eine gewerberechtliche Genehmigung begründet wurden, hat der Gesetzgeber jedenfalls mit dem Inkrafttreten des BImSchG entzogen[126]. Auch gegenüber den Betreibern alter Anlagen können die Pflichten des § 5 BImSchG mit nachträglichen Anordnungen nach § 17 BImSchG durchgesetzt werden[127]. Die Ausführungen zur beschränkten Legalisierungswirkung von immissionsschutzrechtlichen Genehmigungen[128] gelten daher für gewerberechtliche Genehmigungen, die von § 67 Abs. 1 BImSchG erfaßt werden, entsprechend.

---

[123] Wie § 25 Abs. 3 GewO, der zum Erlaß von nachträglichen Anordnungen ermächtigte; die Vorschrift wurde durch das Gesetz zur Änderung der Gewerbeordnung und Ergänzung des Bürgerlichen Gesetzbuches vom 22.12.1959, BGBl. I S. 781, eingeführt und trat am 1.6.1960 in Kraft.

[124] BGBl. I S. 721.

[125] BVerwGE 65, 313 (315f.) = BVerwG, DVBl. 1982, 958 (958); VGH Mannheim, VBlBW 1991, 375 (376); Dolde, DVBl. 1986, 873 (879); derselbe, in: Festschrift für Bachof, S. 191 (207); Feldhaus, WiVerw. 1986, 67 (71); Friauf, WiVerw. 1986, 87 (105); derselbe, WiVerw. 1989, 121 (142, 172); Jarass, DVBl. 1986, 314 (318); Kutscheidt, in von Landmann/Rohmer, vor § 4 BImSchG Rdnr. 32; Rid/Hammann, VBlBW. 1988, 7 (9); Sundermann, S. 250.

[126] BVerwG, DVBl. 1982, 958 (958); Dolde, in: Festschrift für Bachof, S. 191 (207); Feldhaus, WiVerw. 1986, 67 (71f.); Friauf, WiVerw. 1986, 87 (105f.); derselbe, WiVerw. 1989, 121 (142); Jarass, DVBl. 1986, 314 (318); Kutscheidt, in von Landmann/Rohmer, vor § 4 BImSchG Rdnrn. 33f.; Sellner, Immissionsschutzrecht, S. 18; Sundermann, S. 251.

[127] Feldhaus, WiVerw. 1986, 67 (72); Friauf, WiVerw. 1989, 121 (142, 172); Jarass, DVBl. 1986, 314 (318); Kutscheidt, in von Landmann/Rohmer, vor § 4 BImSchG Rdnr. 32; Rid/Hammann, VBlBW. 1988, 7 (9); Sellner, Immissionsschutzrecht, S. 18.

[128] Vgl. oben E II 5.

3. Der für eine Legalisierungswirkung verbleibende Bereich

§ 67 Abs. 1 BImSchG betrifft nur gewerberechtliche Genehmigungen für Anlagen, die nach dem Inkrafttreten des BImSchG am 1.4.1974 weiter betrieben worden sind[129]. Die eventuelle Legalisierungswirkung gewerberechtlicher Genehmigungen für Anlagen, die bereits vorher stillgelegt worden sind, schränkt die Vorschrift nicht ein. Sie scheitert auch nicht an dem Verzicht, der von den Inhabern dieser Genehmigungen bei der Stillegung der Anlagen, für die sie erteilt worden sind, erklärt worden ist[130]. Maßgebend ist vielmehr die Bindungswirkung, die durch diese Genehmigungen bis zur Stillegung der Anlagen, für die sie erteilt worden sind, begründet worden ist.

4. Bindungswirkung einer gewerberechtlichen Genehmigung

Die Bindungswirkung einer gewerberechtlichen Genehmigung ist objektiv und subjektiv begrenzt[131].

a) Objektive Grenze der Bindungswirkung

Die objektive Grenze der Bindungswirkung einer gewerberechtlichen Genehmigung wird durch ihren sachlichen Regelungsgehalt bestimmt.

Eine gewerberechtliche Genehmigung enthielt einen verfügenden Regelungsteil, der das Errichtungsverbot des § 16 GewO aufhob. Nach dem Wortlaut der Vorschrift bestand für den Betrieb der erfaßten Anlagen keine Genehmigungspflicht. Dennoch war die Regelung einer gewerberechtlichen Genehmigung nicht nur errichtungs-, sondern auch betriebsbezogen[132]. Denn erhebliche Gefahren, Nachteile oder Belästigungen für

---

[129] BVerwG, UPR 1989, 25 (26).
Bis zu seiner 3. Novelle (BGBl. I 1990, 870) stellte das BImSchG nur Anforderungen an die Errichtung und den Betrieb von Anlagen. Nicht mehr betriebene Anlagen wurden demgegenüber nicht erfaßt (VGH Mannheim, DÖV 1990, 345; Fluck, BB 1991, 1797 (1797); Schlabach, UPR 1990, 250 (250)).
Zwar sehen nunmehr die §§ 5 Abs. 3 und 17 Abs. 4a BImSchG vor, daß ein Betreiber auch nach der Betriebseinstellung noch Nachsorgepflichten zu erfüllen hat. Da diesen Vorschriften jedoch keine Rückwirkung zukommt, gelten sie für bereits stillgelegte Anlagen nicht (Vallendar, UPR 1991, 91 (95)).

[130] Vgl. hierzu D. III. 4. Der Verzicht wirkt nur ex nunc; er erstreckt sich nicht auf die begünstigenden Wirkung, die eine Genehmigung gegebenenfalls während der Errichtung und des Betriebs einer Anlage vermittelte.

[131] Vgl. hierzu den Anfang des Kapitel E.

[132] Von Landmann, Gewerbeordnung, 1. Band, 6. Auflage, S. 190f..

das "Publikum", die nach § 18 GewO zu vermeiden waren, waren im wesentlichen nur vom Betrieb einer Anlage zu erwarten. Darüber hinaus sah § 25 Abs. 1 Satz 2 GewO vor, daß "bei wesentlichen Veränderungen in dem Betrieb einer der unter § 16 (GewO) fallenden Anlagen" eine Änderungsgenehmigung erforderlich war. Die Pflichten, die der Betreiber beim Betrieb einer Anlage zu erfüllen hatte, ergaben sich aus den "Bedingungen"[133], mit denen eine gewerberechtliche Genehmigung nach § 18 Satz 2 GewO zu versehen war.

Die Ausführungen zur Reichweite des sachlichen Regelungsgehalts immissionsschutzrechtlicher Genehmigungen[134] gelten für gewerberechtliche entsprechend. Auch bei gewerberechtlichen Genehmigungen blieb alles verboten, was nicht ausdrücklich zugelassen wurde. Denn § 25 Abs. 1 GewO verlangte ebenso wie § 15 BImSchG für die "Veränderung der Betriebsstätte" und "bei wesentlichen Veränderungen in dem Betrieb" einer Anlage eine Änderungsgenehmigung.

Als Anlagengenehmigung wies eine gewerberechtliche Genehmigung neben einem verfügenden Regelungsteil einen feststellenden Regelungsteil auf, der die errichtete Anlage über den verfügenden Regelungsteil hinausgehend gegen die unmittelbare Durchsetzung der materiellrechtlichen Anforderungen schützte, die das Fachrecht stellte[135].

---

[133] Der Begriff der "Bedingungen" wurde von der GewO nicht im Sinne des VwVfG verwandt. Nach Markou, S. 47, Fußnote 13 m.w.N., waren nach heutiger Terminologie Auflagen gemeint.
[134] Vgl. oben E II 4 a).
[135] Vgl. oben D I 2 c) cc) (2) (b).

aa) Konzentrationswirkung einer gewerberechtlichen Genehmigung

Die Konzentrationswirkung einer gewerberechtlichen Genehmigung wurde aus § 18 Satz 2 GewO[136] hergeleitet[137]. Bis zum Inkrafttreten des WHG am 1.3.1960[138] ging man davon aus, daß auch die Zulassung für die Benutzung eines Gewässers vom sachlichen Regelungsgehalt einer gewerberechtlichen Genehmigung miteingeschlossen wurde[139].

§ 18 Satz 2 GewO modifizierte das für die konzentrierten Genehmigungen maßgebende materielle Zulassungsrecht nicht[140]. Die Bindungswirkung einer gewerberechtlichen Genehmigung, die auf den Regelungsteilen beruht, die den konzentrierten Genehmigungen entsprechen, weist daher keine spezifisch gewerberechtlichen Besonderheiten auf. Im folgenden wird daher nur die Bindungswirkung des spezifisch gewerberechtlichen Regelungsteils untersucht[141].

---

[136] PrOVG, PrVBl. 21 (1900), 268f.; PrOVGE 37, 309 (312); von Landmann, Gewerbeordnung, 1. Band, 6. Auflage, S. 189f..
Nach § 18 Satz 2 GewO hatte die Genehmigungsbehörde in ihre Prüfung auch die "bestehenden bau-, feuer- und gesundheitspolizeilichen Vorschriften" mit einzubeziehen und die Genehmigung gegebenenfalls "unter Festsetzung der sich als nötig ergebenden Bedingungen zu erteilen".

[137] Fluck, NVwZ 1992, 114 (115), bezweifelt, daß § 18 Satz 2 GewO eine tragfähige Grundlage für eine Konzentrationswirkung darstellte. Er setzt die Regelung des § 18 Satz 2 GewO mit der des § 6 Nr. 2 BImSchG gleich und meint offenbar, daß allein aus den umfassend formulierten Genehmigungsvoraussetzungen keine Konzentrationswirkung hergeleitet werden könne.
Im Gegensatz zu § 6 Nr. 2 BImSchG gab § 18 Satz 2 GewO den Genehmigungsbehörden jedoch nicht nur einen umfassenden Prüfungsmaßstab vor, sondern ermächtigte sie auch hinsichtlich der nicht spezifisch gewerberechtlichen Genehmigungsvoraussetzungen zur "Festsetzung der sich als nötig ergebenden Bedingungen", also zu nicht spezifisch gewerberechtlichen Regelungen. Letzteres spricht für die umfassende Konzentrationswirkung einer gewerberechtlichen Genehmigung, die allgemein anerkannt wurde.

[138] Geregelt durch das 1. Änderungsgesetz vom 19.2.1959, BGBl. I S. 37.

[139] Von Landmann, Gewerbeordnung, 1. Band, 6. Auflage, S. 156 und 189f.; Von Landmann/Rohmer, 12. Auflage, § 18 GewO Rdnr. 15 und § 23 GewO Rdnr. 5; Roesler, S. 167ff..
Nach der Terminologie des WHG handelt es sich um alte Rechte und Befugnisse im Sinne des § 15 Abs. 1 Nr. 3 WHG, vgl. Fluck, VerwArch 1988, 406 (433); Gieseke/Wiedemann/Czychowski, § 15 WHG Rdnr. 6.
§ 13 BImSchG schließt eine entsprechende Konzentrationswirkung für eine heutige immissionsschutzrechtliche Genehmigung ausdrücklich aus.

[140] Vgl. Roesler, S. 141f..

[141] Vgl. zur entsprechenden Rechtslage nach § 13 BImSchG oben E II 4 a) aa).

bb) Spezifisch gewerberechtlicher Regelungsgehalt einer Genehmigung nach § 16 Abs. 1 GewO

Den spezifisch gewerberechtlichen Regelungsgehalt einer Genehmigung nach § 16 Abs. 1 GewO bildeten diejenigen "Bedingungen" i.S.v. § 18 Satz 2 GewO, die dem Anlagenbetreiber zum Schutz der "Besitzer oder Bewohner der benachbarten Grundstücke" oder des "Publikums überhaupt" vor erheblichen Nachteilen, Gefahren oder Belästigungen aufgegeben wurden. Es ging insoweit allein um die Abwehr physischer Einwirkungen, die von der Anlage auf ihre Umgebung, etwa in Form von üblen Gerüchen, Dämpfen, Rauch etc., ausgingen[142].

b) Subjektive Grenze der Bindungswirkung

Eine gewerberechtliche Genehmigung verschaffte ihrem Inhaber eine wesentlich stärkere Rechtsposition als eine heutige immissionsschutzrechtliche Genehmigung. Die Bindungswirkung, die dem sachlichen Regelungsgehalt einer gewerberechtlichen Genehmigung zukam, ging daher, soweit sie neben dem Inhaber einer gewerberechtlichen Genehmigung und dessen Rechtsnachfolgern[143] die Behörden betraf, über die heutiger Zulassungsentscheidungen hinaus.

---

[142] Von Landmann/Rohmer, 11. Auflage, § 18 GewO Nr. 3; Schink, DVBl. 1986, 161 (167).
Die Ausführungen von Fluck, VerwArch 1988, 406 (436f.), der unter Berufung auf die preußischen Technischen Anleitungen vom 14. 4. 1875 (MBliV, S. 105) und vom 15. 5. 1895 (MBliV, S. 196) darlegt, daß die Zulassungsbehörden auch die Beseitigung von Abfällen und Abwässern zu prüfen und zu regeln hatten, stehen dem nicht entgegen. Entsprechende Regelungen gehörten nicht zum spezifisch gewerberechtlichen Regelungsgehalt einer gewerberechtlichen Genehmigung, sondern waren lediglich aufgrund ihrer Konzentrationswirkung erforderlich. Es handelt sich um Fragen, die nach wasser-und (nach heutigen Kategorien) nach abfallrechtlichen Maßstäben zu beurteilen waren. Hinsichtlich der Legalisierungswirkung dieser Regelungen wird, soweit wasserrechtliche Zulassungsentscheidungen konzentriert wurden, auf die oben Ausführungen zur Erlaubnis und Bewilligung verwiesen (vgl. oben E I 5); sie sind auf alte Rechte und Befugnisse im Sinne von § 15 Abs. 1 Nr. 3 WHG zu übertragen. Nach § 5 Abs. 2 WHG gilt der Vorbehalt, den § 5 Abs. 1 WHG für eine Erlaubnis und eine Bewilligung normiert, für alte Rechte und Befugnisse im Sinne der §§ 15 ff. WHG entsprechend. Mit der Einführung des § 5 Abs. 2 WHG wurde die ursprünglich weitergehende Rechtsstellung, die alte Rechte und Befugnisse vermittelten, durch Gesetz entzogen (Breuer, Wasserrecht, Rdnr. 425; Gieseke/Wiedemann/Czychowski, § 5 WHG Rdnr. 8a.).
Soweit darüber hinaus für die Beseitigung von Abfällen ohne die Konzentrationswirkung einer gewerberechtlichen Genehmigung weitere Genehmigungen erforderlich gewesen wären, gelten für die Legalisierungswirkung solcher Regelungen die Ausführungen zu Zulassungsentscheidungen, die vor dem Inkrafttreten des AbfG für Abfallentsorgungsanlagen erteilt wurden, entsprechend (vgl. unten E V 7).
[143] § 25 Abs. 1 Satz 1 GewO sah den Übergang einer gewerberechtlichen Genehmigung auf den Erwerber einer Anlage ausdrücklich vor.

aa) Die durch eine gewerberechtliche Genehmigung vermittelte Rechtsposition

Nach den §§ 16 ff. GewO hatte der Inhaber einer Errichtungsgenehmigung nach § 16 GewO oder einer Änderungsgenehmigung nach § 25 Abs. 1 GewO weder von sich aus - ohne behördliche Anordnung - gesetzliche Grundpflichten zu erfüllen[144], noch mit nachträglichen behördlichen Anordnungen zu rechnen[145]. Der Gesetzgeber wollte dem Betreiber einer Anlage nach Abschluß des Genehmigungsverfahrens Investitionssicherheit verschaffen[146]. Die Pflichten, die beim Betrieb der Anlage zu erfüllen waren, um die Allgemeinheit und Nachbarschaft vor erheblichen Nachteilen, Gefahren oder Belästigungen zu schützen, ergaben sich dementsprechend grundsätzlich abschließend[147] aus den "Bedingungen", die nach § 18 Satz 2 GewO beim Erlaß der Genehmigung festzusetzen waren. Anforderungen, die nicht in den "Bedingungen" der Genehmigung vorbehalten waren, konnten nach den §§ 120a bis 120d GewO nur zum Arbeitsschutz getroffen werden[148]. Für sonstige nachträgliche Anforderungen gab es keine Ermächtigungsgrundlage.

Nach § 51 Abs. 1 Satz 1 GewO konnte lediglich "wegen überwiegender Nachteile und Gefahren für das Gemeinwohl ... die fernere Benutzung einer jeden gewerblichen Anlage durch die höhere Verwaltungsbehörde zu jeder Zeit untersagt[149] werden". Da dem Betreiber in diesem Fall jedoch nach § 51 Abs. 1 Satz 2 GewO "für den erweislichen Schaden Ersatz geleistet werden" mußte, wurde von dieser Möglichkeit praktisch kein Gebrauch gemacht[150].

Sonstige Anordnungen hatte der Inhaber einer gewerberechtlichen Genehmigung zunächst nicht zu befürchten. Die polizeirechtlichen Generalklauseln ermächtigten die Behörden nach der herrschenden Meinung nicht zu Verfügungen, die sich gegen den

---

[144] Solche Pflichten begründet heute § 5 BImSchG.

[145] Feldhaus, WiVerw 1986, 67 (68); Markou, S. 53.

[146] Vgl. die Stenographischen Berichte über die Verhandlungen des Reichstages des Norddeutschen Bundes, I. Legislaturperiode, Session 1869, Dritter Band, Aktenstück Nr. 13, S. 115, abgedruckt bei Feldhaus, § 4 BImSchG Nr. 4.

[147] Vgl. Dolde, in: Festschrift für Bachof, S. 191 (204); derselbe, NVwZ 1986, 873 (874); Feldhaus, WiVerw 1986, 67 (68f.); Jarass, DVBl. 1986, 314 (315); Kutscheidt, in von Landmann/Rohmer, vor § 4 BImSchG Rdnr. 4; Markou, S. 47 und 53.

[148] Feldhaus, WiVerw 1986, 67 (68f.); Kutscheidt, in von Landmann/Rohmer, vor § 4 BImSchG Rdnr. 4; Markou, S. 47.

[149] Mit der in § 51 Abs. 1 Satz 1 GewO vorgesehenen Rechtsfolge war keine kurzfristige, vorübergehende Betriebsuntersagung, sondern - nach heutiger Terminologie - eine dauerhafte Stillegung der Anlage gemeint, vgl. PrOVGE 10, 270; von Landmann/Rohmer, 11. Auflage, § 51 GewO Nr. 2 m).

[150] Markou, S. 53.

Betrieb einer Anlage oder dessen Folgen richteten[151]. Die Rechtsprechung[152] war der Auffassung, daß der Zweck des Genehmigungsverfahrens und die erhöhte Eingriffs- schwelle des § 51 Abs. 1 GewO ein Vorgehen nach allgemeinem Polizei- und Ord- nungsrecht ausschließe.

Erst mit mit dem Inkrafttreten des Absatz 3 des § 25 GewO[153] am 1.6.1960 erhielten die Behörden die Befugnis zum Erlaß von nachträglichen Anordnungen. Zum Schutz der Nachbarn und der Allgemeinheit konnten nunmehr "nachträgliche Anordnungen über Anforderungen an die technische Einrichtung und den Betrieb der Anlage" getrof- fen werden. Ein entsprechender Vorbehalt in einer gewerberechtlichen Genehmigung war nicht mehr erforderlich[154].

bb) Folgen für die Bindung der Behörden

(1) Bindung der Behörden vor dem Inkrafttreten des § 25 Abs. 3 GewO

Weil die Anforderungen, die sich aus dem sachlichen Regelungsgehalt einer gewerbe- rechtlichen Genehmigung ergaben, bis zur Einführung des § 25 Abs. 3 GewO nicht nachträglich verschärft werden konnten, wurden die Behörden bis zum Inkrafttreten der Vorschrift durch die "Bedingungen" einer gewerberechtlichen Genehmigung um- fassend gebunden.
§ 51 Abs. 1 Satz 1 GewO steht dieser Bindung nicht entgegen. Nach dieser Vorschrift konnte zwar die Nutzung einer genehmigten Anlage "zu jeder Zeit" untersagt werden. Wegen der in diesem Fall zu leistenden finanziellen Entschädigung wurde der Inhaber einer gewerberechtlichen Genehmigung insoweit jedoch nur als "Notstandspflichtiger" in Anspruch genommen.

(2) Bindung der Behörden nach dem Inkrafttreten des § 25 Abs. 3 GewO

Mit der Einführung des § 25 Abs. 3 GewO hat der Gesetzgeber die Bindung der Be- hörden reduziert. Denn die "Anforderungen an die technische Einrichtung und den Be-

---

[151] Markou, S. 48.
[152] RGZ 19, 353 (356f.); PrOVGE 5, 286 (289); 10, 260 (263); 54, 376 (378ff.).
[153] Eingefügt durch das Gesetz zur Änderung der Gewerbeordnung und Ergänzung des Bürgerlichen Gesetzbuches vom 22.12.1959, BGBl. I S. 781.
[154] Vgl. hierzu Feldhaus, § 4 BImSchG Nr. 5; derselbe, WiVerw 1986, 67 (69f.); Kutscheidt, in von Landmann/Rohmer, vor § 4 BImSchG Rdnrn. 4 und 35; Markou, S. 49ff..

trieb der Anlage", die nach § 25 Abs. 3 GewO nachträglich angeordnet werden konnten, trafen auf den sachlichen Regelungsgehalt einer gewerberechtlichen Genehmigung, der bereits entsprechende Anforderungen stellte. Die Behörden erhielten somit die Befugnis, den sachlichen Regelungsgehalt einer gewerberechtlichen Genehmigung unmittelbar - ohne vorherige Aufhebung durch Rücknahme oder Widerruf - zu modifizieren.

Der Umfang, in dem die Bindung der Behörden an den sachlichen Regelungsgehalt einer gewerberechtlichen Genehmigung eingeschränkt wurde, ergibt sich aus dem Anwendungsbereich des § 25 Abs. 3 GewO:

Den äußersten Rahmen für den Erlaß einer nachträglichen Anordnung bildete jedenfalls der Anwendungsbereich des § 51 Abs. 1 GewO. Wegen der qualifizierten Eingriffsvoraussetzungen, die § 51 Abs. 1 Satz 1 GewO vorsah, und wegen der Pflicht zur Entschädigung, die § 51 Abs. 1 Satz 2 GewO im Gegensatz zu § 25 Abs. 3 GewO begründete, durfte eine nachträgliche Anordnung nicht faktisch zu einer Betriebsuntersagung führen. Ein solcher "Einbruch" in den sachlichen Regelungsgehalt einer gewerberechtlichen Genehmigung war nur im Rahmen des § 51 Abs. 1 GewO zulässig. In diesem Fall wurde die Bindung der Behörden durch die Entschädigungspflicht überwunden; der Genehmigungsinhaber konnte lediglich als "Notstandspflichtiger" in Anspruch genommen werden.

Aus der begrenzten Rechtsfolge des § 25 Abs. 3 GewO - die Behörden wurden nur zum Erlaß von nachträglichen Anforderungen an "die technischen Einrichtungen und den Betrieb der Anlage", nicht aber zur Anordnung von Maßnahmen zur Beseitigung bereits eingetretener Störungen ermächtigt[155] - kann dagegen keine besondere Bindung hergeleitet werden. Die Beschränkung auf "präventiv" wirkende, lediglich künftigen Umweltbeeinträchtigungen vorbeugende Anordnungen ändert nichts daran, daß der von solchen Anordnungen betroffene sachliche Regelungsgehalt einer gewerberechtlichen Genehmigung seit dem Inkrafttreten des § 25 Abs. 3 GewO zur Disposition der Behörden steht.

Nachträgliche Anordnungen mußten gemäß § 25 Abs. 3 Satz 3 GewO allerdings "nach dem jeweiligen Stand der Technik erfüllbar" und "für Anlagen dieser Art wirtschaftlich vertretbar sein".

---

[155] In besonderen Fällen konnte eine Anordnung allerdings sowohl präventiven als auch repressiven Charakter haben; denkbar ist dies etwa, wenn angeordnet wurde, gefährliche Stoffe künftig nicht mehr auf dem Betriebsgelände zu lagern, vgl. Roesler, S. 96.

113

Die Erfüllbarkeit nachträglicher Anordnungen "nach dem jeweiligen Stand der Technik" betraf allein "die technischen Einrichtungen und den Betrieb der Anlage". Für nachträglich anzuordnende Maßnahmen, welche Gefahren abwehren oder bereits eingetretene Störungen beseitigen sollen, ergibt sich aus diesem Kriterium dagegen kein Maßstab. Im Rahmen der Untersuchung der Legalisierungswirkung gewerberechtlicher Genehmigungen wird es daher nicht relevant.

Eine generelle Eingriffsvoraussetzung begründete das Erfordernis der wirtschaftlichen Vertretbarkeit. Um Wirtschaft und Arbeitsmarkt zu schonen, sollte nach dem Willen des Gesetzgebers[156] die nachträgliche Belastung des Betreibers einer gewerberechtlich genehmigungsbedürftigen Anlage stärker als durch den allgemeinen Verhältnismäßigkeitsgrundsatz begrenzt werden. Anordnungen mußten deshalb "für Anlagen dieser Art wirtschaftlich vertretbar sein". Maßgebend waren nicht die Verhältnisse des konkret betroffenen Betriebs, sondern die eines Durchschnittsbetriebs der jeweiligen Betriebsart[157]. Welche Kriterien bei der Beurteilung der wirtschaftlichen Vertretbarkeit zu berücksichtigen waren, war umstritten[158]. Der Streit betraf im wesentlichen die Frage, ob dem Anlagenbetreiber langfristig ein angemessener Unternehmensgewinn verbleiben mußte[159] oder ob er langfristig vor der Stillegung der Anlage zu schützen war[160]. Bei der Anordnung von nachträglichen Anordnungen konnte es nur auf das letztgenannte Kriterium ankommen. Denn nachträgliche Anordnungen sind nicht unternehmens-, sondern anlagenbezogen. Darüber hinaus hängt der Unternehmensgewinn in einer Marktwirtschaft neben öffentlich-rechtlich vorgegebenen Rahmenbedingungen vor allem von den Marktbedingungen für die hergestellten Produkte ab.
Dementsprechend wurde die Bindung der Behörden an den sachlichen Regelungsgehalt einer gewerberechtlichen Genehmigung nur für Anordnungen reduziert, die nicht langfristig eine Stillegung der Anlage zur Folge hatten.

---

[156] Vgl. die Verhandlungen des Deutschen Bundestages während der 3. Wahlperiode, Niederschrift über die 89. Sitzung, S. 4854, abgedruckt bei von Landmann/Rohmer, 12. Auflage, 7. Lieferung, § 25 GewO Rdnr. 33.
[157] Von Landmann/Rohmer, 12. Auflage, 7. Lieferung, § 25 GewO Rdnr. 33.
[158] Vgl. zum Streitstand die Ausführungen von Sellner, Immissionsschutzrecht, Rdnrn. 442f., die das entsprechende Auslegungsproblem bei der ursprünglichen Fassung des § 17 Abs. 2 BImSchG betreffen.
[159] So beispielsweise zum entsprechenden Auslegungsproblem bei der ursprünglichen Fassung des § 17 Abs. 2 BImSchG Hoppe, S. 86.
[160] So beispielsweise zum entsprechenden Auslegungsproblem bei der ursprünglichen Fassung des § 17 Abs. 2 BImSchG Kutscheidt, in Salzwedel, S. 237 (281), und Jarass, BImSchG- Kommentar, 1. Auflage, § 17 BImSchG Rdnr. 24.

5. Folgerungen für die Legalisierungswirkung einer gewerberechtlichen Genehmigung

Wegen der Änderung, die mit dem Inkrafttreten des § 25 Abs. 3 GewO für die Bindungswirkung gewerberechtlicher Genehmigungen eintrat, kommt es für die Legalisierungswirkung gewerberechtlicher Genehmigungen darauf an, zu welchem Zeitpunkt eine Anlage stillgelegt worden ist:

Gewerberechtlichen Genehmigungen für Anlagen, die bereits vor dem Inkrafttreten des § 25 Abs. 3 GewO am 1.6.1960 stillgelegt wurden, kommt hinsichtlich ihres spezifisch gewerberechtlichen Regelungsgehalts eine umfassende Legalisierungswirkung zu. Der Inhaber einer solchen Genehmigung kann deshalb für Umweltbeeinträchtigungen, die auf der genehmigungskonformen Errichtung oder dem genehmigungskonformen Betrieb der Anlage beruhen, heute nicht mehr nach speziellen Eingriffsnormen oder den polizei- und ordnungsrechtlichen Generalklauseln als Störer in Anspruch genommen werden.

Dagegen ist die Legalisierungswirkung gewerberechtlicher Genehmigungen für Anlagen, die nach dem Inkrafttreten des § 25 Abs. 3 GewO am 1.6.1960 zugelassen oder weiter betrieben wurden, beschränkt. Hier kommt es darauf an, ob eine jetzige Verfügung, welche die Abwehr von Gefahren oder die Beseitigung von Störungen bezweckt, während des Betriebs der Anlage langfristig ihre Stillegung zur Folge gehabt hätte. Nur solchen Verfügungen steht die Legalisierungswirkung dieser Genehmigungen entgegen.

IV. Baugenehmigungen

1. Genehmigungsbedürftige Vorhaben

Die Landesbauordnungen verlangen für die Errichtung, die Änderung, die Nutzungs-
änderung und den Abbruch baulicher Anlagen[161] grundsätzlich[162] eine Genehmigung[163].

2. Umweltrelevanter sachlicher Regelungsgehalt einer Baugenehmigung

Während bei den übrigen hier untersuchten behördlichen Genehmigungen und Zulassungsentscheidungen die Umweltrelevanz ihres sachlichen Regelungsgehalts auf der
Hand liegt, ist dies bei Baugenehmigungen nicht der Fall. Soweit ersichtlich, haben die
Gerichte eine Legalisierungswirkung von Baugenehmigungen bisher nicht anerkannt,
weil sie davon ausgingen, daß das Verhalten, welches in den zu entscheidenden Fällen
die Umwelt beeinträchtigte, nicht Regelungsgegenstand einer Baugenehmigung gewesen sei[164].

Sachlich betrifft eine Baugenehmigung in erster Linie die bauplanungs- und bauordnungsrechtliche Zulässigkeit eines Vorhabens. Diese Zulassungsaspekte sind für die
Entstehung beziehungsweise Legalisierung einer Altlast oder sonstiger nachteiliger
Umwelteinwirkungen irrelevant. Es stellt sich daher die Frage, ob eine Baugenehmigung darüber hinaus auch zu den Auswirkungen, welche die Errichtung und Nutzung
einer baulichen Anlage auf Boden, Wasser und Luft zur Folge haben, eine Regelung
trifft.

Wegen der begrenzten sachlichen Zuständigkeit der Baugenehmigungsbehörden sind
umweltbezogene Regelungen durch sie nur eingeschränkt zulässig. Sachverhalte, die
durch wasser-, immissionsschutz-, gewerbe-, abfall- oder bergrechtliche Zulassungs-

---

[161] Bauliche Anlagen sind mit dem Erdboden verbundene, aus Baustoffen und Bauteilen hergestellte
Anlagen (vgl. z.B. § 2 Abs. 1 Satz 1 BauO NW). Anlagen, die diesen Anforderungen nicht entsprechen, wie z.B. Aufschüttungen und Abgrabungen, Lager-, Abstell- und Ausstellungsplätze, Cam-
ping- und Wochenendplätze, Sport- und Spielplätze oder Stellplätze für Kraftfahrzeuge, werden als
bauliche Anlagen fingiert (vgl. z.B. § 2 Abs. 1 Satz 3 BauO NW und Ortloff, Bauordnungsrecht,
S. 9).
[162] Unbedeutende Vorhaben sind genehmigungsfrei, vgl. beispielsweise § 62 BauO NW.
[163] Vgl. z.B. § 60 Abs. 1 BauO NW.
[164] VGH Mannheim, VersR 1987, 218 (219); NVwZ-RR 1991, 540 (541); ZfW 1992, 355 (359); vgl.
auch BVerwG, NJW 1971, 1475 (1477f.); BGH, DVBl. 1968, 23 (24f.).

entscheidungen zu regeln sind, können nicht Gegenstand einer Baugenehmigung sein[165]. Soweit über die Zulässigkeit eines Vorhabens - insgesamt oder hinsichtlich bestimmter Auswirkungen - von anderen Fachbehörden durch spezielle Genehmigungen zu entscheiden ist, sind die Baugenehmigungsbehörden sachlich nicht zuständig[166].

Bestehen keine speziellen Genehmigungsverfahren, haben die Baugenehmigungsbehörden - quasi als Annex zu ihrer umfassenden Prüfungskompetenz[167] - in der Regel[168] über die Zulässigkeit von Umweltauswirkungen, die durch die Errichtung und Nutzung einer baulichen Anlage hervorgerufen werden, zu entscheiden. Spezielle Genehmigungsverfahren, die - einzeln oder in ihrer Summe - auf eine umfassende Regelung der Umweltauswirkungen einer baulichen Anlage gerichtet sind, fehlen beziehungsweise fehlten etwa für die folgenden Vorhaben:

- Abfallentsorgungsanlagen vor dem Inkrafttreten des AbfG. Sofern diese Anlagen überhaupt baurechtlich genehmigungsbedürftig waren[169], war neben einer Baugenehmigung regelmäßig nur eine wasserrechtliche Erlaubnis[170] erforderlich. Bestimmte Abfallentsorgungsanlagen bedurften nach den §§ 16ff. GewO ferner einer gewerberechtlichen Genehmigung[171].

- Immissionsschutzrechtlich genehmigungsbedürftige Anlagen, die bis zum Inkrafttreten der 4. BImSchV bloß aufgrund einer Baugenehmigung errichtet und betrieben werden konnten[172].

---

[165] Vgl. zur Tendenz der Gesetzgebung, die Regelungsgegenstände des Bauordnungsrechts durch den Erlaß spezieller Vorschriften zum Immissionsschutz-, Naturschutz-, Wasser- und Abfallrecht zu reduzieren, Scharmer/Hinzen/ Kranefeld, S. 53ff. und 75.

[166] Vgl. BVerwGE 74, 315 (324); 80, 259 (261); 82, 61 (69); BVerwG, NVwZ 1992, 569 (569); VGH Mannheim, ZfW 1992, 355 (359); OVG Münster, BauR 1992, 610 (612).
In der BauO NW findet sich hierzu eine ausdrückliche Regelung: Nach § 58 Abs. 1 Satz 3 BauO NW bleiben "die gesetzlich geregelten Zuständigkeiten und Befugnisse anderer Behörden ... unberührt"; nach § 70 Abs. 3 Satz 2 BauO NW "läßt (eine Baugenehmigung) auf Grund anderer Vorschriften bestehende Verpflichtungen zum Einholen von Genehmigungen, Bewilligungen, Erlaubnissen und Zustimmungen oder zum Erstatten von Anzeigen unberührt".

[167] Vgl. oben D I 2 c) cc).

[168] Betreffen die Umweltauswirkungen eines Vorhabens schwerpunktmäßig einen anderen, speziell geregelten Rechtsbereich, sind nach Auffassung des BVerwG (BVerwGE 74, 315 (324f.)) nicht die Baugenehmigungsbehörden, sondern - wegen ihrer größeren "Sachnähe" - die Behörden zuständig, die dieses Rechtsgebiet vollziehen.

[169] Vgl. Schwermer, in Kunig/Schwermer/Versteyl, § 9 AbfG Rdnr. 8.

[170] VGH Kassel, NVwZ 1986, 662; OVG Münster, ZfW 1983, 124; OVG Koblenz UPR 1989, 315; Schwermer, in Kunig/Schwermer/Versteyl, § 9 AbfG Rdnr. 8.

[171] Vgl. Schwermer, in Kunig/Schwermer/Versteyl, § 9 AbfG Rdnr. 8.

[172] Z.B. Steinbrüche, vgl. BVerwG, UPR 1989, 25 (26).
Soweit diese Anlagen nach dem Inkrafttreten der 4. BImSchV weiter betrieben wurden, unterwirft § 67 Abs. 2 BImSchG sie den für genehmigungsbedürftige Anlagen maßgebenden Vorschriften (BVerwG, UPR 1989, 25 (26)); in diesem Fall gelten die obigen Ausführungen zur begrenzten Legalisierungswirkung immissionsschutzrechtlicher Genehmigungen entsprechend.

- Immissionsschutzrechtlich nicht genehmigungsbedürftige Anlagen. Für Anlagen im Sinne der §§ 22ff. BImSchG gibt es kein spezielles Genehmigungsverfahren, in dem über die Zulässigkeit der von ihren verursachten Immissionen entschieden wird. Soweit sie einer Baugenehmigung bedürfen, sind in der Regel[173] in dieser die Maßnahmen anzuordnen, die zur Erfüllung der gesetzlichen Anforderungen, die insbesondere § 22 BImSchG begründet, erforderlich sind[174]. Die Umweltverträglichkeit dieser Vorhaben ist beziehungsweise war durch eine entsprechende Ausgestaltung der Regelung oder die Beifügung von Nebenbestimmungen sicherzustellen[175].

3. Keine Legalisierungswirkung im Anwendungsbereich genehmigungsbezogener Eingriffsgrundlagen

Im Anwendungsbereich spezieller Normen, die gerade die Verschärfung des Regelungsgehalts einer Baugenehmigung vorsehen, ist eine Legalisierungswirkung nicht denkbar[176].

Solche Normen sind § 24 Satz 1 BImSchG[177] und die bauordnungsrechtlichen Generalklauseln, die in Verbindung mit speziellen Eingriffsnormen der Landesbauordnungen beziehungsweise in Verbindung mit den polizei- und ordnungsrechtlichen Generalklauseln die Behörden zum Erlaß von nachträglichen Anforderungen ermächtigen.

Soweit der Betrieb von Abfallentsorgungsanlagen, die durch eine Baugenehmigung zugelassen worden sind, nach dem Inkrafttreten des AbfG am 11.6.1972 fortgesetzt wurde, schränken darüber hinaus § 9 AbfG und § 10 Abs. 2 AbfG den für eine Legalisierungswirkung in Betracht kommenden Bereich ein. Hierauf wird bei der Untersuchung der Legalisierungswirkung von Zulassungsentscheidungen für Abfallentsorgungsanlagen eingegangen[178].

---

[173] Ist dagegen für ein bergbauliches Vorhaben neben einer Baugenehmigung ein bergrechtlicher Betriebsplan erforderlich, sind nach Auffassung des BVerwG (BVerwGE 74, 315 (324f.)) wegen der größeren Sachnähe der Bergbehörden die zur Erfüllung des § 22 Abs. 1 BImSchG erforderlichen Anforderungen im Betriebsplan anzuordnen.

[174] VGH Kassel, UPR 1986, 354 (355); Feldhaus, § 22 BImSchG Nr. 10; Rademacher, S. 135; Kutscheidt, NVwZ 1983, 65 (71); Scharmer/Hinzen/Kranefeld, S. 75 und 107ff.; Schmatz/Nöthlichs, § 22 BImSchG Nr. 4; Seiler, S. 103; Sellner/Löwer, WiVerw 1980, 221 (240).

[175] VGH Mannheim, ZfW 1992, 441 (442).

[176] Vgl. oben B II.

[177] Sendler, WiVerw 1993, 235 (274), spricht insoweit von einer Einschränkung des "Bestandsschutzes".

[178] Vgl. unten E V 7.

a) Anordnungen nach § 24 Satz 1 BImSchG

Mit Anordnungen nach § 24 Satz 1 BImSchG werden die Anforderungen, die eine Baugenehmigung an Errichtung und Betrieb einer immissionsschutzrechtlich nicht genehmigungsbedürftigen Anlage stellt, verschärft oder neue hinzugefügt[179]. Soweit der Anwendungsbereich des § 24 Satz 1 BImSchG reicht, kommt eine Legalisierungswirkung einer Baugenehmigung somit nicht in Betracht. Dieser Bereich wird im folgenden bestimmt:

aa) Gegenstand der Anordnungen

Verfügungen nach § 24 BImSchG dienen der Durchsetzung der Pflichten, die sich für den Betreiber einer immissionsschutzrechtlich nicht genehmigungsbedürftigen Anlage aus § 22 BImSchG und aus Rechtsverordnungen, die aufgrund des BImSchG erlassen wurden, für die Errichtung und den Betrieb der Anlagen ergeben[180]. Wegen der Errichtungs- und Betriebsbezogenheit der durchzusetzenden Pflichten sind nur "präventive" Anordnungen -etwa zum weiteren Herabsetzen von künftigen Emissionen und Immissionen durch zusätzliche technische Einrichtungen - zulässig[181]. Maßnahmen zur Beseitigung bereits eingetretener Störungen können dagegen nicht angeordnet werden; in diesen Fällen sind sonstige spezielle Eingriffsgrundlagen oder die polizei- und ordnungsrechtlichen Generalklauseln anzuwenden[182].

Aufgrund der qualifizierten Eingriffsvoraussetzungen des § 25 BImSchG kann nach § 24 Satz 1 BImSchG keine Betriebsuntersagung oder gar die Beseitigung der Anlage angeordnet werden[183]. Das oben zur Abgrenzung des Anwendungsbereichs des § 17 BImSchG von dem des § 20 Abs. 1 und 2 BImSchG Gesagte gilt auch hier entsprechend[184].

Darüber hinaus folgt aus der Errichtungs- und Betriebsbezogenheit der durchzusetzenden Pflichten, daß nach der Stillegung einer Anlage Anordnungen nach § 24 Satz 1 BImSchG nicht mehr zulässig sind.

---

[179] Vgl. BVerwG, NJW 1988, 2252 (2252f.); NuR 1989, 256 (257).

[180] Sendler, WiVerw 1993, 235 (282f.).

[181] Vgl. Martens, DVBl. 1981, 597 (605, Fußnote 99, und 606f.).

[182] Martens, DVBl. 1981, 597 (607f.).

[183] Martens, DVBl. 1981, 597 (607). Das BVerwG meint demgegenüber, aufgrund von § 24 BImSchG sei auch eine teilweise Betriebsuntersagung zulässig, vgl. BVerwGE 91, 92 (94); ebenso VGH Mannheim, VBlBW 1994, 238 (243f.).

[184] Vgl. oben E II 2 b) aa).

bb) Grenzen

Eine nachträgliche Anordnung nach § 24 Satz 1 BImSchG, die weitere Anforderungen an die Errichtung einer baurechtlich zugelassenen Anlage stellt oder ihre Nutzung begrenzt, entspricht in ihrer Wirkung einer teilweisen Aufhebung des sachlichen Regelungsgehalts der betroffenen Baugenehmigung durch Widerruf oder Rücknahme[185]. Im Gegensatz zum Anwendungsbereich des § 17 BImSchG, bei dem eine vergleichbare Problematik bei der Beschränkung der immissionsschutzrechtlich zugelassenen Nutzung besteht[186], wird der Anwendungsbereich des § 24 Satz 1 BImSchG jedoch nicht durch die Vorschriften zum Widerruf und zur Rücknahme der durch nachträgliche Anordnungen betroffenen (Bau-) Genehmigungen eingeschränkt[187]. Vielmehr verdrängt § 24 Satz 1 BImSchG die entsprechenden landesrechtlichen Regelungen[188].
Der weitere Anwendungsbereich des § 24 Satz 1 BImSchG rechtfertigt sich aus dem Fehlen einer § 17 Abs. 2 Satz 2 BImSchG entsprechenden Regelung. Bei immissionsschutzrechtlich nicht genehmigungsbedürftigen Anlagen hat der Gesetzgeber den Anwendungsbereich nachträglicher Anordnungen nicht von den Vorschriften zur Aufhebung der betroffenen Genehmigungen abgegrenzt. Daher muß davon ausgegangen werden, daß die Befugnisse der Behörden zum "Einbruch" in den sachlichen Regelungsgehalt einer Genehmigung nach § 24 Satz 1 BImSchG weiter reichen sollen als die, welche nach § 17 BImSchG bestehen.

b) Anordnungen zur Durchsetzung der Anforderungen der bauordnungsrechtlichen Generalklauseln

Die Bauordnungen der Länder sehen inhaltlich übereinstimmend vor, bauliche Anlagen seien "so anzuordnen, zu errichten, zu ändern und zu unterhalten, daß die öffentliche Sicherheit oder Ordnung, insbesondere Leben oder Gesundheit, nicht gefährdet

---

[185] A.A. Martens, DVBl. 1981, 597 (608).
[186] Vgl. oben E II 2 b) cc).
[187] Im Ergebnis ebenso Martens, DVBl. 1981, 597 (608).
[188] BVerwG, NJW 1988, 2552 (2552f.).

wird"[189]. Diese bauordnungsrechtlichen Generalklauseln enthalten nicht lediglich ausfüllungsbedürftige Programmsätze, sondern begründen unmittelbar wirkende[190] materiellrechtliche Anforderungen[191], denen jede bauliche Anlage entsprechen muß. Sie sind allerdings nur subsidiär anzuwenden[192]. Speziellen Vorschriften, die regeln, welchen Anforderungen bauliche Anlagen genügen müssen, kommt Anwendungsvorrang zu[193].

Die Begriffe der öffentlichen Sicherheit und Ordnung werden im gleichen Sinne wie in den polizei- und ordnungsrechtlichen Generalklauseln verwandt[194]. Zum Erlaß von nachträglichen Anordnungen ermächtigen die bauordnungsrechtlichen Generalklauseln jedoch nicht, da sie Art und Umfang der zu treffenden Maßnahmen nicht regeln[195]. Die Bauordnungen enthalten meist keine speziellen Vorschriften zur Durchsetzung der Anforderungen, welche die bauordnungsrechtlichen Generalklausel begründen[196]; in der Regel sind daher die allgemeinen polizei- und ordnungsrechtlichen Generalklauseln anzuwenden[197].

Mit den bauordnungsrechtlichen Generalklauseln haben die Landesgesetzgeber selbständige Pflichten begründet, die neben und unabhängig von den Anforderungen zu erfüllen sind, die der Regelungsgehalt einer Baugenehmigung vorgibt. Verfügungen zur Durchsetzung der speziellen Anforderungen der bauordnungsrechtlichen Generalklau-

---

[189] So z.B. der Wortlaut des § 3 Satz 1 BauO NW.
Zunehmend werden über die reine Gefahrenabwehr hinaus an bauliche Anlagen allgemeine Anforderungen zum Umweltschutz gestellt. So müssen etwa nach § 3 Abs. 1 Satz 2 der Berliner Bauordnung bauliche Anlagen sich "ihrem Zweck entsprechend ... in die Umwelt, Natur und Landschaft einfügen"; nach § 3 Abs. 1 Satz 1 der Sächsischen Bauordnung sind "bauliche Anlagen ... so anzuordnen, zu errichten, zu ändern, instandzusetzen und instandzuhalten, daß ... die natürlichen Lebensgrundlagen nicht gefährdet werden".
Vgl. zur Vereinbarkeit der bauordnungsrechtlichen Generalklauseln mit Art. 14 GG BVerwG, NJW 1989, 2638 (2638).

[190] Vgl. Kutscheidt, NVwZ 1983, 65 (71), zu § 3 Abs. 1 BauO NW.

[191] Blumenbach/Groschupf, § 1 NBauO Rdnr. 6; Böckenförde, in Gädtke, § 3 BauO NW Rdnrn. 2 und 15; Rößler, § 3 BauO NW Nr. 1; Ortloff, Bauordnungsrecht, S. 13; Scharmer/Hinzen/Kranefeld, S. 57.

[192] Ortloff, Bauordnungsrecht, S. 13.

[193] Solche Normen sind etwa § 22 Abs. 1 BImSchG und spezielle Vorschriften der Landesbauordnungen.

[194] Blumenbach/Groschupf, § 1 NBauO Rdnrn. 6 und 9; Böckenförde, in Gädtke, § 3 BauO NW Rdnrn. 2 ff.; Rößler, § 3 BauO NW Nr. 1; Ortloff, Bauordnungsrecht, S. 13.

[195] Vgl. Ortloff, Bauordnungsrecht, S. 13 und 156.

[196] Vgl. zu speziellen Regelungen der baden-württembergischen Bauordnung VGH Mannheim, UPR 1992, 32 (32f.).

[197] Vgl. zum früheren § 88 Abs. 4 BauO NW OVG Münster, NJW 1980, 854 (854); im übrigen Ortloff, Bauordnungsrecht, S. 156.

seln verschärfen den sachlichen Regelungsgehalt einer Baugenehmigung. Soweit sie zulässig sind, ist eine Legalisierungswirkung folglich nicht denkbar.

aa) Gegenstand der Anordnungen

Die Anforderungen der bauordnungsrechtlichen Generalklauseln sind ähnlich wie die, denen immissionsschutzrechtlich nicht genehmigungsbedürftige Anlagen entsprechen müssen, errichtungs- und betriebsbezogen[198]. Zu ihrer Durchsetzung können daher lediglich anlagenbezogene, "präventiv" wirkende Anordnungen getroffen werden, die einen bauordnungswidrigen Zustand oder die bauordnungswidrige Nutzung einer baulichen Anlage für die Zukunft ausschließen. Die Beseitigung von Störungen, von denen keine weiteren Gefahren ausgehen, kann dagegen nicht verlangt werden. Auch Gefahren oder Störungen, die außerhalb der baulichen Anlage eingetreten sind, werden nicht erfaßt.

Außerhalb des Anwendungsbereichs der bauordnungsrechtlichen Generalklauseln findet die Gefahrenabwehr und Störungsbeseitigung nach den Maßstäben statt, die sonstige spezielle Eingriffsgrundlagen oder die polizei- und ordnungsrechtlichen Generalklauseln vorgeben.

bb) Grenzen

Die bauordnungsrechtlichen Generalklauseln rechtfertigen lediglich Maßnahmen, die zur Abwehr einer konkreten Gefahr erforderlich sind. Darüber hinaus gehende Anordnungen - etwa zur Erhaltung einer baulichen Anlage - sind nicht statthaft[199].

Ebenso wie eine nachträgliche Anordnung nach § 24 Satz 1 BImSchG entspricht auch eine Verfügung zur Durchsetzung der Anforderungen der bauordnungsrechtlichen Generalklauseln in ihrer Wirkung einer teilweisen Aufhebung des sachlichen Regelungsgehalts der Baugenehmigung durch Widerruf oder Rücknahme. Beim Erlaß von Anordnungen zur Durchsetzung der Maßstäbe der bauordnungsrechtlichen Generalklauseln sind jedoch keine Gründe ersichtlich, die eine Verdrängung der landesrechtlichen Vorschriften zum Widerruf oder zur Rücknahme von Baugenehmigungen rechtfertigen könnten. Daher stellen sich die gleichen Abgrenzungsprobleme wie bei Verfügungen

---

[198] Inhaltlich reichen die Anforderungen jedoch weiter, da Maßstab alle Schutzgüter der öffentlichen Sicherheit und Ordnung sind.
[199] Ortloff, Bauordnungsrecht, S. 157f..

nach den §§ 5 Abs. 1 WHG und 17 BImSchG[200]. Die dort genannten Abgrenzungskriterien[201] sind entsprechend anzuwenden:

Der "Kernbereich" des sachlichen Regelungsgehalts einer Baugenehmigung kann nur durch Widerruf oder Rücknahme geändert werden. Eine Anordnung zur Durchsetzung der Anforderungen der bauordnungsrechtlichen Generalklauseln darf daher weder die zugelassene technische Auslegung einer baulichen Anlage grundlegend ändern noch ihre Nutzung vereiteln[202] oder sie in ihrem Wesen verändern. Im übrigen ist im Einzelfall nach dem allgemeinen Verhältnismäßigkeitsgrundsatz zu entscheiden, ob der sachliche Regelungsgehalt einer Baugenehmigung durch eine Verfügung zur Durchsetzung der Pflichten der bauordnungsrechtlichen Generalklauseln oder nur durch Rücknahme und Widerruf modifiziert werden kann. Die zu § 5 Abs. 1 WHG dargelegten Kriterien gelten entsprechend[203].

4. Der für eine Legalisierungswirkung verbleibende Bereich

Denkbar ist die Legalisierungswirkung einer Baugenehmigung somit nur außerhalb des Anwendungsbereichs
- des § 24 Satz 1 BImSchG und
- der bauordnungsrechtlichen Generalklauseln,
wenn zur Gefahrenabwehr oder Störungsbeseitigung sonstige spezielle Eingriffsgrundlagen oder die polizei- und ordnungsrechtlichen Generalklauseln, insbesondere zum Ausgleich bereits eingetretener Umweltbeeinträchtigungen, angewandt werden.

Ob und in welchem Umfang in diesem Bereich eine Legalisierungswirkung von Baugenehmigungen anzuerkennen ist, hängt von der Bindungswirkung ihres Regelungsgehalts ab.

---

[200] Vgl. OVG Münster, NJW 1980, 854 (854). Unklar OVG Lüneburg, BRS 30, Nr. 163, S. 303 (305f.).
[201] Vgl. oben E I 2 b) bb) und E II 2 b) cc).
[202] A.A. Ortloff, Bauordnungsrecht, S. 157, der sowohl eine Nutzungsuntersagung als auch eine Abrißanordnung für zulässig hält. Mit der "Sicherungsfunktion", die er einer Baugenehmigung selbst zuschreibt (Ortloff, a.a.O., S. 95f.), ist seine Auffassung nicht zu vereinbaren.
[203] Vgl. oben E I 2 b) bb).

5. Bindungswirkung einer Baugenehmigung

Bei der Prüfung der Bindungswirkung einer Baugenehmigung sind spezifische objektive und subjektive Grenzen zu unterscheiden[204].

a) Objektive Grenze der Bindungswirkung

Die objektive Grenze der Bindungswirkung einer Baugenehmigung ergibt sich aus ihrem sachlichen Regelungsgehalt.

Der verfügende Teil des sachlichen Regelungsgehalts einer Baugenehmigung hebt das präventive gesetzliche Verbot der Landesbauordnungen auf und läßt die Errichtung und Nutzung[205] eines Baus im einzelnen zu[206]. Für die sachliche Reichweite dieses Regelungsteils gilt das für immissionsschutzrechtliche Genehmigungen Ausgeführte[207] entsprechend. Es bleibt alles verboten, was nicht durch die Baugenehmigung ausdrücklich zugelassen wurde. Denn aufgrund des umfassenden Genehmigungsvorbehalts der Landesbauordnungen ist nicht nur für die erstmalige Errichtung, sondern auch für spätere Änderungen, Nutzungsänderungen sowie den Abbruch von baulichen Anlagen eine spezielle Zulassung erforderlich.

Neben einem verfügenden Regelungsteil enthält eine Baugenehmigung einen feststellenden, der das Vorliegen der Genehmigungsvoraussetzungen bestätigt[208].

Der Bereich, in dem umweltbezogene Regelungen durch eine Baugenehmigung zulässig sind, wurde bereits dargelegt[209]. Ihre Ausgestaltung hängt vom Einzelfall ab. So sind beispielsweise bei der Zulassung eines Lagerplatzes für Baumaterialien zum Schutz des Wassers Einschränkungen nach der Art der zu lagernden Gegenstände oder räumliche Begrenzungen denkbar[210].

---

[204] Vgl. hierzu den Anfang des Kapitel E.
[205] Vgl. zur Nutzungszulassung z.B. BVerwG, NJW 1971, 1475 (1477f.); NVwZ 1992, 569 (569); Kutschera, S. 224 und 229.
[206] Vgl. oben D I 2 c) cc) (2) (a).
[207] Vgl. oben E II 4 a).
[208] Vgl. oben D I 2 c) cc) (2) (b).
[209] Vgl. oben E IV 2.
[210] VGH Mannheim, ZfW 1992, 441 (441f.).

b) Subjektive Grenze der Bindungswirkung

Der umfassenden Bindung, die der sachliche Regelungsgehalt einer Baugenehmigung für ihren Inhaber und dessen Rechtsnachfolger[211] erzeugt, steht nur eine eingeschränkte Bindung der Behörden gegenüber.

aa) Keine Bindung der Behörden an den Teil des sachlichen Regelungsgehalts, der mit nachträglichen Anordnungen modifiziert werden kann

Der Teil des sachlichen Regelungsgehalts einer Baugenehmigung, der mit Anordnungen nach § 24 Satz 1 BImSchG oder mit Anordnungen zur Durchsetzung der bauordnungsrechtlichen Generalklauseln modifiziert werden kann, bindet die Behörden nicht; er steht von vornherein zur Disposition der Behörden[212]. Die Ausführungen zu § 5 Abs. 1 WHG und § 17 BImSchG gelten entsprechend[213]. Daher erfolgt durch nachträgliche Anordnungen auch keine teilweise Aufhebung der Baugenehmigung durch Widerruf oder Rücknahme[214]. Denn eine entgegenstehende Bindung der Behörden, die durch Aufhebung zu beseitigen wäre, gibt es hier nicht.

Beim Erlaß von Anordnungen nach § 24 Satz 1 BImSchG geht es im Rahmen der Störerhaftung für Altlasten und andere Umweltbeeinträchtigungen vor allem um die Durchsetzung der Pflichten, die sich aus § 22 Abs. 1 Satz 1 BImSchG ergeben. § 22 Abs. 1 Satz 1 BImSchG begründet - ebenso wie § 5 BImSchG - dynamische[215] Grundpflichten[216]: Der Betreiber einer immissionsschutzrechtlich nicht genehmigungsbedürftigen Anlage wird unmittelbar verpflichtet[217], von sich aus, neben und unabhängig von eventuellen immissionsschutzrechtlichen Anforderungen, die eine Baugenehmigung stellt, bei der Errichtung und dem Betrieb seiner Anlage die normierten Pflichten zu erfüllen. Ob der Betreiber den immissionsschutzrechtlichen Anforderungen nach-

---

[211] Die Landesbauordnungen sehen ausdrücklich vor, daß eine Baugenehmigung auch "für und gegen die Rechtsnachfolger des Bauherrn" wirkt, vgl. z.B. § 70 Abs. 2 BauO NW.

[212] Vgl. Sendler, WiVerw 1993, 235 (282f.).

[213] Vgl. oben E I 4 b) aa) und E II 4 b) aa).

[214] Zu § 24 Satz 1 BImSchG im Ergebnis ebenso BVerwG, NJW 1988, 2552 (2552); Sendler, WiVerw 1993, 235 (283); Schmatz/Nöthlichs, § 24 BImSchG Nr. 3. Vgl. zu Anordnungen zur Durchsetzung der Anforderungen der bauordnungsrechtlichen Generalklauseln OVG Münster, NJW 1980, 854 (854).

[215] Jarass, § 22 BImSchG Rdnrn. 11f..

[216] Vgl. BVerwG, NJW 1988, 2552 (2552); Feldhaus, § 22 BImSchG Nr. 3.

[217] Feldhaus, § 22 BImSchG Nr. 10; Kutscheidt, NVwZ 1983, 65 (68, 71).

kommt, die eine Baugenehmigung stellt, kann daher auch hier nur im Rahmen des allgemeinen Verhältnismäßigkeitsgrundsatzes berücksichtigt werden[218]. Die Pflichten des § 22 Abs. 1 Satz 1 BImSchG decken im Anwendungsbereich des BImSchG die Gefahrenquellen ab, die während der Errichtung und des Betriebs einer immissionsschutzrechtlich nicht genehmigungsbedürftigen Anlage für die Verursachung von Umweltbeeinträchtigungen in Betracht kommen. Die Anforderungen des § 22 Abs. 1 BImSchG reichen sachlich zwar weniger weit als die des § 5 BImSchG. Denn nach § 22 Abs. 1 Satz 1 Nrn. 1 und 2 BImSchG ist ein Mindestmaß an schädlichen Umwelteinwirkungen, das nach dem Stand der Technik nicht vermeidbar ist, zulässig[219]. Die Entstehung der von Altlasten ausgehenden Gefahren wird allerdings nicht toleriert. Denn für die Bestimmung des hinzunehmenden Mindestmaßes sind Zumutbarkeitserwägungen im Rahmen eines nachbarschaftlichen Interessenausgleichs maßgebend[220]. Es kommen jedenfalls nur Beeinträchtigungen in Betracht, welche die Gefahrenschwelle des § 25 Abs. 2 BImSchG nicht überschreiten[221].

Auch die bauordnungsrechtlichen Generalklauseln begründen, wie bereits erwähnt[222], selbständige Pflichten, die neben und unabhängig vom Regelungsgehalt einer Baugenehmigung zu erfüllen sind. Der Inhaber einer baulichen Anlage wird von vornherein mit Dauerpflichten belastet, deren Inhalt sich zudem mit neuen Erkenntnissen - etwa über die Gefährlichkeit von Baumaterial -und durch die technische Entwicklung ändern kann[223]. Die Anforderungen, die sich aus der öffentlichen Sicherheit und Ordnung für bauliche Anlagen ergeben, sind "keine statischen Größen, sondern abhängig von

---

[218] Vgl. oben E II 4 b) aa).

[219] Feldhaus, § 22 BImSchG Nr. 8; Kutscheidt, NVwZ 1983, 65 (68); Sellner/Löwer, WiVerw 1980, 221 (233).

[220] BVerwG, Urteil vom 19.1.1989 - 7 C 77.87 -, abgedruckt in Feldhaus, Immissionsschutzrecht ES, § 22-13 BImSchG S. 13; Kutscheidt, Öffentliches Immissionsschutzrecht, S. 284; derselbe, NVwZ 1983, 65 (68).

[221] Feldhaus, § 22 BImSchG Nr. 8, § 25 BImSchG Nr. 4; Sellner/Löwer, WiVerw 1980, 221 (233). Zum Teil wird die Auffassung vertreten, daß bereits die Gefahrenschwelle der allgemeinen polizei- und ordnungsrechtlichen Generalklauseln nicht überschritten werden dürfe, vgl. OVG Koblenz, Urteil vom 6.3.1985 - 11 A 98/83 - abgedruckt bei Feldhaus, Immissionsschutz ES, § 22-9 BImSchG; Engelhardt, § 25 BImSchG Rdnr. 5; Jarass, § 22 BImSchG Rdnr. 20; Kutscheidt, Öffentliches Immissionsschutzrecht, S. 283f.; derselbe, NVwZ 1983, 65 (67f.); Scharmer/Hinzen/Kranefeld, S. 113. Das BVerwG hat, soweit ersichtlich, zur äußerstenfalls hinzunehmenden Gefahrenschwelle bisher nicht Stellung genommen und nur entschieden, daß § 25 Abs. 2 BImSchG die aus § 22 Abs. 1 BImSchG folgenden Grundpflichten nicht begrenzt, sondern vielmehr das Entschließungsermessen der Behörden zum Eingreifen "auf Null reduziert, sofern nicht besondere Gegebenheiten bestehen" (BVerwG, Urteil vom 19.1.1989 - 7 C 77.87 -, abgedruckt in Feldhaus, Immissionsschutzrecht ES, § 22-13 BImSchG S. 15).

[222] Vgl. oben E IV 3 b).

[223] OVG Lüneburg BRS 30, 303 (304, 306); Ortloff, Bauordnungsrecht, S. 158 f..

den Erkenntnissen und Wertungen der Zeit"[224]. In ihrer Funktion und Wirkung entsprechen die bauordnungsrechtlichen Generalklauseln somit den §§ 5 und 22 Abs. 1 BImSchG. Die Beachtung der in einer Baugenehmigung vorgesehenen Anforderungen kann deshalb auch bei der Durchsetzung der Anforderungen der bauordnungsrechtlichen Generalklauseln nur im Rahmen der Verhältnismäßigkeit der zu treffenden Anordnung berücksichtigt werden[225].

bb) Bindung der Behörden an den nur durch Rücknahme und Widerruf zu modifizierenden sachlichen Regelungsgehalt

Soweit der sachliche Regelungsgehalt einer Baugenehmigung nicht mit nachträglichen Anordnungen, sondern nur durch Widerruf und Rücknahme geändert werden kann, werden auch die Behörden gebunden.

6. Folgerungen für die Legalisierungswirkung einer Baugenehmigung

Weil die Behörden an den sachlichen Regelungsgehalt einer Baugenehmigung, der mit Anordnungen nach § 24 Satz 1 BImSchG modifiziert werden kann, nicht gebunden werden, gibt es insoweit keine Legalisierungswirkung. Der Inhaber einer Baugenehmigung kann deshalb trotz einer mit diesem Regelungsgehalt konformen Errichtung und Nutzung seiner Anlage auch außerhalb des Anwendungsbereichs des § 24 Satz 1 BImSchG nach sonstigen speziellen Eingriffsnormen und den polizei- und ordnungsrechtlichen Generalklauseln als Störer in Anspruch genommen werden.

Dem sachlichen Regelungsgehalt einer Baugenehmigung, der nicht mit Anordnungen nach § 24 Satz 1 BImSchG, sondern nur mit solchen zur Durchsetzung der bauordnungsrechtlichen Generalklauseln modifiziert werden kann, kommt eine eingeschränkte Legalisierungswirkung zu. Der Inhaber einer Baugenehmigung kann zur Abwehr von Gefahren oder zur Beseitigung von Störungen für die öffentliche Sicherheit und Ordnung, die er genehmigungskonform verursacht hat, nicht als Störer in Anspruch genommen werden, soweit der Kernbereich des Regelungsgehalts einer Baugenehmigung in Frage gestellt oder unverhältnismäßige Belastungen entstehen würden. Die Ausführungen zur Reichweite der Legalisierungswirkung von immissionsschutzrechtlichen Genehmigungen gelten entsprechend[226].

---

[224] OVG Lüneburg, BRS 30, 303 (304).
[225] Vgl. oben E II 4 b) aa).
[226] Vgl. oben E II 5.

V. Abfallrechtliche Zulassungen

1. Zulassungsbedürftige Anlagen

Nach § 4 Abs. 1 Satz 1 AbfG dürfen Abfälle grundsätzlich nur in den dafür zugelassenen Anlagen[227] oder Einrichtungen behandelt, gelagert oder abgelagert werden[228].

Für die Zulassung von Abfallentsorgungsanlagen war bisher § 7 AbfG maßgebend. Die Errichtung und der Betrieb einer Abfallentsorgungsanlage setzte nach § 7 Abs. 1 AbfG a.F. in der Regel einen Planfeststellungsbeschluß voraus[229]. Durch eine abfallrechtliche Genehmigung nach § 7 Abs. 2 AbfG a.F. konnten Anlagen mit geringen Umweltauswirkungen in einem vereinfachten Verfahren zugelassen werden[230]. Aufgrund der Änderungen des AbfG und des BImSchG durch das Investitionserleichterungs- und Wohnbaulandgesetz vom 22.4.1993[231] ist eine abfallrechtliche Zulassung durch Planfeststellung nach § 7 Abs. 2 AbfG oder Genehmigung nach § 7 Abs. 3 AbfG nur noch für "Anlagen zur Ablagerung von Abfällen" im Sinne des § 7 Abs. 2 Satz 1 AbfG, also nur noch für Deponien, erforderlich. "Ortsfeste Abfallentsorgungsanlagen zur Lagerung oder Behandlung von Abfällen" bedürfen nach § 7 Abs. 1 AbfG und § 4 Abs. 1 Satz 1 BImSchG nunmehr lediglich einer immissionsschutzrechtlichen Genehmigung.

Soweit Abfallentsorgungsanlagen durch eine immissionsschutzrechtliche Genehmigung zugelassen werden, sind für die Legalisierungswirkung dieser Genehmigungen die obigen Ausführungen[232] maßgebend. Im folgenden wird nur noch auf die Legalisierungswirkung abfallrechtlicher Planfeststellungsbeschlüsse und Genehmigungen eingegangen.

---

[227] Vgl. zum weiten Anlagenbegriff kritisch Renck, BayVBl. 1992, 168.

[228] Ausnahmen ergeben sich aus § 4 Abs. 1 Satz 2, Abs. 2 und Abs. 4 AbfG.

[229] Vgl. zur entgegengesetzten Praxis Harries, S. 85. Die Zulassung einer Abfallentsorgungsanlage durch Planfeststellungsbeschluß stellt nach Harries die "spektakuläre Ausnahme" dar.

[230] Vgl. die Begründung des Regierungsentwurfs zum AbfG 1972, BT-Drucks. VI/2401, 14.

[231] BGBl. I S. 466; vgl. hierzu z.B. Fluck, DB 1993, 2011 (2012ff.), Kutscheidt, NVwZ 1994, 209; Moormann, UPR 1993, 286, und Müllmann, DVBl. 1993, 637.

[232] Vgl. oben E II.

2. Planfeststellungsbeschlüsse und Genehmigungen nach § 7 Abs. 2 und Abs. 3 AbfG

Materiellrechtlich wird sowohl durch einen Planfeststellungsbeschluß nach § 7 Abs. 2 AbfG als auch durch eine Genehmigung nach § 7 Abs. 3 AbfG die Errichtung und der Betrieb einer Abfallentsorgungsanlage zugelassen[233]. Der Genehmigung fehlt lediglich die Konzentrationswirkung, die einem Planfeststellungsbeschluß nach § 75 Abs. 1 Satz 1 2. Halbsatz VwVfG eigen ist.

3. Keine Legalisierungswirkung im Anwendungsbereich zulassungsbezogener abfallrechtlicher Eingriffsgrundlagen

Im Anwendungsbereich abfallrechtlicher Eingriffsnormen, die gerade die Inanspruchnahme des Inhabers einer abfallrechtlichen Zulassungsentscheidung vorsehen, ist eine Legalisierungswirkung nicht denkbar[234]. Solche Normen sind § 8 Abs. 1 Satz 3 und § 10 Abs. 2 AbfG[235].

a) Nachträgliche Auflagen nach § 8 Abs. 1 Satz 3 AbfG

§ 8 Abs. 1 Satz 3 AbfG ermächtigt die Behörden zur nachträglichen Aufnahme, Änderung oder Ergänzung von Auflagen. Eine nachträgliche Auflage begründet eine neue, selbständige Verpflichtung, die neben der Regelung der abfallrechtlichen Zulassungsentscheidung zu erfüllen ist[236]. Soweit die Ermächtigung des § 8 Abs. 1 Satz 3 AbfG reicht, schützt der sachliche Regelungsgehalt einer abfallrechtlichen Zulassungsentscheidung also nicht vor zusätzlichen Belastungen[237].

aa) Anwendungsbereich

Gegenstand nachträglicher Auflagen sind nach § 8 Abs. 1 Satz 3 AbfG "Anforderungen an die Abfallentsorgungsanlagen oder ihren Betrieb". Mit nachträglichen Auflagen können abfallrechtliche Zulassungsentscheidung fortwährend an neue Entwicklungen

---

[233] Harries, S. 83ff..
[234] Vgl. oben B II.
[235] VGH München, BayVBl. 1993, 304 (305); Herrmann, Flächensanierung als Rechtsproblem, S. 106f..
[236] Vgl. BVerwG, ZfW 1992, 490 (491); Stelkens, in Stelkens/Bonk/Sachs, § 36 Rdnrn. 28 und 36.
[237] VGH München, BayVBl. 1993, 304 (305).

angepaßt[238] oder ursprüngliche Fehleinschätzungen der Zulassungsbehörde korrigiert werden[239]. Ob der Betreiber einer Abfallentsorgungsanlage vorhersehen konnte, daß von seiner Anlage Umweltbeeinträchtigungen ausgehen werden, ist insoweit unerheblich[240].

bb) Grenzen

Der Anwendungsbereich des § 8 Abs. 1 Satz 3 AbfG wird durch seinen Tatbestand und durch sonstige Vorschriften, die zur Modifizierung des Regelungsgehalts abfallrechtlicher Zulassungsentscheidungen anzuwenden sind, begrenzt.

(1) Tatbestandliche Grenzen des § 8 Abs. 1 Satz 3 AbfG

Wie erwähnt, können mit nachträglichen Auflagen nur "Anforderungen an die Abfallentsorgungsanlagen oder ihren Betrieb" gestellt werden. Ähnlich wie nach § 17 i.V.m. § 5 Abs. 1 Nr. 1 BImSchG sind also lediglich errichtungs- und betriebsbezogene Auflagen möglich, welche "präventiv" die Vermeidung künftiger Umweltbeeinträchtigungen bezwecken. Die Beseitigung bereits eingetretener Umweltbeeinträchtigungen kann dagegen nicht angeordnet werden. In solchen Fällen sind zur Gefahrenabwehr und Störungsbeseitigung sonstige spezielle Eingriffsnormen sowie die polizei- und ordnungsrechtlichen Generalklauseln anzuwenden[241].

Aus der Errichtungs- und Betriebsbezogenheit nachträglicher Auflagen folgt im übrigen, daß die Behörden nach der Stillegung einer Deponie nicht mehr nach § 8 Abs. 1 Satz 3 AbfG vorgehen können.

---

[238] BVerwG, ZfW 1992, 430 (433); Hösel/von Lersner, § 8 AbfG Rdnr. 10; Kloepfer, Umweltrecht, S. 721; Kunig, ZfW 1992, 469 (475f.); Schüler, LKV 1992, 159 (162); Schwermer, in Kunig/Schwermer/Versteyl, § 8 AbfG Rdnr. 23. Entsprechende Anordnungen kommen etwa in Betracht, um neuen Gefahren, neuen wissenschaftlichen Erkenntnissen oder Fortschritten der Technik Rechnung zu tragen.

[239] BVerwG, DVBl. 1986, 1281 (1282); BVerwG, ZfW 1992, 430 (434) = NuR 1992, 274; Kunig, ZfW 1992, 469 (475); Schwermer, in Kunig/Schwermer/Versteyl, § 8 AbfG Rdnr. 23. Vgl. auch BVerwG, NuR 1992, 273 (274).

[240] VGH München, BayVBl. 1993, 304 (305).

[241] Vgl. VGH Kassel, NuR 1991, 86.

(2) Grenzen aus sonstigen Vorschriften zur Modifizierung des Regelungsgehalts abfallrechtlicher Zulassungsentscheidungen

Um Widersprüche zu vermeiden ist es erforderlich, den Anwendungsbereich des § 8 Abs. 1 Satz 3 AbfG von dem sonstiger Vorschriften abzugrenzen, die ebenfalls eine Modifizierung des Regelungsgehalts abfallrechtlicher Zulassungsentscheidungen vorsehen. Normwidersprüche kommen im Verhältnis zu § 75 Abs. 2 Satz 2 VwVfG sowie im Verhältnis zu den Vorschriften über den Widerruf und die Rücknahme abfallrechtlicher Zulassungsentscheidungen in Betracht:

Zur Modifizierung des Regelungsgehalts eines abfallrechtlichen Planfeststellungsbeschlusses ist neben einer nachträglichen Auflage nach § 8 Abs. 1 Satz 3 AbfG die Anordnung von zusätzlichen Schutzvorkehrungen gemäß § 75 Abs. 2 Satz 2 VwVfG denkbar. Da die Befugnisse, die den Behörden nach § 8 Abs. 1 Satz 3 AbfG zustehen, jedoch über die des § 75 Abs. 2 Satz 2 VwVfG hinausgehen[242], wird § 75 Abs. 2 Satz 2 VwVfG von § 8 Abs. 1 Satz 3 AbfG als der spezielleren Norm verdrängt.

Für die teilweise oder vollständige Aufhebung einer abfallrechtlichen Zulassungsentscheidung sind die §§ 48 und 49 VwVfG maßgebend[243]. Eine nachträgliche Auflage, die den Regelungsgehalt eines Planfeststellungsbeschlusses oder einer Genehmigung verschärft, ist in ihren Wirkungen mit einer Teilaufhebung dieser Zulassungsentscheidungen vergleichbar. Es stellen sich also auch hier die gleichen Abgrenzungsprobleme wie etwa bei Verfügungen aufgrund der §§ 5 Abs. 1 WHG und 17 BImSchG. Die dort genannten Abgrenzungskriterien[244] sind entsprechend anzuwenden:
Der "Kernbereich" des sachlichen Regelungsgehalts einer abfallrechtlichen Zulassungsentscheidung kann nur durch Widerruf oder Rücknahme geändert werden. Eine nachträgliche Auflage darf deshalb weder die zugelassene technische Auslegung einer Abfallentsorgungsanlage grundlegend ändern[245] noch ihren Betrieb vereiteln oder ihn in seinem Wesen verändern.
Im übrigen ist im Einzelfall nach dem allgemeinen Verhältnismäßigkeitsgrundsatz[246] zu entscheiden, ob der sachliche Regelungsgehalt einer abfallrechtlichen Zulassungs-

---

[242] Hösel/von Lersner, § 8 AbfG Rdnr. 10.

[243] Vgl. BVerwG, DVBl. 1989, 509 (510); Schwermer, in Kunig/Schwermer/Versteyl, § 7 AbfG Rdnr. 6; Sendler, WiVerw 1993, 235 (288).

[244] Vgl. oben E I 2 b) bb) und E II 2 b) cc).

[245] Vgl. BVerwG, ZfW 1992, 490 (491f.); Schwermer, in Kunig/Schwermer/Versteyl, § 8 AbfG Rdnr. 24.

[246] Vgl. zur Anwendung des allgemeinen Verhältnismäßigkeitsgrundsatzes beim Erlaß einer nachträglichen Auflage BVerwG, ZfW 1992, 430 (431 und 433); DÖV 1992, 355 (357); VGH München, BayVBl. 1993, 304 (306); Kloepfer, Umweltrecht, S. 721; Schwermer, in Kunig/Schwermer/Versteyl, § 8 AbfG Rdnr. 14, 24a; unklar Stöhr, in Hoschützky/Kreft, § 7 AbfG Nr. 1.1.

entscheidung durch eine nachträgliche Auflage oder nur durch Rücknahme und Widerruf modifiziert werden kann. Die zu § 5 Abs. 1 WHG dargelegten Kriterien gelten entsprechend[247].

b) Verfügungen nach § 10 Abs. 2 AbfG

Der Inhaber einer bereits stillgelegten Abfallentsorgungsanlage kann nach § 10 Abs. 2 AbfG zu Rekultivierungs- und Sicherungsmaßnahmen verpflichtet werden[248]. Erwerber des Anlagengrundstücks können dagegen nicht in Anspruch genommen werden[249].

aa) Anwendungsbereich

Durch die Anordnung von Rekultivierungs- und Sicherungsmaßnahmen ist die Abwehr oder Beseitigung jeder Umweltbeeinträchtigung möglich, die von einer stillgelegten Abfallentsorgungsanlage ausgeht[250]:

Rekultivierungsmaßnahmen sollen das für die Abfallentsorgung genutzte Grundstück an seine natürliche Umgebung anpassen[251]. Der Eingriff in die Landschaft, der durch den Betrieb der Anlage verursacht worden ist, soll ausgeglichen werden[252]. Maßstab ist § 8 Abs. 2 Satz 4 BNatSchG[253]. Erhebliche oder nachhaltige Beeinträchtigungen des Landschaftsbildes dürfen also nicht zurückbleiben.

Sicherungsmaßnahmen dienen dazu, "sonstige Vorkehrungen zu treffen, die erforderlich sind, Beeinträchtigungen des Wohl der Allgemeinheit (durch stillgelegte Abfallentsorgungsanlagen) zu verhüten". § 10 Abs. 2 AbfG enthält diesbezüglich eine spezielle Ermächtigung, welche die Anwendung anderer Eingriffsgrundlagen verdrängt[254]. Die Vorschrift ermöglicht die Anordnung von Sicherungsmaßnahmen der unterschied-

---

[247] Vgl. oben E I 2 b) bb).

[248] Dombert, S. 23ff.; Pohl, A., S. 81ff.; Schwermer, in Kunig/Schwermer/ Versteyl, § 10 AbfG Rdnrn. 14, 16f. und 18ff..

[249] VGH Kassel, NuR 1991, 86 (86); unklar Enders, DVBl. 1993, 82 (83f.).

[250] Vgl. Enders, DVBl. 1993, 82 (83); Oerder, DVBl. 1992, 691 (692).

[251] Schwermer, in Kunig/Schwermer/Versteyl, § 10 AbfG Rdnr. 16.

[252] Typische Rekultivierungsmaßnahmen nennt Pohl, A., S. 26f..

[253] Vgl. Pohl, A., S. 94ff..

[254] VGH München, BayVBl. 1993, 304 (305), und VGH Mannheim, DVBl. 1985, 1149 (1156). In einer späteren Entscheidung geht der VGH Mannheim auf die Spezialität des § 10 Abs. 2 AbfG allerdings nicht mehr ein und wendet ohne weiteres landesrechtliche Eingriffsnormen an, vgl. VGH Mannheim, ZfW 1993, 166; unklar auch Pohl, A., S. 123.

lichsten Art[255]. Voraussetzung ist lediglich, daß eine Maßnahme im Einzelfall zur Erreichung des genannten Ziels erforderlich und verhältnismäßig[256] ist.

bb) Grenzen

Anhaltspunkte dafür, daß der Gesetzgeber die Befugnisse der Behörden nach § 10 Abs. 2 AbfG durch den Regelungsgehalt abfallrechtlicher Zulassungsentscheidungen begrenzen wollte, bestehen nicht. Auch für eine allgemeine zeitliche Grenze ist nichts ersichtlich[257].

Im Ergebnis schränkt nur der allgemeine Verhältnismäßigkeitsgrundsatz die Befugnisse der Behörden nach § 10 Abs. 2 AbfG ein[258].

Rückwirkend kann § 10 Abs. 2 AbfG nach überwiegender Auffassung allerdings nicht angewandt werden[259]. Die Vorschrift erfaßt deshalb keine Anlagen, die bereits vor dem Inkrafttreten des AbfG am 11.6.1972 endgültig stillgelegt worden sind. Da solche Anlagen jedoch nicht aufgrund einer abfallrechtlichen Zulassung errichtet und betrieben wurden, wird diese Einschränkung hier nicht relevant.

---

[255] Vgl. die Beispiele von Dombert, S. 24, Enders, DVBl. 1993, 82 (83), Kunig, ZfW 1992, 469 (476f.), Pohl, A., S. 28ff., und Schwermer, in Kunig/ Schwermer/Versteyl, § 10 AbfG Rdnr. 18.

[256] Schwermer, in Kunig/Schwermer/Versteyl, § 10 AbfG Rdnr. 20.

[257] BVerwG, NVwZ 1986, 640; Baumann, S. 15f.; Kunig, ZfW 1992, 469 (476f.); Paetow, NVwZ 1990, 510 (514); Pohl, A., S. 150ff.; Seibert, DVBl. 1992, 664 (665); Schwermer, in Kunig/Schwermer/Versteyl, § 10 AbfG Rdnr. 21. A.A. VGH Kassel, NVwZ 1990, 383.
Selbst wenn man der vereinzelt vertretenen Auffassung folgt, Maßnahmen nach § 10 Abs. 2 AbfG könnten anläßlich der Stillegung einer Abfallentsorgungsanlage grundsätzlich nur einmal angeordnet werden (VGH Kassel, NVwZ 1990, 383 (384)), ergibt sich hieraus für den Inhalt der ersten Anordnung keine Beschränkung.
Diese Auffassung geht im übrigen davon aus, eine Verfügung nach § 10 Abs. 2 AbfG könne nur unter den Voraussetzungen des § 49 Abs. 2 VwVfG verschärft werden. Soweit in einer solchen Verfügung zum Ausdruck komme, daß weitere Maßnahmen nicht verlangt würden, liege ein begünstigender Verwaltungsakt vor (VGH Kassel, NVwZ 1990, 383 (384); ähnlich Engel, S. 11ff.). Von einer entsprechenden Intention der anordnenden Behörde kann allenfalls bei einem ausdrücklichen Verzicht auf die Anordnung weiterer Maßnahmen ausgegangen werden (vgl. zur entsprechenden Problematik bei irrtümlich zu gering festgesetzten Gebühren Sachs, in Stelkens/Bonk/Sachs, § 48 VwVfG Rdnr. 85).

[258] VGH München, BayVBl. 1993, 304 (305f.), Pohl, A., S. 128ff. und 148ff..

[259] Vgl. z.B. Dombert, S. 26, Paetow, NVwZ 1990, 510 (514), Papier, DVBl. 1985, 873, und Seibert, DVBl. 1992, 664 (665).

4. Der für eine Legalisierungswirkung verbleibende Bereich

Nach der Stillegung einer Abfallentsorgungsanlage schließt § 10 Abs. 2 AbfG aufgrund seines umfassenden Anwendungsbereichs eine Legalisierungswirkung zugunsten des Inhabers der Abfallentsorgungsanlage aus. Auch zugunsten späterer Eigentümer oder Besitzer des Anlagengrundstücks kommt eine Legalisierungswirkung nicht in Betracht. Sie können zwar nicht nach § 10 Abs. 2 AbfG, sondern nur nach allgemeinem Polizei- und Ordnungsrecht in Anspruch genommen werden[260]. Durch eine abfallrechtlichen Zulassungsentscheidung können sie jedoch nicht stärker begünstigt werden als der Inhaber einer solchen Zulassungsentscheidung selbst.

Eine Legalisierungswirkung kommt folglich nur während der Errichtung und des Betriebs einer Abfallentsorgungsanlage in Betracht. Denkbar ist sie außerhalb des Anwendungsbereichs des § 8 Abs. 1 Satz 3 AbfG, wenn zur Gefahrenabwehr und Störungsbeseitigung sonstige spezielle Eingriffsnormen und die polizei- und ordnungsrechtlichen Generalklauseln angewandt werden[261].

Ob und inwieweit eine Legalisierungswirkung hier anzuerkennen ist, hängt davon ab, welche Bindungswirkung vom Regelungsgehalt eines abfallrechtlichen Planfeststellungsbeschlusses und einer abfallrechtlichen Genehmigung ausgehen.

5. Bindungswirkung abfallrechtlicher Zulassungsentscheidungen

Spezifische objektive und subjektive Grenzen der Bindungswirkung abfallrechtlicher Zulassungsentscheidungen sind zu unterscheiden[262].

a) Objektive Grenze der Bindungswirkung

Für die objektive Grenze der Bindungswirkung einer abfallrechtlichen Zulassungsentscheidung ist ihr sachlicher Regelungsgehalt maßgebend.

---

[260] BVerwG, NJW 1989, 1295 (1296); Kloepfer, NuR 1987, 7; Seibert, DVBl. 1992, 664 (665f.).
[261] Vgl. VGH Kassel, NuR 1991, 86.
[262] Vgl. hierzu den Anfang des Kapitel E.

Planfeststellungsbeschluß und Genehmigung heben das Verbot[263] des § 7 Abs. 2 und Abs. 3 AbfG auf und lassen die Errichtung und den Betrieb einer Deponie unter konkreten Vorgaben[264] zu[265]. Auch hier bleibt also alles verboten, was durch den sachlichen Regelungsgehalt dieser Zulassungsentscheidungen nicht ausdrücklich gestattet wird. Da auch die wesentliche Änderung einer Deponie[266] nach § 7 Abs. 2 Satz 1 i.V.m. Abs. 3 AbfG eine neue Zulassung voraussetzt, gelten die Ausführungen zur Reichweite des sachlichen Regelungsgehalts einer immissionsschutzrechtlichen Genehmigung für abfallrechtliche Zulassungsentscheidungen entsprechend[267].

Neben diesem verfügenden Regelungsteil weisen Planfeststellungsbeschluß und Genehmigung als Anlagenzulassungen einen feststellenden Regelungsteil auf, der die errichtete Anlage über den verfügenden Regelungsteil hinaus gegen die unmittelbare Durchsetzung der Anforderungen materieller Vorschriften schützt[268].

aa) Konzentrationswirkung eines abfallrechtlichen Planfeststellungsbeschlusses

Nach § 75 Abs. 1 VwVfG kommt einem abfallrechtlichen Planfeststellungsbeschluß Konzentrationswirkung zu. Gemäß § 75 Abs. 1 Satz 1 2. Halbsatz VwVfG sind weitere behördliche Zulassungsentscheidungen neben einem Planfeststellungsbeschluß grundsätzlich nicht erforderlich[269]. Dies gilt nach § 14 Abs. 1 i.V.m. Abs. 3 WHG allerdings nicht für die Erteilung einer wasserrechtlichen Erlaubnis. Die spezielle Regelung des WHG schränkt § 75 Abs. 1 Satz 1 2. Halbsatz VwVfG ein[270].

---

[263] Stöhr, in Hoschützky/Kreft, § 7 AbfG Nr. 1.1, und Schwermer, in Kunig/Schwermer/Versteyl, § 7 AbfG Rdnr. 5, sind der Ansicht, es handele sich um ein "präventives Verbot". Paetow, in Festschrift für Sendler, S. 425 (427), meint, es liege eine Mischform zwischen einem präventiven Verbot mit Erlaubnisvorbehalt und einer Planungsentscheidung vor.

[264] Vgl. Stöhr, in Hoschützky/Kreft, § 7 AbfG Nr. 2.4; Schwermer, in Kunig/Schwermer/Versteyl, § 7 AbfG Rdnr. 46.

[265] Bei einem Planfeststellungsbeschluß ist die Zulassung Gegenstand seiner "Feststellungs-" beziehungsweise "Regelungswirkung" nach § 75 Abs. 1 Satz 1 1. Halbsatz VwVfG; vgl. hierzu Stöhr, in Hoschützky/Kreft, § 7 AbfG Nr. 2.5; Hösel/von Lersner, § 7 AbfG Rdnr. 109; Schwermer, in Kunig/Schwermer/Versteyl, § 7 AbfG Rdnr. 48.

[266] Beispielsweise die Ablagerung von Bauschutt statt Hausmüll, VGH Kassel, ZfW 1991, 43 (44).

[267] Vgl. oben E II 4 a).

[268] Vgl. oben D I 2 c) cc) (2) (b).

[269] Bei der Zulassung einer Deponie kommt insbesondere die Konzentration landesrechtlich geregelter bau- und wasserrechtlicher Genehmigungen in Betracht, vgl. VGH Kassel, NVwZ 1989, 484 (487).

[270] Kim, S. 119; Schwermer, in Kunig/Schwermer/Versteyl, § 7 AbfG Rdnr. 49. Vgl. zum parallelen Problem bei der Zulassung eines bergrechtlichen Betriebsplans durch Planfeststellungsbeschluß Bohne, ZfB 1989, 93 (112); a.A. mit dem pauschalen Hinweis auf § 75 Abs. 1 VwVfG Boldt/Weller/Mäßenhausen, Ergänzungsband, § 57a BBergG Rdnr. 76; unklar Gaentzsch, in Festschrift für Sendler, S. 403 (414)).

Auch im Abfallrecht ändert die Konzentrationswirkung das für die konzentrierten Genehmigungen maßgebende materielle Recht nicht[271]. Der den konzentrierten Genehmigungen entsprechende Regelungsgehalt weist deshalb hinsichtlich seiner Bindungswirkung keine abfallrechtlichen Besonderheiten auf[272]. Die folgenden Ausführungen beschränken sich daher, soweit sie andere Genehmigungen konzentrierende Planfeststellungsbeschlüsse betreffen, auf den spezifisch abfallrechtlichen Teil des Regelungsgehalts dieser Zulassungsentscheidungen. Abfallrechtliche Genehmigungen weisen ohnehin keinen weiteren Regelungsgehalt auf.

bb) Spezifisch abfallrechtlicher Regelungsgehalt eines Planfeststellungsbeschlusses

Der spezifisch abfallrechtliche Regelungsgehalt eines Planfeststellungsbeschlusses nach § 7 Abs. 2 AbfG besteht aus der Regelung des festgestellten Plans, seinen Auflagen und Bedingungen, welche die Erfüllung der dem Betreiber einer Abfallentsorgungsanlage nach § 2 Abs. 1 Satz 2 AbfG obliegenden Grundpflicht sicherstellen sollen[273]. Nach § 2 Abs. 1 Satz 2 1. Halbsatz AbfG sind Abfälle "so zu entsorgen, daß das Wohl der Allgemeinheit nicht beeinträchtigt wird". Der 2. Halbsatz der Vorschrift zählt beispielhaft Belange auf, die zu berücksichtigen sind[274].

Die Zulassungsbehörden orientieren sich bei ihren Entscheidungen an normkonkretisierenden Verwaltungsvorschriften, welche die Bundesregierung nach § 4 Abs. 5 AbfG partiell erlassen hat: Am 17.2.1990 trat die "Allgemeine Verwaltungsvorschrift über Anforderungen zum Schutz des Grundwassers bei der Lagerung und Ablagerung von Abfällen"[275] in Kraft[276]. Im Oktober desselben Jahres folgte die "Zweite Allgemeine Verwaltungsvorschrift zum Abfallgesetz (TA Abfall)"[277], die in ihrem Teil 1 die

---

[271] BVerwGE 70, 242 (244). Die vom BVerwG zur Begründung zitierten Vorschriften sind zwar inzwischen durch das erste Gesetz zur Bereinigung des Verwaltungsverfahrensrechts vom 18.2.1986, BGBl. I S. 265, aufgehoben worden. Für einen Willen des Gesetzgebers, hierdurch die materielle Rechtslage zu ändern, bestehen jedoch keinerlei Anhaltspunkte.
Vgl. auch Kim, S. 117ff.; Paetow, in Festschrift für Sendler, S. 425 (429); Schwermer, in Kunig/Schwermer/Versteyl, § 7 AbfG Rdnr. 49; Stöhr, in Hoschützky/Kreft, § 7 AbfG Nr. 2.5.

[272] Vgl. VGH Kassel, NVwZ 1989, 484 (487).

[273] Hierdurch wird gleichzeitig der Versagungsgrund des § 8 Abs. 3 Satz 2 Nr. 1 AbfG ausgeschlossen, BVerwG, NuR 1993, 430 (431); Kim, S. 151ff.; Schwermer, in Kunig/Schwermer/Versteyl, § 8 AbfG Rdnr. 39.

[274] BVerwGE 70, 242 (244); BVerwG, NuR 1993, 430 (431).

[275] GMBl. S. 74.

[276] Die zum Schutz des Grundwassers zu treffenden anlagen- und betriebsbezogenen Regelungen gibt Nr. 3.1 vor.

[277] GMBl. S. 169. Kritisch hierzu Weidemann, NVwZ 1993, 226 (230).

"Technische Anleitung zur Lagerung, chemisch/physikalischen, biologischen Behandlung, Verbrennung und Ablagerung von besonders überwachungsbedürftigen Abfällen"[278] enthält[279]. Die "Dritte Allgemeine Verwaltungsvorschrift zum Abfallgesetz (TA-Siedlungsabfall)"[280] trat am 1.6.1993 in Kraft[281].

Soweit Verwaltungsvorschriften des Bundes fehlen, erläutern zahlreiche Richtlinien und Prüfkataloge von Landesbehörden das "Wohl der Allgemeinheit" im abfallrechtlichen Sinn[282]. Darüber hinaus veröffentlicht die Länderarbeitsgemeinschaft Abfall "Merkblätter", in denen spezielle Anforderungen an die geordnete Entsorgung bestimmter Abfälle gestellt werden[283].

b) Subjektive Grenze der Bindungswirkung

Der umfassenden Bindung des Inhabers einer abfallrechtlichen Zulassungsentscheidung und seiner Rechtsnachfolger[284] an den sachlichen Regelungsgehalt der Zulassungsentscheidung steht angesichts der Eingriffsbefugnisse nach § 8 Abs. 1 Satz 3 AbfG nur eine begrenzte Bindung der Behörden gegenüber.

---

[278] Sie wurde nach Änderungen im GMBl. 1991, S. 139, neubekanntgemacht.

[279] Materielle Anforderungen an Deponien sehen insbesondere die Nrn. 6, 9 und 10 vor.

[280] Veröffentlicht im Bundesanzeiger, Jahrgang 45, Nr. 99a.

[281] Materielle Anforderungen an Deponien enthalten insbesondere die Nrn. 4.2, 7, 10, 11 und 12.

[282] Vgl. Harries, S. 79, zur hessischen Verwaltungspraxis.

[283] Vgl. hierzu Harries, S. 79.

[284] Nach Auffassung von Schwermer, in Kunig/Schwermer/Versteyl, § 7 AbfG Rdnr. 7, geht eine abfallrechtliche Zulassung nicht ohne weiteres auf den Erwerber einer Abfallentsorgungsanlage über. Planfeststellungsbeschluß und Genehmigung seien keine reinen Anlagen- beziehungsweise Sachgenehmigungen. Denn nach § 8 Abs. 3 Nr. 2 AbfG käme es bei der Zulassung einer Anlage auch auf die Zuverlässigkeit der verantwortlichen Personen an. Gehe eine Abfallentsorgungsanlage auf einen Erwerber über, bleibe zwar der anlagenbezogene Teil der Zulassung "unangetastet", die Zuverlässigkeit des Erwerbers müsse jedoch erneut geprüft werden.
Nach Ansicht von Hösel/von Lersner, § 7 AbfG Rdnr. 5, sollen nur bei der ersten Zulassung einer Abfallentsorgungsanlage personenbezogene Voraussetzungen bestehen; danach sei die Zulassung anlagenbezogen und gehe ohne Mitwirkungsakte der Zulassungsbehörde auf einen Erwerber der Anlage über.
Der Streit kann im Rahmen dieser Arbeit dahinstehen. Hinsichtlich des anlagenbezogenen sachlichen Regelungsgehalts eines Planfeststellungsbeschlusses oder einer Genehmigung partizipieren nach beiden Auffassungen auch die Rechtsnachfolger des ersten Inhabers dieser Zulassungsentscheidungen von ihrer eventuellen Legalisierungswirkung, vgl. oben D II 4 b).

aa) Keine Bindung der Behörden an den Teil des sachlichen Regelungsgehalts abfallrechtlicher Zulassungsentscheidungen, der mit nachträglichen Auflagen geändert werden kann

Der Teil des sachlichen Regelungsgehalts einer abfallrechtlichen Zulassungsentscheidung, der vom Auflagenvorbehalt des § 8 Abs. 1 Satz 3 AbfG erfaßt wird, bindet die Behörden nicht. Er kann nachträglich modifiziert werden[285] und steht somit von vornherein zur Disposition der Behörden.

Die Rechtsstellung, die der Inhaber einer abfallrechtlichen Zulassungsentscheidung erlangt, ist in gleichem Maße von Anfang an eingeschränkt. § 8 Abs. 1 Satz 3 AbfG schließt in seinem Anwendungsbereich Vertrauensschutz aus[286]. Der Betreiber ist zwar einerseits zur Beachtung des Regelungsgehalts der ihm erteilten Zulassungsentscheidung verpflichtet, andererseits aber nicht davor gefeit, durch eine nachträgliche Auflage jederzeit weiter belastet zu werden.

Ein Planfeststellungsbeschluß und eine Genehmigung sind im Anwendungsbereich des § 8 Abs. 1 Satz 3 AbfG folglich nur einseitig verbindlich. Beim Erlaß einer nachträglichen Auflage erfolgt keine teilweise Aufhebung der betroffenen Zulassungsentscheidung durch Widerruf oder Rücknahme[287]. Denn eine widersprechende Regelung, die zu beseitigen wäre, gibt es nicht. In seinen Wirkungen entspricht § 8 Abs. 1 Satz 3 AbfG somit § 5 WHG[288] und § 17 BImSchG.

bb) Bindung der Behörden an den nur durch Rücknahme und Widerruf zu modifizierenden sachlichen Regelungsgehalt

Soweit der sachliche Regelungsgehalt einer abfallrechtlichen Zulassungsentscheidung dagegen nicht nach § 8 Abs. 1 Satz 3 AbfG modifiziert werden kann und seine Änderung deshalb einen Widerruf oder eine Rücknahme voraussetzt, ist er auch für die Behörden als materielles Recht verbindlich.

---

[285] Vgl. BVerwG, ZfW 1992, 430 (431).

[286] Vgl. BVerwG, ZfW 1992, 430 (433); Schwermer, in Kunig/Schwermer/Versteyl, § 8 AbfG Rdnr. 22; Stöhr, in Hoschützky/Kreft, § 7 AbfG Nr. 1.1. Allgemein zum Auflagenvorbehalt Kloepfer, Verw 1975, 295 (302f.).

[287] Vgl. Kloepfer, Verw 1975, 295 (308ff.); Meßerschmidt, NVwZ 1984, 565 (567); Schwermer, in Kunig/Schwermer/Versteyl, § 8 AbfG Rdnr. 26; Stelkens, in Stelkens/Bonk/Leonhardt, § 36 VwVfG Rdnr. 36. A.A. ohne Begründung Kopp, § 36 VwVfG Rdnr. 33.

[288] So zu § 5 WHG auch Hösel/von Lersner, § 8 AbfG Rdnr. 12.

6. Folgerungen für die Legalisierungswirkung abfallrechtlicher Zulassungen

Eine Legalisierungswirkung abfallrechtlicher Zulassungsentscheidungen besteht nur während der Errichtung und des Betriebs von Abfallentsorgungsanlagen.

Soweit der sachliche Regelungsgehalt eines Planfeststellungsbeschlusses oder einer Genehmigung die Behörden nicht bindet, fehlt auch während dieses Zeitraums für eine Legalisierungswirkung die Grundlage. Der Inhaber einer abfallrechtlichen Zulassungsentscheidung kann deshalb trotz einer mit diesem Regelungsgehalt konformen Errichtung und eines entsprechenden Betriebs seiner Anlage auch außerhalb des Anwendungsbereichs des § 8 Abs. 1 Satz 3 AbfG nach sonstigen speziellen Eingriffsnormen und den polizei- und ordnungsrechtlichen Generalklauseln als Störer in Anspruch genommen werden.

Außerhalb dieses Bereichs sind die Behörden dagegen während der Errichtung und des Betriebs von Abfallentsorgungsanlagen aufgrund ihrer Bindung an den sachlichen Regelungsgehalt einer abfallrechtlichen Zulassungsentscheidung nicht befugt, Verfügungen zu erlassen, die diesem Regelungsgehalt widersprechen. Abfallrechtliche Zulassungsentscheidungen wirken insoweit legalisierend. Nachträgliche Verfügungen, die auf die Abwehr beziehungsweise Beseitigung zulassungskonform verursachter Gefahren oder Störungen gerichtet sind, dürfen deshalb im Ergebnis weder den Kernbereich des Regelungsgehalts eines Planfeststellungsbeschlusses oder einer Genehmigung in Frage stellen, noch ihren Inhaber unverhältnismäßig belasten. Für die Abgrenzung im Einzelfall gelten die Ausführungen zu immissionsschutzrechtlichen Genehmigungen entsprechend[289].

Nach der Stillegung einer Abfallentsorgungsanlage schließt § 10 Abs. 2 AbfG eine Legalisierungswirkung aus.

7. Zulassungsentscheidungen, die vor dem Inkrafttreten des AbfG für Abfallentsorgungsanlagen erteilt wurden

Bereits vor dem Inkrafttreten des AbfG war die Errichtung und der Betrieb bestimmter Abfallentsorgungsanlagen zulassungsbedürftig[290]. So war

---

[289] Vgl. oben E II 5.
[290] Stöhr, in Hoschützky/Kreft, § 9 AbfG Nr. 0.1.

- für eine Deponie in der Regel nach den §§ 2 Abs. 1 i.V.m. 3 Abs. 2 Nr. 2, 8 Abs. 2 Satz 2 WHG eine wasserrechtliche Erlaubnis[291],
- für eine Müllverbrennungsanlage und einen Autoshredder nach § 16 GewO i.V.m. § 1 Nr. 2 der Verordnung über genehmigungsbedürftige Anlagen nach § 16 GewO[292] eine gewerberechtliche Genehmigung[293] und
- für eine Abfallentsorgungsanlage, die eine bauliche Anlage darstellte oder enthielt, eine Baugenehmigung[294]

erforderlich.

Daß diesen Zulassungsentscheidungen nur eine begrenzte Legalisierungswirkung zukommt, wurde bereits dargelegt[295]. Soweit der Betrieb von Abfallentsorgungsanlagen nach dem Inkrafttreten des AbfG am 11.6.1972 fortgesetzt wurde, schränken darüber hinaus § 9 AbfG und § 10 Abs. 2 AbfG den für eine Legalisierungswirkung in Betracht kommenden Bereich ein:

Abfallentsorgungsanlagen, die dem vor dem Inkrafttreten des AbfG maßgebenden Recht entsprachen, unterwirft das AbfG nicht den Zulassungserfordernissen des § 7 Abs. 1 oder 2 AbfG; sie unterliegen nur der nachträglichen Überwachung[296]. Nach § 9 Satz 1 AbfG können für ihren Betrieb "Befristungen, Bedingungen und Auflagen"[297] angeordnet werden; soweit eine erhebliche Beeinträchtigung des Wohls der Allgemeinheit hierdurch nicht verhindert werden kann, ist nach § 9 Satz 2 AbfG eine Betriebsuntersagung möglich[298].
Materiellrechtlich gilt für die in § 9 Satz 1 AbfG vorgesehenen Maßnahmen der gleiche Maßstab, der nach § 8 Abs. 1 Satz 3 AbfG bei der nachträglichen Anpassung von "neuen" Abfallentsorgungsanlagen zu beachten ist[299]. § 9 AbfG schränkt die Rechts-

---

[291] VGH Kassel, NVwZ 1986, 662; OVG Münster, ZfW 1983, 124; OVG Koblenz UPR 1989, 315; VGH Mannheim, VBlBW 1992, 214 (214f.); Schwermer, in Kunig/ Schwermer/Versteyl, § 9 AbfG Rdnr. 8.

[292] In der Fassung vom 7.7.1971, BGBl. I S. 888.

[293] Schwermer, in Kunig/Schwermer/Versteyl, § 9 AbfG Rdnr. 8.

[294] Schwermer, in Kunig/Schwermer/Versteyl, § 9 AbfG Rdnr. 8.

[295] Vgl. oben E I, E III und E IV.

[296] BVerwG, NuR 1993, 434 (436); Schwermer, in Kunig/Schwermer/Versteyl, § 9 AbfG Rdnrn. 9f. und 11.

[297] "Befristungen, Bedingungen und Auflagen" i.S.v. § 9 Satz 1 AbfG sind keine Nebenbestimmungen zu bereits vorhandenen Zulassungsentscheidungen, die für die rechtmäßige Einrichtung oder den rechtmäßigen Betrieb der von der Vorschrift erfaßten Anlagen nicht in jedem Fall erforderlich waren (Schwermer, in Kunig/Schwermer/Versteyl, § 9 AbfG Rdnrn. 8 und 15; Stöhr, in Hoschützky/Kreft, § 9 AbfG Nr. 2.1). Gemeint sind nachträgliche Anordnungen in Form von selbständigen Verwaltungsakten (BVerwG, ZfW 1992, 430 (431); Schwermer, in Kunig/Schwermer/Versteyl, § 9 AbfG Rdnr. 15.).

[298] Vgl. hierzu BVerwG, NuR 1993, 434 (436).

[299] BVerwG, ZfW 1992, 430 (431); Schwermer, in Kunig/Schwermer/Versteyl, § 9 AbfG Rdnr. 16.

stellung des Betreibers einer Altanlage - insbesondere den Bereich, in dem eine Legalisierungswirkung von Genehmigungen denkbar ist - ebenso ein, wie § 8 Abs. 1 Satz 3 AbfG die des Betreibers einer Neuanlage[300].

§ 10 Abs. 2 AbfG erfaßt auch Abfallentsorgungsanlagen, die zwar vor dem Inkrafttreten des AbfG zugelassen, aber erst danach stillgelegt worden sind[301]. Nach der Stillegung solcher Anlagen schließt die Vorschrift eine Legalisierungswirkung alter Zulassungsentscheidungen aus[302].

8. Auswirkungen des Kreislaufwirtschafts- und Abfallgesetzes auf die Legalisierungswirkung abfallrechtlicher Zulassungsentscheidungen

Durch das Inkrafttreten des Kreislaufwirtschafts- und Abfallgesetzes[303] am 6.10.1996[304] wird sich die Legalisierungswirkung abfallrechtlicher Zulassungsentscheidungen nicht verändern. Das Kreislaufwirtschafts- und Abfallgesetz übernimmt die Vorschriften des Abfallgesetzes, aus denen die eingeschränkte Legalisierungswirkung abfallrechtlicher Zulassungsentscheidungen hergeleitet wurde, ohne inhaltliche Änderungen[305].

VI. Bergrechtliche Betriebspläne

Während die bergbaulichen Berechtigungen[306] privatrechtlich zum Aufsuchen und Gewinnen von Bodenschätzen[307] berechtigen, gestatten bergrechtliche Betriebspläne öffentlich-rechtlich die Ausübung dieser Rechte[308]. Aufsuchungs- und Gewinnungsbetriebe sowie Betriebe zur Aufbereitung von Bodenschätzen dürfen nach § 51 BBergG

---

[300] BVerwG, ZfW 1992, 430 (433f.).

[301] Vgl. oben E V 3 b) bb).

[302] Vgl. oben E V 4.

[303] Das Kreislaufwirtschafts- und Abfallgesetzes bildet den Art. 1 des Gesetzes zur Vermeidung, Verwertung und Beseitigung von Abfällen vom 27.9.1994, BGBl. I S. 2705.

[304] Nach Art. 13 Satz 2 des Gesetzes zur Vermeidung, Verwertung und Beseitigung von Abfällen vom 27.9.1994, BGBl. I S. 2705 (2728) tritt das Gesetz im wesentlichen zwei Jahre nach seiner Verkündung in Kraft. Die Verkündung erfolgte am 6.10.1994 (BGBl. I S. 2645).

[305] Vgl. die §§ 31, 32 Abs. 4 Satz 2, 35 und 36 Abs. 2 des Kreislaufwirtschafts- und Abfallgesetzes.

[306] Bergrechtliche Erlaubnis nach § 7 BBergG, bergrechtliche Bewilligung nach § 8 BBergG und Bergwerkseigentum nach § 9 BBergG; ausführlich hierzu Rausch, S. 21ff..

[307] Für bergfreie Bodenschätze im Sinne des § 3 Abs. 3 BBergG gelten die §§ 7, 8 und 9 BBergG unmittelbar, für grundeigene Bodenschätze im Sinne des § 3 Abs. 4 BBergG gelten § 7 Abs. 1 und die §§ 8 und 9 BBergG nach § 34 BBergG grundsätzlich entsprechend.

[308] Gaentzsch, in: Festschrift für Sendler, S. 403 (410); Rausch, S. 36.

in der Regel nur aufgrund eines bergrechtlichen Betriebsplans errichtet, geführt und eingestellt werden.

Das OVG Münster erkennt eine legalisierende Wirkung bergrechtlicher Betriebspläne nicht an[309]. Das Gericht führt aus, Betriebsplanhandlungen des Bergbaus wiesen "im Verhältnis zum Normalmaß" von vornherein eine "erhöhte Gefahrentendenz" auf[310]. Die Betriebsplanzulassung diene der präventiven Gefahrenabwehr[311]. Sie sanktioniere es jedoch nicht, wenn durch zugelassene Betriebshandlungen Gefahren oder Störungen für die öffentliche Sicherheit oder Ordnung hervorgerufen werden[312].

Ob diese Auffassung zutrifft, hängt davon ab, in welchem Bereich eine Legalisierungswirkung bergrechtlicher Betriebspläne überhaupt denkbar ist und welche Bindungswirkung ihrem Regelungsgehalt hier zukommt.

Zunächst wird die Rechtslage nach dem BBergG untersucht, anschließend, ob sich aus den Berggesetzen der Länder, die bis zum Inkrafttreten des BBergG zum 1.1.1982 galten[313], etwas anderes ergibt.

1. Bergrechtliche Betriebspläne im Sinne der §§ 51ff. BBergG

Betriebspläne, die nach § 54 Abs. 1 BBergG vom Unternehmer zu erstellen sind, müssen nach den §§ 54ff. BBergG von der zuständigen Behörde zugelassen werden. Das BBergG differenziert zwischen Rahmen-, Haupt-, Sonder- und Abschlußbetriebsplänen.

a) Rahmenbetriebspläne

Rahmenbetriebspläne sind nach § 52 Abs. 2 Nr. 1 BBergG fakultativ oder nach § 52 Abs. 2a BBergG obligatorisch zu erstellen. Im ersten Fall ist ein Rahmenbetriebsplan

---

[309] OVG Münster, UPR 1984, 279; NVwZ 1985, 355; zustimmend Kirchner/Kremer, ZfB 1990, 5 (9f.). Die Entscheidungen des OVG Münster betreffen zwar nur Betriebspläne, die vor dem Inkrafttreten des BBergG nach dem Allgemeinen Berggesetz für die Preußischen Staaten, das als Landesrecht fortgalt (vgl. BVerwG, ZfB 1955, 306 (306f.)), zugelassen wurden. Die Begründung, die allein an die Funktion bergrechtlicher Betriebspläne anknüpft, die sich mit dem Inkrafttreten des BBergG nicht verändert hat, erfaßt jedoch bergrechtliche Betriebspläne im allgemeinen.

[310] OVG Münster, NVwZ 1985, 355 (356).

[311] OVG Münster, UPR 1984, 279 (279); NVwZ 1985, 355 (356).

[312] OVG Münster, UPR 1984, 279 (279).

[313] Vgl. zur Rechtslage vor dem Inkrafttreten des BBergG BVerwG, ZfB 1955, 306 (306f.).

nur zu erarbeiten, wenn die zuständige Behörde dies verlangt[314]. Im zweiten Fall ist ein Rahmenbetriebsplan stets zu erstellen; der Gesetzgeber verlangt dies für alle Vorhaben, vor deren Zulassung eine Umweltverträglichkeitsprüfung (UVP) durchzuführen ist[315].

aa) Fakultative Rahmenbetriebspläne

Der sachliche Regelungsgehalt eines fakultativen Rahmenbetriebsplans beschränkt sich gemäß § 52 Abs. 2 Nr. 1 BBergG auf "allgemeine Angaben über das beabsichtigte Vorhaben, dessen technische Durchführung und voraussichtlichen zeitlichen Ablauf". Die Freigabe der Errichtung und Führung eines bergrechtlichen Betriebs erfolgt erst durch spätere Haupt- oder Sonderbetriebspläne[316]. Ein fakultativer Rahmenbetriebsplan enthält folglich keinen verfügenden Regelungsteil. Welcher sachliche Regelungsgehalt ihm zukommt, ist umstritten.

In der Literatur[317] wird überwiegend die Ansicht vertreten, ein fakultativer Rahmenbetriebsplan treffe die Feststellung, daß der Standort und das Konzept[318] des bergbaulichen Vorhabens den gesetzlichen Zulassungsvoraussetzungen entsprechen. Bei der Entscheidung über die Zulässigkeit späterer Haupt-, Sonder- oder Abschlußbetriebspläne sei die zuständige Bergbehörde an diese Feststellung gebunden[319].

Diese Auffassung weist das BVerwG[320] zurück. Über die Zulassung späterer Betriebspläne sei "nach dem dann gegebenen Kenntnisstand nach Maßgabe des § 55 Abs. 1 BBergG zu entscheiden"[321]. Der Unternehmer erhalte durch einen zugelassenen Rahmenbetriebsplan "keinen Rechtsanspruch auf Zulassung von späteren Haupt- oder Sonderbetriebsplänen ohne erneute Prüfung der darin im einzelnen zu beschreibenden Tä-

---

[314] BVerwG, UPR 1992, 236.

[315] Hierzu Gaentzsch, in: Festschrift für Sendler, S. 403 (413f.).

[316] BVerwG, UPR 1992, 236 (238); Boldt/Weller/Mäßenhausen, Ergänzungsband, § 52 BBergG Rdnr. 18.

[317] Boldt/Weller/Mäßenhausen, Ergänzungsband, § 52 BBergG Rdnr. 19 m.w.N.; Brauner, NuR 1994, 20 (22f.); Kühne, UPR 1992, 218; derselbe, Bergrechtlicher Rahmenbetriebsplan, S. 24ff.; derselbe, in Kühne/Gaentzsch, S. 45 (79f.); Rausch, S. 43f.. A.A. Gaentzsch, in Kühne/Gaentzsch, S. 9 (25ff.).

[318] Gaentzsch, in: Festschrift für Sendler, S. 403 (410); Niermann, S. 74ff..

[319] Bei der Einführung obligatorischer Rahmenbetriebspläne für UVP-pflichtige Vorhaben, die zur Umsetzung der UVP-Richtlinie erfolgte, ging offenbar auch die Bundesregierung von dieser Vorstellung aus, vgl. Bohne, ZfB 1989, 93 (104 und 108).

[320] BVerwG, UPR 1992, 236 (239). Ebenso Gaentzsch, in Kühne/Gaentzsch, S. 9 (26f.).

[321] BVerwG, UPR 1992, 236 (237).

tigkeiten und Einrichtungen an den Maßstäben des § 55 Abs. 1 BBergG"[322]. Zur Begründung verweist das Gericht auf die "Aufsichts- und Steuerungsfunktion"[323] eines fakultativen Rahmenbetriebsplans. Es führt aus:

"Ein Rahmenbetriebsplan ist nämlich 'auf Verlangen' der Bergbehörde aufzustellen. Der Bergbehörde soll es damit ermöglicht werden, die längerfristige Entwicklung des Betriebs zu überblicken und dafür einen Rahmen abzustecken. Dem Bergbauunternehmer soll ein verpflichtender, aber nicht in gleicher Weise wie bei einem Vorbescheid ein berechtigender Rahmen vorgegeben werden. Ergeben sich während des Geltungszeitraums eines zugelassenen Rahmenbetriebsplans Umstände, die gemäß § 55 Abs. 1 Satz 1 Nr. 2 bis 13 BBergG der Zulassung von Haupt- und Sonderbetriebsplänen entgegenstehen, so können diese nicht gleichwohl unter Berufung auf eine Bindungswirkung des Rahmenbetriebsplans zugelassen werden. Vielmehr sind Festlegungen eines zugelassenen Rahmenbetriebsplans, die nach nunmehrigem Sach- und Erkenntnisstand in Widerspruch zu den Anforderungen des § 55 Abs. 1 Satz 1 Nr. 2 bis 13 BBergG stehen, nach Maßgabe der §§ 56 oder 57 BBergG zu ändern. ... Das Risiko, daß beim Fortschreiten eines Bergbaubetriebs weitere Erkenntnisse zu Einschränkungen oder gar zur Einstellung der Betriebs führen, trägt ... der Unternehmer"[324].

Welcher Meinung zu folgen ist, kann hier offen bleiben. Selbst wenn man mit der Literatur die Ansicht vertritt, die Regelung eines fakultativen Rahmenbetriebsplans präjudiziere die Zulassung späterer Haupt-, Sonder- oder Abschlußbetriebspläne, so ist der sachliche Regelungsgehalt eines fakultativen Rahmenbetriebsplans für eine Legalisierungswirkung zu unbestimmt. "Allgemeine Angaben über das beabsichtigte Vorhaben, dessen technische Durchführung und voraussichtlichen zeitlichen Ablauf"[325], die ein fakultativer Rahmenbetriebsplan nach § 52 Abs. 2 Nr. 1 BBergG enthält, sind nicht geeignet, die öffentlich-rechtliche Störerhaftung des Unternehmers für Schäden auszuschließen, die durch Betriebsabläufe verursacht werden, die erst durch spätere Haupt-, Sonder-oder Abschlußbetriebspläne konkretisiert werden.

---

[322] BVerwG, UPR 1992, 236 (237).
[323] BVerwG, UPR 1992, 236 (239).
[324] BVerwG, UPR 1992, 236 (239).
[325] Hierzu Niermann, S. 65f..

bb) Obligatorische Rahmenbetriebspläne

Obligatorische Rahmenbetriebspläne hat der Gesetzgeber zur Umsetzung der Richtlinie des Rates vom 27. Juni 1985 über die Umweltverträglichkeitsprüfung bei bestimmten öffentlichen und privaten Projekten (85/337/EWG)[326] (UVP-Richtlinie) eingeführt. Sie müssen nach § 52 Abs. 2a BBergG i.V.m. § 57a BBergG im Rahmen von Planfeststellungsverfahren zugelassen werden.

(1) Zulassungsvoraussetzungen und wesentlicher Regelungsgehalt

Die Zulassung obligatorischer Rahmenbetriebspläne erfolgt als gebundene Entscheidung. Der Planfeststellungsbehörde steht keine planerische Gestaltungsfreiheit zu[327]. Denn die §§ 55 und 48 Abs. 2 BBergG, welche die materiellen bergrechtlichen Zulassungsvoraussetzungen für alle Betriebsplanarten vorgeben und zu einer gebundenen Entscheidung verpflichten[328], wurden bei der Einführung des Planfeststellungsverfahrens insoweit nicht verändert[329].

§ 57a Abs. 2 Satz 2 BBergG sieht für einen obligatorischen Rahmenbetriebsplan spezielle inhaltliche Anforderungen vor. Wegen der Vorgaben der UVP-Richtlinie muß der Rahmenbetriebsplan "alle für die Umweltverträglichkeitsprüfung bedeutsamen Angaben enthalten". Konkretisiert werden diese Anforderungen durch § 2 der Verordnung über die Umweltverträglichkeitsprüfung bergbaulicher Vorhaben (UVP-V Bergbau)[330]. Nach § 2 Abs. 1 Nr. 1 UVP-V Bergbau ist insbesondere "eine Beschreibung von Art und Menge der zu erwartenden Emissionen und Reststoffe, vor allem der Luftverunrei-

---

[326] Amtsblatt der Europäischen Gemeinschaften Nr. L 175/40 vom 5.7.1985.

[327] BVerwG, NVwZ 1991, 992 (993); Boldt/Weller/Mäßenhausen, Ergänzungsband, § 57a BBergG Rdnr. 5; Gaentzsch, in: Festschrift für Sendler, S. 403 (411f.); Niermann, S. 50; Schulte, S. 42f. und 75. A.A. wohl Bohne, ZfB 1989, 93 (112).

[328] Nach § 55 Abs. 1 Satz 1 1. Halbsatz BBergG "ist (die Zulassung eines Betriebsplans) zu erteilen, wenn ...".
Aus § 48 Abs. 2 BBergG ergibt sich nichts anderes: Nach Auffassung des BVerwG (BVerwGE 74, 315 (323); 81, 329 (339); BVerwG, ZfB 1991, 140 (143f.)), die sich der Gesetzgeber mit der Einführung des § 52 Abs. 2a Satz 3 BBergG zu eigen gemacht hat, erweitert § 48 Abs. 2 BBergG trotz seiner Formulierung als Eingriffsermächtigung die materiellen Zulassungsvoraussetzungen des § 55 BBergG. Die Zulassung eines Betriebsplans ist deshalb zu versagen, wenn "ihr überwiegende öffentliche Interessen entgegenstehen". Einen nicht justitiablen Gestaltungsspielraum erhält die Zulassungsbehörde hierdurch jedoch nicht (Boldt/Weller/Mäßenhausen, Ergänzungsband, § 57a BBergG Rdnr. 65; Gaentzsch, in: Festschrift für Sendler, S. 403 (412); Niermann, S. 50, 53 und 99).

[329] Durch § 52 Abs. 2a Satz 3 BBergG wurden lediglich die im Rahmen des § 48 Abs. 2 BBergG zu berücksichtigenden Zulassungsvoraussetzungen erweitert, vgl. Bohne, ZfB 1989, 93 (112); Boldt/Weller/Mäßenhausen, Ergänzungsband, § 52 BBergG Rdnr. 61.

[330] BGBl. I 1990, S. 1420.

nigungen, der Abfälle und des Anfalls von Abwasser, sowie Angaben über alle sonstigen erheblichen Auswirkungen des Vorhabens auf Menschen, Tiere und Pflanzen, Boden, Wasser, Luft, Klima und Landschaft, einschließlich der jeweiligen Wechselwirkungen, und auf Kultur und Sachgüter" erforderlich. Der Unternehmer hat detaillierte Unterlagen[331] zu den Umweltauswirkungen des geplanten bergbaulichen Vorhabens einzureichen. Diese Umweltauswirkungen sind gemäß § 57a Abs. 4 Satz 3 BBergG vor der Zulassungsentscheidung zu bewerten[332]; das Ergebnis der Bewertung ist nach §§ 52 Abs. 2a Satz 3, 57a Abs. 4 Satz 1 und 57a Abs. 1 Satz 1 BBergG i.V.m. § 75 Abs. 1 Satz 1 VwVfG[333] der Zulassungsentscheidung zugrunde zu legen. Wird ein obligatorischer Rahmenbetriebsplans zugelassen, erfolgt somit eine konkrete Feststellungen zur Zulässigkeit der zu erwartenden Umweltauswirkungen. Anders als bei einem fakultativen Rahmenbetriebsplan scheitert die legalisierende Wirkung eines obligatorischen Rahmenbetriebsplans folglich nicht von vornherein an der mangelnden Bestimmtheit seines sachlichen Regelungsgehalts.

Die Konzentrationswirkung, die einem Planfeststellungsbeschluß nach § 75 Abs. 1 Satz 1 2. Halbsatz VwVfG zukommt, wurde beim planfestgestellten Rahmenbetriebsplan beschränkt[334]. Ein Rahmenbetriebsplan ersetzt zwar Zulassungsentscheidungen, die nach anderen als bergrechtlichen Vorschriften, etwa nach dem BImSchG, dem BNatSchG oder dem BauGB[335], erforderlich sind[336]. Bergrechtlich berechtigt er jedoch noch nicht zur Durchführung des Vorhabens[337]. Erst nachfolgende Haupt- und Sonderbetriebspläne gestatten die Errichtung und Führung bergrechtlicher Betriebe. Für die Einstellung eines Betriebs ist ein Abschlußbetriebsplan erforderlich. Einem obligatorischen Rahmenbetriebsplan fehlt also - ebenso wie einem fakultativen - bergrechtlich ein verfügender Regelungsteil.
Allerdings wird nach § 75 Abs. 1 Satz 1 1. Halbsatz VwVfG "die Zulässigkeit des Vorhabens ... im Hinblick auf alle von ihm berührten öffentlichen Belange festgestellt". Spätere Haupt-, Sonder- und Abschlußbetriebspläne weisen deshalb in Bezug auf die Feststellungen, die bereits durch den Rahmenbetriebsplan getroffen wurden,

---

[331] Jarass, in: Tettinger, Umweltverträglichkeitsprüfung bei Projekten des Bergbaus und der Energiewirtschaft, S. 53 (61).
[332] Bohne, ZfB 1989, 93 (114ff.).
[333] Vgl. hierzu die "Übersicht: Konkretisierung der UVP-Verfahrensschritte im Bundesberggesetz" von Bohne, ZfB 1989, 93 (106).
[334] Vgl. hierzu Gaentzsch, in: Festschrift für Sendler, S. 403 (414).
[335] Bohne, ZfB 1989, 93 (111).
[336] Boldt/Weller/Mäßenhausen, Ergänzungsband, § 57a BBergG Rdnr. 76. Gaentzsch, in: Festschrift für Sendler, S. 403 (414), spricht insoweit von einer "horizontalen Konzentration".
[337] Bohne, ZfB 1989, 93 (121); Boldt/Weller/Mäßenhausen, Ergänzungsband, § 57a BBergG Rdnr. 76; Gaentzsch, in: Festschrift für Sendler, S. 403 (408).

keinen neuen, eigenständigen Regelungsgehalt mehr auf[338]. Soweit nachfolgende Betriebspläne aus planfestgestellten Rahmenbetriebsplänen entwickelt werden, erfolgt lediglich eine "wiederholende Verfügung"[339]. Der 1. Halbsatz des § 57a Abs.
5 BBergG,
der Einwendungen Dritter und Beteiligter, die sich bei der Zulassung späterer Betriebspläne gegen die Feststellungen des Rahmenbetriebsplans richten, ausschließt[340], hat
daher nur deklaratorische Bedeutung[341]; entsprechende Rechtsbehelfe gehen wegen
des beschränkten Regelungsgehalts späterer Betriebspläne ohnehin ins Leere.

(2) Keine Legalisierungswirkung im Anwendungsbereich betriebsplanbezogener bergrechtlicher Eingriffsnormen

Im Anwendungsbereich von bergrechtlichen Eingriffsnormen, welche die nachträgliche Einschränkung der Rechtsposition vorsehen, die ein planfestgestellter Rahmenbetriebsplans begründet, kommt eine Legalisierungswirkung von vorherin nicht in Betracht[342]. Solche Normen sind § 48 Abs. 2 BBergG und § 71 Abs. 1 BBergG[343]. Nachträgliche Anordnungen gemäß § 75 Abs. 2 Satz 2 VwVfG schließt § 57a Abs. 4 Satz 2
BBergG dagegen aus[344]. Auch nachträgliche Auflagen nach § 56 Abs. 1 BBergG sind
gemäß § 57a Abs. 1 Satz 1 BBergG nicht zulässig.

Nach § 48 Abs. 2 Satz 1 BBergG kann die Aufsuchung oder Gewinnung von Bodenschätzen wegen überwiegender öffentlicher Interessen beschränkt oder untersagt werden. § 71 Abs. 1 BBergG ermächtigt die zuständige Behörde dazu, im Einzelfall die
Anforderungen durchzusetzen, die sich für ein bergbauliches Vorhaben aus dem
BBergG und aus den Rechtsverordnungen ergeben, die aufgrund dieses Gesetzes erlassen wurden oder fortgelten.

[338] Dies meinen wohl Bohne, ZfB 1989, 93 (121), und Gaentzsch, in: Festschrift für Sendler, S. 403
(416), mit dem Begriff der "vertikalen Konzentration" .
[339] Vgl. Büdenbender/Mutschler, Rdnr. 18, und Schmidt/Müller, Einführung in das Umweltrecht, § 3
Rdnr. 35, zum Regelungsgehalt einer Genehmigung bei einem vorangegangenen Vorbescheid. Unklar Niermann, S. 105f., der auf "strukturelle Gemeinsamkeiten" zwischen einem zugelassenen Rahmenbetriebsplan und einem Konzeptvorbescheid verweist.
[340] Vgl. hierzu Boldt/Weller/Mäßenhausen, Ergänzungsband, § 57a BBergG Rdnr. 76.
[341] Auch Boldt/Weller/Mäßenhausen, Ergänzungsband, § 57a BBergG Rdnr. 76, gehen von einer klar-
stellenden Funktion dieser Regelung aus.
[342] Vgl. oben B II; a.A. Fluck, ZfB 1989, 13 (37).
[343] Kirchner/Kremer, ZfB 1990, 5 (9f.); Kühne, UTR 1989, 165 (183); Schneider, S. 82.
[344] Boldt/Weller/Mäßenhausen, Ergänzungsband, § 57 a BBergG Rdnr. 51; a.A. Bohne, ZfB 1989, 93
(122), der auf § 57a Abs. 4 Satz 2 BBergG nicht eingeht.

§ 48 Abs. 2 BBergG und § 71 Abs. 1 BBergG regeln zwar nur die Korrektur von Betriebsplänen mit verfügendem Regelungsgehalt: § 48 Abs. 2 BBergG ermächtigt dazu, die "Aufsuchung" oder "Gewinnung" von Bodenschätzen zu beschränken oder zu untersagen; nach § 71 Abs. 1 BBergG müssen Anordnungen "im Einzelfall" erforderlich sein. Rahmenbetriebspläne mit lediglich feststellendem Regelungsgehalt können also nicht unmittelbar Gegenstand von nachträglichen Anordnungen sein[345]. Soweit Haupt-, Sonder-oder Abschlußbetriebspläne jedoch aus einem planfestgestellten Rahmenbetriebsplan entwickelt werden und ihre Regelungen daher die Feststellungen, die bereits der Rahmenbetriebsplan trifft, lediglich wiederholen, "brechen" nachträgliche Anordnungen, die den wiederholten Regelungsgehalt einschränken, in den Regelungsgehalt des planfestgestellten Rahmenbetriebsplans ein.

(a) Nachträgliche Anordnungen nach § 48 Abs. 2 BBergG

§ 48 Abs. 2 Satz 1 BBergG gilt als "Öffnungsklausel" für die Berücksichtigung außerbergrechtlicher Belange bei der Entscheidung über die Zulässigkeit bergbaulicher Vorhaben[346]. Die Aufsuchung oder Gewinnung von Bodenschätzen kann beschränkt oder untersagt werden, "soweit ihr überwiegende öffentliche Interessen entgegenstehen". Wird ein Rahmenbetriebsplan durch Planfeststellungsbeschluß zugelassen, ist gemäß § 57a Abs. 5 2. Halbsatz BBergG zusätzlich erforderlich, daß die im Rahmen des § 48 Abs. 2 Satz 1 BBergG zu berücksichtigenden öffentlichen Interessen gleichzeitig den Schutz von Rechten Dritter umfassen.

Auch umweltbezogene Belange, die hier allein interessieren, sind "öffentliche Interessen" im Sinne von § 48 Abs. 2 BBergG:

(aa) Anforderungen des § 22 Abs. 1 BImSchG als öffentliches Interesse im Sinne von § 48 Abs. 2 BBergG

Zumindest im Planfeststellungsverfahren zur Zulassung eines Rahmenbetriebsplans sind die Anforderungen des § 22 Abs. 1 BImSchG, der die Zulässigkeit von Umwelteinwirkungen regelt, die von immissionsschutzrechtlich nicht genehmigungsbedürfti-

---

[345] Dies berücksichtigt Niermann, S. 93 und 249f., nicht.
[346] Boldt/Weller/Mäßenhausen, Ergänzungsband, § 48 BBergG Rdnr. 2; Rausch, S. 205ff..

gen Anlagen ausgehen dürfen, im Rahmen des § 48 Abs. 2 BBergG als "öffentliches Interesse" zu berücksichtigen[347].

Das BVerwG hat entschieden, daß § 48 Abs. 2 Satz 1 BBergG - trotz seiner Formulierung als Ermächtigungsgrundlage für nachträgliche Eingriffe - die materiellen Zulassungsvoraussetzungen für bergbauliche Vorhaben, die das BBergG in § 55 BBergG regelt, ergänzt. "Überwiegende öffentliche Interessen" im Sinne von § 48 Abs. 2 Satz 1 BBergG seien neben den in § 55 BBergG genannten Anforderungen bereits im Betriebsplanverfahren zu berücksichtigen[348]. Der Gesetzgeber hat diese Auffassung mit der Einführung des § 52 Abs. 2a Satz 3 BBergG übernommen.

Die drittschützende Wirkung des § 22 Abs. 1 BImSchG ist auch bei der Zulassung eines bergrechtlichen Betriebsplans zu beachten[349].

Fraglich ist dagegen, ob die Wertung des § 22 Abs. 1 BImSchG auch im Rahmen der repressiven Anwendung der Vorschrift - bei der nachträglichen Beschränkung oder Untersagung der Gewinnung von Bodenschätzen - zu berücksichtigen ist. § 48 Abs. 2 BBergG findet nach § 48 Abs. 2 Satz 1 BBergG nur "unbeschadet anderer öffentlich-rechtlicher Vorschriften Anwendung". Mit § 48 Abs. 2 BBergG können daher nur solche Interessen durchgesetzt werden, die nicht bereits im Rahmen anderer öffentlich-rechtlicher Normen zu berücksichtigen sind[350]. § 48 Abs. 2 BBergG ist eine Auffangvorschrift[351].

Weil das BImSchG zur nachträglichen Durchsetzung der Anforderungen des § 22 Abs. 1 BImSchG mit den §§ 24 und 25 BImSchG ein spezielles Instrumentarium vorsieht[352], bleibt für die Anwendung des § 48 Abs. 2 BBergG kein Raum.

(bb) Sonstige öffentliche Interessen, deren Berücksichtigung im Rahmen des § 48 Abs. 2 BBergG in Betracht kommt

Sonstige außerbergrechtliche, umweltbezogene Belange, die bei der Zulassung eines Betriebsplans als öffentliche Interessen im Sinne des § 48 Abs. 2 BBergG zu berücksichtigen sind, ergeben sich aus dem Raumordnungs-, Landesplanungs- und Baupla-

---

[347] Vgl. BVerwGE 74, 315 (322f.); BVerwG, ZfB 1991, 140 (142); Boldt/Weller/Mäßenhausen, Ergänzungsband, § 48 BBergG Rdnrn. 10 und 14; Rausch, S. 224.

[348] BVerwGE 74, 315 (323); 81, 329 (339).

[349] BVerwGE 74, 315 (327); BVerwG, ZfB 1991, 140 (142); BVerwG, NVwZ 1991, 992 (992); Gaentzsch, DVBl. 1993, 527 (529).

[350] BVerwGE 74, 315 (322); Boldt/Weller/Mäßenhausen, Ergänzungsband, § 48 BBergG Rdnr. 3; Heitmann, G., ZfB 1990, 179 (185); Piens/Schulte/Graf Vitzthum, § 48 BBergG Rdnr. 17.

[351] Vgl. BVerwGE 74, 315 (324).

[352] BVerwGE 74, 315 (322).

nungsrecht[353] sowie, soweit besondere landesrechtlich geregelte Genehmigungsverfahren fehlen, aus dem Naturschutz-, Denkmal- und Forstrecht[354].

Ob und inwieweit die Anforderungen der genannten Rechtsgebiete auch im Rahmen der repressiven Anwendung des § 48 Abs. 2 BBergG durchgesetzt werden können, kann hier dahinstehen. Denn für die Entstehung beziehungsweise Legalisierung von Altlasten oder sonstigen Umweltbeeinträchtigungen werden sie jedenfalls nicht relevant.

Im Ergebnis wird der Bereich, der für eine eventuelle Legalisierungswirkung eines planfestgestellten Rahmenbetriebsplans in Betracht kommt, durch § 48 Abs. 2 BBergG somit nicht beschränkt.

(b) Nachträgliche Anordnungen nach § 71 Abs. 1 BBergG

(aa) Gegenstand nachträglicher Anordnungen

Mit nachträglichen Anordnungen gemäß § 71 Abs. 1 BBergG können nur die spezifisch bergrechtlichen Anforderungen, die § 55 BBergG für die Zulassung von Betriebsplänen begründet, durchgesetzt werden[355]. Die Berücksichtigung der vom Bergbau auf Wasser, Boden und Luft ausgehenden Einwirkungen kommt im Rahmen von § 55 Abs. 1 Nrn. 5[356], 6[357], 7[358], 9[359], 11 und 13[360] sowie Abs. 2 Satz 1 Nrn. 1 bis 3 BBergG in Betracht. Umweltbezogene Regelungen sind aufgrund dieser Zulassungsvoraussetzungen allerdings nur zulässig, soweit die Umwelteinwirkungen, die von einem bergbaulichen Vorhaben ausgehen, nicht schon Gegenstand spezieller - im Rahmen der Planfeststellung lediglich verfahrensrechtlich konzentrierter - Genehmigungen sind[361]. Auch § 71 Abs. 1 BBergG kommt zum Schutz der Umweltmedien deshalb lediglich eine Auffangfunktion zu.

---

[353] BVerwG, DVBl. 1989, 672 (673); BVerwG, ZfB 1989, 210 (215f.); vgl. Niermann, S. 172ff..
[354] Vgl. Niermann, S. 177f. und 180ff.; Rausch, S. 224.
[355] BVerwGE 81, 329 (338) m.w.N..
[356] Vgl. Niermann, S. 161f.
[357] Vgl. Fluck, ZfB 1989, 13 (34); Niermann, S. 162.
[358] Vgl. Niermann, S. 163.
[359] Vgl. Niermann, S. 164.
[360] Weitergehend Kühne, UTR 1989, 165 (181), der auch im Rahmen von § 55 Abs. 1 Nrn. 8 und 12 BBergG die Berücksichtigung umweltrelevanter Gesichtspunkte für möglich hält; der Wortlaut dieser Nummern gibt hierfür jedoch nichts her.
[361] Vgl. oben D I 2 c) bb).

Hinsichtlich der Art der anzuordnenden Maßnahmen sieht § 71 Abs. 1 BBergG keine Beschränkung vor. Anordnungen können folglich sowohl "präventiv" die Vermeidung künftiger Umweltbeeinträchtigungen zum Ziel haben, als auch "repressiv" auf die Beseitigung bereits eingetretener Störungen gerichtet sein. Eines Rückgriffs auf sonstige spezielle Eingriffsnormen oder auf die polizei- und ordnungsrechtlichen Generalklauseln bedarf es insoweit nicht[362]. Eine Betriebseinstellung ist nach § 71 Abs. 2 Satz 1 BBergG allerdings nur vorübergehend zulässig.

Aus welchem Anlaß nachträgliche Anordnungen erforderlich werden, ist unerheblich. Die Erfüllung der Anforderungen eines Betriebsplans schließt Anordnungen nach § 71 Abs. 1 BBergG nicht aus. Verfügungen, die über die Anforderungen eines zugelassenen Betriebsplans hinausgehen, setzen nach § 71 Abs. 1 Satz 2 BBergG jedoch qualifizierte Eingriffsvoraussetzung voraus: Sie müssen "zum Schutz von Leben, Gesundheit und Sachgütern Beschäftigter oder Dritter erforderlich (sein)".

(bb) Zeitliche Grenzen

Als Instrument der Bergaufsicht sind Anordnungen nach § 71 BBergG nach der Beendigung dieser Aufsicht nicht mehr zulässig. Die Bergaufsicht endet gemäß § 69 Abs. 2 BBergG nach der Durchführung des Abschlußbetriebsplans oder der Durchführung von entsprechenden Anordnungen der zuständigen Behörde zu dem Zeitpunkt, in dem nach allgemeiner Erfahrung nicht mehr damit zu rechnen ist, daß durch den Betrieb Gefahren für Leben und Gesundheit Dritter, für andere Bergbaubetriebe und für Lagerstätten, deren Schutz im öffentlichen Interesse liegt, oder gemeinschädliche Einwirkungen eintreten werden.

Nach dem Ende der Bergaufsicht sind für die Abwehr von Gefahren und die Beseitigung von Störungen, die von stillgelegten bergrechtlichen Betrieben ausgehen, sonstige spezielle Eingriffsgrundlagen oder die polizei- und ordnungsrechtlichen Generalklauseln anzuwenden[363].

---

[362] Kirchner/Kremer, ZfB 1990, 5 (10), gehen während der Dauer der Bergaufsicht von einer abschließenden Regelung durch die §§ 71ff. BBergG aus.
[363] Brandt/Lange, UPR 1987, 11 (13); Kirchner/Kremer, ZfB 1990, 5 (10).

(cc) Grenzen aus den allgemeinen Vorschriften zum Widerruf und zur Rücknahme bergrechtlicher Betriebspläne

Fraglich ist, ob die allgemeinen Vorschriften zum Widerruf und zur Rücknahme von Verwaltungsakten auf bergrechtliche Betriebspläne anzuwenden sind und ob der Anwendungsbereich des § 71 Abs. 1 BBergG durch diese Vorschriften eingeschränkt wird.

Das BBergG regelt die Aufhebung von bergrechtlichen Betriebsplänen nicht. In der Literatur wird die Anwendung der §§ 48 und 49 VwVfG in Frage gestellt[364]. Da dem BBergG die Konzeption zugrunde liege, daß ein bergbauliches Vorhaben sowohl während seiner Dauer als auch nach seiner Einstellung durch zugelassene Betriebspläne gesteuert werden müsse, komme jedenfalls eine ersatzlose Aufhebung von Betriebsplänen nicht in Betracht. Bei der Zulassung eines neuen Betriebsplans werde zugleich der vorherige aufgehoben; dies sei auch dann der Fall, wenn eine entsprechende ausdrückliche Regelung nicht erfolgt. Materiell handele es sich "um eine Änderung oder Ergänzung (und Verlängerung) des vorhergehenden Betriebsplans"[365].

Zweifel an der Anwendung der §§ 48 und 49 VwVfG auf bergrechtliche Betriebspläne sind nicht gerechtfertigt. Eine kontinuierliche Kontrolle bergbaulicher Vorhaben durch Betriebspläne schließt die Aufhebung eines bestehenden Betriebsplans vor dem Erlaß eines neuen nicht aus. Vielmehr ist die Aufhebung des bestehenden Betriebsplans gerade erforderlich, um widersprüchliche Regelungen zu verhindern.

Die konkludente Aufhebung eines bestehenden Betriebsplans durch die Zulassung eines neuen scheitert nicht an der fehlenden Bestimmtheit des Verwaltungsakts, der den neuen Betriebsplan zuläßt. Denn den neuen Betriebsplan hat der Unternehmer nach § 51 Abs. 1 Satz 1 BBergG selbst zu erstellen[366]. Er ist sich also darüber im klaren, daß seine Pflichten künftig durch den neu zugelassenen Betriebsplan geregelt werden[367].

---

[364] Gaentzsch, in Kühne/Gaentzsch, S. 9 (27f.).

[365] Gaentzsch, in Kühne/Gaentzsch, S. 9 (28).

[366] Weil die Zulassung eines Betriebsplans als gebundene Entscheidung erfolgt (vgl. BVerwGE 74, 315 (323); 81, 329 (339); BVerwG, ZfB 1991, 140 (143f.)), kann der eingereichte Betriebsplan nach § 36 Abs. 1 2. Alt. VwVfG durch Nebenbestimmungen nur modifiziert werden, soweit dies erforderlich ist, um die Erfüllung der Zulassungsvoraussetzungen sicherzustellen, die sich aus den §§ 48 Abs. 2 und 55 BBergG ergeben.

[367] Die sonst gegenüber einer konkludenten Aufhebung einer Zulassungsentscheidung bestehenden Bedenken, vgl. oben C II 3, sind in diesem speziellen Fall also nicht gerechtfertigt.

Fraglich ist allerdings, ob die Behörden vom Unternehmer ohne weiteres die Vorlage eines neuen Betriebsplans verlangen dürfen oder ob dies nur beim Vorliegen der Voraussetzungen der §§ 48 und 49 VwVfG zulässig ist.

Die §§ 56 Abs. 1 Satz 2 und 71 Abs. 1 Satz 2 und Abs. 2 BBergG schränken die Befugnisse der Behörden zur Modifizierung von Betriebsplänen durch qualifizierte Eingriffsvoraussetzungen ein. Der Gesetzgeber wollte die Regelung eines zugelassenen Betriebsplans nachträglich also nur begrenzt zur Disposition der Behörden stellen. Diese Beschränkungen können nicht mit dem Hinweis, bei der Ersetzung eines zugelassenen Betriebsplans durch einen neuen handele es sich "materiell ... um eine Änderung oder Ergänzung (und Verlängerung) des vorhergehenden Betriebsplans"[368], überwunden werden. Denn § 56 Abs. 3 BBergG verweist für die Verlängerung, Ergänzung oder Änderung eines Betriebsplans gerade auf § 56 Abs. 1 BBergG, der unter anderem in Satz 2 Nr. 1 die wirtschaftliche Vertretbarkeit von Änderung verlangt.

Da andere Maßstäbe nicht ersichtlich sind, setzt die nachträgliche Modifizierung eines zugelassenen Betriebsplans außerhalb des Anwendungsbereichs der genannten speziellen Vorschriften seine teilweise oder vollständige Aufhebung nach §§ 48 oder 49 VwVfG voraus[369]. Nach §§ 48 Abs. 3 und 49 Abs. 5 VwVfG ist der Unternehmer in diesem Fall gegebenenfalls zu entschädigen.

Beim Erlaß von nachträglichen Anordnungen nach § 71 Abs. 1 BBergG stellen sich somit die gleichen Abgrenzungsfragen zum Anwendungsbereich der §§ 48 und 49 VwVfG[370] wie etwa bei Verfügungen aufgrund der §§ 5 Abs. 1 WHG, 17 BImSchG. Die dort genannten Abgrenzungskriterien[371] sind entsprechend anzuwenden:

Der "Kernbereich" des sachlichen Regelungsgehalts eines planfestgestellten Rahmenbetriebsplans kann nur durch seine völlige oder teilweise Aufhebung durch Widerruf oder Rücknahme geändert werden. Eine nachträgliche Anordnung nach § 71 Abs. 1 BBergG darf also die grundsätzliche Konzeption und Auslegung des bergbaulichen Betriebs, die durch den Planfeststellungsbeschluß festgestellt wurde, weder grundlegend ändern, noch den späteren Betrieb faktisch vereiteln oder ihn in seinem Wesen verändern.

---

[368] Gaentzsch, in Kühne/Gaentzsch, S. 9 (28).
[369] So im Ergebnis wohl auch BVerwGE 85, 54 (61), Fluck, ZfB 1989, 13 (32 und 39ff.); Niermann, S. 9f. und 249, und Schulte, S. 56ff. und 68. Vgl. zu § 49 VwVfG Kühne, Bergrechtlicher Rahmenbetriebsplan, S. 27; derselbe, in Kühne/Gaentzsch, S. 45 (80).
[370] Vgl. insoweit auch Fluck, ZfB 1989, 13 (33).
[371] Vgl. oben E I 2 b) bb) und E II 2 b) cc).

Im übrigen ist im Einzelfall anhand des allgemeinen Verhältnismäßigkeitsgrundsatzes zu entscheiden, ob der sachliche Regelungsgehalt eines planfestgestellten Rahmenbetriebsplans durch eine nachträgliche Anordnung nach § 71 Abs. 1 BBergG oder nur durch Rücknahme und Widerruf modifiziert werden kann. Die zu § 5 Abs. 1 WHG dargelegten Kriterien gelten entsprechend[372].

(3) Der für eine Legalisierungswirkung verbleibende Bereich

Denkbar ist eine Legalisierungswirkung planfestgestellter Rahmenbetriebspläne somit nur außerhalb des Anwendungsbereichs des § 71 BBergG. Sie kommt insbesondere nach der Beendigung der Bergaufsicht in Betracht, wenn zur Gefahrenabwehr oder Störungsbeseitigung sonstige spezielle Eingriffsgrundlagen oder die polizei- und ordnungsrechtlichen Generalklauseln angewandt werden.

Ob und inwieweit ein planfestgestellter Rahmenbetriebsplan hier legalisierend wirkt, hängt von der Bindungswirkung seines Regelungsgehalts ab.

(4) Bindungswirkung planfestgestellter Rahmenbetriebspläne

Spezifische objektive und subjektive Grenzen der Bindungswirkung eines planfestgestellten Rahmenbetriebsplans sind zu unterscheiden[373].

(a) Objektive Grenze der Bindungswirkung

Die objektive Grenze der Bindungswirkung eines planfestgestellten Rahmenbetriebsplans ergibt sich aus dessen sachlichen Regelungsgehalt.

Bereits oben wurde dargestellt, daß ein planfestgestellter Rahmenbetriebsplan konkrete Feststellungen zur Zulässigkeit der vom bergbaulichen Vorhaben zu erwartenden Umweltauswirkungen trifft[374].

---

[372] Vgl. oben E I 2 b) bb).
[373] Vgl. hierzu den Anfang des Kapitel E.
[374] Vgl. oben E VI 1 a) bb) (1).

Die Konzentrationswirkung planfestgestellter Rahmenbetriebspläne, deren Reichweite ebenfalls bereits oben dargestellt worden ist[375], ist lediglich eine verfahrensrechtliche[376]. Denn nach § 57a Abs. 4 Satz 1 BBergG ist "die Entscheidung über die Planfeststellung ... hinsichtlich der eingeschlossenen Entscheidungen nach Maßgabe der hierfür geltenden Vorschriften zu treffen". Durch die Konzentration werden also weder die durch das jeweilige Fachrecht vorgegebenen materiellen Zulassungsvoraussetzungen, noch der dort vorgesehene Regelungsgehalt einer konzentrierten Zulassungsentscheidung modifiziert[377]. Folglich weist die Bindungswirkung, die dem Regelungsgehalt zukommt, der den konzentrierten Zulassungsentscheidungen entspricht, keine bergrechtlichen Besonderheiten auf. Die folgenden Ausführungen beschränken sich daher auf den spezifisch bergrechtlichen umweltbezogenen Regelungsgehalt von planfestgestellten Rahmenbetriebsplänen.

(aa) Umweltbezogene Regelungen, die aufgrund von § 48 Abs. 2 BBergG zu treffen sind

Bei den umweltbezogenen Regelungen, die aufgrund von § 48 Abs. 2 BBergG zu treffen sind[378], kommt eine Legalisierungswirkung allein aufgrund der Feststellungen in Betracht, die zum Vorliegen der Anforderungen des § 22 Abs. 1 BImSchG erfolgen[379]. Welche Anforderungen sich aus § 22 Abs. 1 BImSchG ergeben, wurde bereits dargestellt[380].

(bb) Umweltbezogene Regelungen, die aufgrund der Zulassungsvoraussetzungen des § 55 BBergG zu treffen sind

Wie schon dargelegt[381], sind umweltbezogene Regelungen aufgrund der Zulassungsvoraussetzungen, die § 55 Abs. 1 Nrn. 5, 6, 7, 9, 11 und 13 sowie Abs. 2 Satz 1 Nrn. 1 bis 3 BBergG begründet, denkbar. Diese Regelungen können allerdings lediglich Sachverhalte betreffen, über die nicht im Rahmen spezieller Zulassungsverfahren zu

---

[375] Vgl. oben E VI 1 a) bb) (1).
[376] Boldt/Weller/Mäßenhausen, Ergänzungsband, § 57a BBergG Rdnr. 50; Büllesbach, S. 306f.; Gaentzsch, in: Festschrift für Sendler, S. 403 (414); derselbe, in Kühne/Gaentzsch, S. 9 (36).
[377] Vgl. Boldt/Weller/Mäßenhausen, Ergänzungsband, § 57a BBergG Rdnr. 50; Büllesbach, S. 306f..
[378] Vgl. oben E VI 1 a) bb) (2) (a).
[379] Vgl. oben E VI 1 a) bb) (2) (a) (aa).
[380] Vgl. E IV 5 b) aa).
[381] Vgl. oben E VI 1 a) bb) (2) (b) (aa).

entscheiden ist[382]. Im Ergebnis sind nach § 55 BBergG daher nur umweltbezogene Regelungen allgemeiner Art zulässig. Ihre Ausgestaltung hängt vom Einzelfall ab. Bei der Zulassung einer Kokerei kommt beispielsweise die Anordnung einer Betriebsweise in Betracht, die das Eindringen kokereispezifischer leichtflüchtiger Kohlenwasserstoffe in den Boden des Betriebsgeländes ausschließt[383]. Die Regelung eines planfestgestellten Rahmenbetriebsplans beschränkt sich auf entsprechende Feststellungen.

(b) Subjektive Grenze der Bindungswirkung

Oben wurde bereits ausgeführt, daß die umweltbezogenen Feststellungen zum Vorliegen der Anforderungen des § 22 Abs. 1 BImSchG die Behörden nicht binden, da sie mit nachträglichen Anordnungen gemäß § 24 BImSchG umfassend modifiziert werden können[384].

Die Feststellungen eines planfestgestellten Rahmenbetriebsplans, die auf § 55 BBergG beruhen, geben zwar dem Bergbauunternehmer einen verpflichtenden Rahmen vor. Wegen der nachträglichen Eingriffsbefugnisse, die § 71 Abs. 1 BBergG begründet, erfolgt jedoch lediglich eine teilweise Bindung der Behörden. Die Befugnis der Behörden zum Erlaß von nachträglichen Anordnungen nach § 71 Abs. 1 BBergG, mit denen die durch § 55 BBergG begründeten Pflichten durchgesetzt werden sollen, schließt eine Bindung der Behörden an die betroffenen Feststellungen eines planfestgestellten Rahmenbetriebsplans von vornherein aus. Die Ausführungen zu § 5 Abs. 1 WHG und § 17 BImSchG gelten entsprechend[385]. Soweit die Feststellungen eines planfestgestellten Rahmenbetriebsplans dagegen nicht mit nachträglichen Anordnungen, sondern nur durch Widerruf und Rücknahme geändert werden können, werden auch die Behörden gebunden.

(5) Folgerungen für die Legalisierungswirkung eines planfestgestellten Rahmenbetriebsplans

Den Feststellungen zum Vorliegen der Anforderungen des § 22 Abs. 1 BImSchG kommt keine Legalisierungswirkung zu. Die entsprechenden Ausführungen zur Lega-

---

[382] Vgl. oben D I 2 c) bb).
[383] Vgl. OVG Münster, NVwZ 1985, 355 (355).
[384] Vgl. oben E IV 3 a) bb).
[385] Vgl. oben E I 4 b) aa) und E II 4 b) aa).

lisierungswirkung einer Baugenehmigung[386] gelten auch hier.

Der umweltbezogene Regelungsgehalt, der aufgrund der Zulassungsvoraussetzungen des § 55 BBergG zu erlassen ist, hat eine eingeschränkte Legalisierungswirkung. Er schützt vor dem Erlaß nachträglicher Anordnungen, die den Kernbereich des sachlichen Regelungsgehalts eines Betriebsplans modifizieren oder unverhältnismäßig sind. Die Darlegungen zur Reichweite der Legalisierungswirkung von immissionsschutzrechtlichen Genehmigungen gelten entsprechend[387].

b) Haupt-, Sonder- und Abschlußbetriebspläne

Die Errichtung und Führung eines bergbaulichen Betriebs setzt nach § 52 Abs. 1 BBergG einen Hauptbetriebsplan voraus. Wird ein Betrieb neu errichtet, sind die beabsichtigten Betriebsanlagen und -einrichtungen sowie die geplanten Arbeiten darzustellen. Spätere Betriebspläne knüpfen an den geschaffenen Betriebszustand an und stellen die vorgesehene Entwicklung dar[388].

Im Gegensatz zu einem Rahmenbetriebsplan hat ein Hauptbetriebsplan gestattende Wirkung: Er gibt die Errichtung und Führung des Betriebs frei[389]. Seine Wirksamkeit ist gemäß § 52 Abs. 1 Satz 2 BBergG in der Regel auf einen Zeitraum von zwei Jahren zu begrenzen.

Auf Verlangen der zuständigen Behörde sind nach § 52 Abs. 2 Nr. 2 BBergG für bestimmte Teile des Betriebs oder für bestimmte Vorhaben - etwa für Untersuchungsbohrungen zur Erkundung von Bodenschätzen[390] - Sonderbetriebspläne aufzustellen. Gegenstand von Sonderbetriebsplänen können etwa Arbeiten sein, die sich wegen ihrer eigenständigen Bedeutung für einen Hauptbetriebsplan nicht eignen oder deren Darstellung in einem Hauptbetriebsplan zu dessen Unübersichtlichkeit führen würde[391].

Soll ein bergbaulicher Betrieb eingestellt werden, verpflichtet § 53 Abs. 1 BBergG zur Aufstellung eines Abschlußbetriebsplans, der eine genaue Darstellung der technischen Durchführung und der Dauer der beabsichtigten Betriebseinstellung aufweisen muß.

---

[386] Vgl. oben E IV 6.
[387] Vgl. oben E II 5.
[388] Boldt/Weller/Nölscher, § 52 BBergG Rdnr. 2.
[389] Boldt/Weller/Mäßenhausen, Ergänzungsband, § 52 BBergG Rdnr. 18.
[390] Vgl. BVerwG, NVwZ 1991, 992.
[391] Boldt/Weller/Nölscher, § 52 BBergG Rdnr. 4; Niermann, S. 78f..

Eine Legalisierungswirkung von Haupt-, Sonder- und Abschlußbetriebsplänen setzt voraus, daß sie überhaupt einen eigenständigen umweltbezogenen Regelungsgehalt aufweisen. Insoweit unterscheiden sich Haupt-, Sonder- und Abschlußbetriebspläne für UVP-pflichtige Vorhaben von solchen, die nicht UVP-pflichtige Vorhaben betreffen.

aa) Haupt-, Sonder- und Abschlußbetriebspläne für UVP-pflichtige Vorhaben

Haupt-, Sonder- und Abschlußbetriebsplänen für UVP-pflichtige bergbauliche Vorhaben fehlt ein eigener umweltbezogener Regelungsgehalt. Denn sie sind aus einem planfestgestellten Rahmenbetriebsplan zu entwickeln, durch den die Zulässigkeit der Umweltauswirkungen des Vorhabens bereits detailliert festgestellt worden ist. Soweit Haupt-, Sonder- und Abschlußbetriebspläne auf die Feststellungen des Rahmenbetriebsplans verweisen, erfolgt lediglich eine wiederholende Verfügungen[392].

Eine Legalisierungswirkung von Haupt-, Sonder- und Abschlußbetriebsplänen, die für UVP-pflichtige Vorhaben erstellt worden sind, kommt folglich nicht in Betracht.

bb) Haupt-, Sonder- und Abschlußbetriebspläne für nicht UVP-pflichtige Vorhaben

Haupt-, Sonder- und Abschlußbetriebspläne für nicht UVP-pflichtige Vorhaben enthalten demgegenüber eine originäre Entscheidung über das Vorliegen der umweltbezogenen Zulassungsvoraussetzungen, die im Rahmen der §§ 48 Abs. 2 Satz 1 und 55 BBergG zu berücksichtigen sind.

---

[392] Vgl. oben E VI 1 a) bb) (1).
Einen selbständigen Regelungsgehalt weisen diese Betriebspläne nur hinsichtlich der Freigabe der Errichtung, Führung oder Einstellung des bergbaulichen Betriebs sowie hinsichtlich der Entscheidung über die personenbezogenen Zulassungsvoraussetzungen auf, denen der Unternehmer und sein Betriebsleiter nach § 55 Abs. 1 Satz 2 i.V.m. Abs. 1 Satz 1 Nr. 2 BBergG entsprechen müssen.
Demgegenüber meint Gaentzsch, in: Festschrift für Sendler, S. 403 (417), Regelungsgegenstand dieser Betriebspläne könnten auch "bergbauliche und bergtechnische Anforderungen sein, die Dritte außerhalb des Betriebs nicht berühren". Auch diese Anforderungen sind jedoch nach § 75 Abs. 1 Satz 1 VwVfG bereits Gegenstand des den Rahmenbetriebsplan zulassenden Planfeststellungsbeschlusses. Auch insoweit enthalten nachfolgende Betriebspläne daher lediglich wiederholende Verfügungen.

Für die Legalisierungswirkung des umweltbezogenen Regelungsgehalts gelten die obigen Ausführungen zu den diesbezüglichen Feststellungen eines planfestgestellten Rahmenbetriebsplans entsprechend[393]:

Soweit im Rahmen des § 48 Abs. 2 Satz 1 BBergG bei der Zulassung eines Betriebsplans Anordnungen zur Erfüllung der Anforderungen des § 22 Abs. 1 BImSchG erfolgen, tritt keine Legalisierungswirkung ein.

Der umweltbezogene Regelungsgehalt, der auf den Zulassungsvoraussetzungen des § 55 BBergG beruht, schützt wegen der nachträglichen Anordnungen, zu deren Erlaß § 71 Abs. 1 BBergG ermächtigt, nur vor Verfügungen, die den Kernbereich des sachlichen Regelungsgehalts eines Betriebsplans modifizieren oder unverhältnismäßig sind. Aus § 56 Abs. 1 Satz 2 BBergG kann nichts anderes hergeleitet werden. Die Vorschrift ermächtigt zum Erlaß von nachträglichen Auflagen, um bei Haupt-, Sonder- und Abschlußbetriebsplänen die in § 55 Abs. 1 Nrn. 2 bis 13 und Abs. 2 BBergG aufgeführten Voraussetzungen durchzusetzen[394]. Im Gegensatz zu Anordnungen nach § 71 BBergG sind nachträgliche Auflagen lediglich zulässig, wenn sie "für den Unternehmer und für Einrichtungen der von ihm betriebenen Art wirtschaftlich vertretbar und nach den allgemein anerkannten Regeln der Technik erfüllbar sind". Im Verhältnis zu § 71 Abs. 1 BBergG, der generell zu nachträglichen Anordnungen ermächtigt, ist § 56 Abs. 1 Satz 2 BBergG für den Erlaß nachträglicher Auflagen die speziellere, vorrangig anzuwendende[395] Vorschrift. Wenn § 71 BBergG nicht leerlaufen soll, müssen sonstige nachträgliche Anordnungen allerdings zumindest in den Fällen zulässig sein, in denen nachträgliche Auflagen nicht ausreichen, um die Anforderungen des § 55 BBergG durchzusetzen[396]. Im Ergebnis begründen die qualifizierten Eingriffsvoraussetzungen, die § 56 Abs. 1 Satz 2 BBergG im Verhältnis zu § 71 BBergG verlangt, also keine Rechtsposition, die den Unternehmer vor der Anwendung des § 71 BBergG nachhaltig schützen und deshalb die oben dargelegte Reichweite der Legalisierungswirkung von Betriebsplänen erweitern könnte.

---

[393] Vgl. oben E VI 1 a) bb) (5).

[394] Vgl. zur "Einschränkung der Bestandskraft" eines Betriebsplans durch diese Vorschrift Piens/Schulte/Graf Vitzthum, § 56 BBergG Rdnr. 100.

[395] BVerwGE 81, 329 (333).

[396] Vgl. auch Niermann, S. 9f..

2. Legalisierungswirkung von Betriebsplänen, die vor dem Inkrafttreten des BBergG zugelassen wurden

a) Vor dem Inkrafttreten des BBergG geltendes Landesrecht

Vor dem Inkrafttreten des BBergG am 1.1.1982 galten auf dem Gebiet der Bundesrepublik Deutschland das Allgemeine Berggesetz für die Preußischen Staaten[397] (ABG), das Badische, Bayerische, Hessische, Württembergische, Braunschweigische, Oldenburgische, Schaumburg-Lippische und das Lippische Berggesetz[398]. Das bedeutendste Berggesetz war das ABG; die übrigen übernahmen überwiegend dessen Regelungen[399].

Nachfolgend wird daher lediglich anhand des ABG untersucht, ob bergrechtliche Betriebspläne, die nach diesem Gesetz zugelassen wurden, legalisierend wirken.

b) Betriebspläne nach § 67 ABG

Gemäß § 67 Abs. 1 ABG durfte ein bergbaulicher Betrieb "nur aufgrund eines Betriebsplans geführt werden". Eine weitere Differenzierung zwischen Rahmen-, Haupt- oder Sonderbetriebsplänen erfolgte nicht. Abschlußbetriebspläne waren nicht erforderlich; nach § 71 ABG reichte bei der Einstellung des Betriebs eine Anzeige gegenüber der Bergbehörde aus.

Ein Betriebsplan war vom Unternehmer zu erstellen und mußte Angaben über die von ihm vorgesehenen Anlagen und Arbeiten enthalten[400]. Nach § 67 Abs. 2 ABG hatte die Bergbehörde den Betriebsplan vor seiner Ausführung zu prüfen; sie hatte sich hierbei gemäß § 67 Abs. 3 ABG auf die in § 196 ABG genannten polizeilichen Gesichtspunkte zu beschränken.

Eine Zulassung des Betriebsplans war nicht erforderlich[401]. Nach § 68 Abs. 1 ABG war der Unternehmer vielmehr ohne weiteres zur Ausführung des von ihm erstellten Betriebsplans befugt, wenn die Bergbehörde nicht innerhalb von vierzehn Tagen nach

---

[397] Vom 24. Juni 1865, GS. Nr. 30 S. 705.
[398] Vgl. hierzu Rausch, S. 20; Willecke, S. 267ff..
[399] Vgl. Westhoff/Schlüter, Einleitung S. 4ff..
[400] Westhoff/Schlüter, § 67 ABG Nr. 1.
[401] Nach Westhoff/Schlüter, § 68 ABG Nr. 1, fand "eine ausdrückliche Genehmigung ... in der Regel" nicht statt; vgl. zur Verwaltungspraxis Fluck, ZfB 1989, 13 (33f.), und Schulte, S. 37.

seiner Vorlage Einspruch erhob[402]. Kam es bei einem Einspruch zu keiner Verständigung, hatte das Oberbergamt gemäß § 68 Abs. 3 ABG die erforderlichen Änderungen des Betriebsplans durch Beschluß festzusetzen.

aa) Für eine Legalisierungswirkung in Betracht kommende Regelungen

Für eine Legalisierungswirkung kommen allein Änderungsbeschlüsse nach § 68 Abs. 3 ABG in Betracht. Wurde der vom Unternehmer vorgelegte Betriebsplan nicht beanstandet oder gab der Unternehmer informell vorgetragenen Änderungswünschen der Behörden nach, fehlt es an einer öffentlich-rechtlichen Regelung mit Außenwirkung im Sinne von § 35 Satz 1 VwVfG[403]. Weitere Verwaltungsakte, deren Regelung die Behörden binden und nachträglichen polizei-und ordnungsrechtlichen Verfügungen entgegenstehen könnten, sind nicht ersichtlich.

Aufgrund der polizeilichen Gesichtspunkte des § 196 Abs. 2 ABG[404], auf die sich die behördliche Prüfung zu beschränken hatte, war eine umweltbezogene Regelung durch einen Änderungsbeschluß nur zum "Schutz der Oberfläche im Interesse der persönlichen Sicherheit und des öffentlichen Verkehrs" sowie zum "Schutz gegen gemeinschädliche Einwirkungen des Bergbaues" zulässig. § 196 Abs. 2 ABG entsprach insoweit im wesentlichen § 55 Abs. 1 Nrn. 5 und 9 BBergG. "Gemeinschädliche Einwir-

---

[402] Nach Fluck, ZfB 1989, 13 (34), sollen die Bergbehörden bei umfangreichen Betriebsplänen vielfach "vorsorglich" Einspruch erhoben haben.

[403] A.A. Fluck, ZfB 1989, 13 (34 m.w.N.). Er führt aus, wenn nichts beanstandet worden sei, sei von den Bergbehörden eine Ausfertigung des zur Prüfung eingereichen Betriebsplans mit einem Zulassungsvermerk versehen und an den Unternehmer zurückgegeben worden. Daher sei auch insoweit von einem konkludenten Verwaltungsakt auszugehen.
Die Frage, ob aufgrund eines entsprechenden Zulassungsvermerks eine Regelung mit Außenwirkung vorliegt, ist anhand der konkreten Umstände des Einzelfalls, insbesondere anhand der Formulierung des Vermerks zu entscheiden. Angesichts der Regelung des § 68 Abs. 1 ABG, nach der gerade keine behördliche Zulassung eines Betriebsplans erforderlich war, ist im Zweifel davon auszugehen, daß es sich bei einem Zulassungsvermerk der beschriebenen Art um einen verwaltungsinternen Vermerk handelte, der dem Unternehmer nur nachrichtlich zur Kenntnis gegeben wurde.

[404] § 196 ABG hatte folgende Fassung:
"(1) Der Bergbau steht unter der polizeilichen Aufsicht der Bergbehörden.
(2) Dieselbe erstreckt sich auf die Sicherheit der Baue, die Sicherheit des Lebens und der Gesundheit der Arbeiter, die Aufrechterhaltung der guten Sitten und des Anstandes durch die Einrichtungen des Betriebes, den Schutz der Oberfläche im Interesse der persönlichen Sicherheit und des öffentlichen Verkehrs, den Schutz gegen gemeinschädliche Einwirkungen des Bergbaues.
(3) Dieser Aufsicht unterliegen auch die in den §§ 58 und 59 erwähnten Aufbereitungsanstalten, Dampfkessel und Triebwerke, sowie die Salinen."

kung des Bergbaues" konnten insbesondere durch Gewässerverunreinigungen auftreten[405].

bb) Nachträgliche Eingriffsbefugnisse der Behörden

Die von § 196 ABG erfaßten umweltbezogenen Belange wurden nicht nur präventiv im Rahmen des Betriebsplanverfahrens geschützt. Stellte sich später heraus, daß sie gefährdet wurden, konnten gemäß § 198 ABG nachträgliche Anordnungen getroffen werden; auch die Modifizierung von Änderungsbeschlüssen nach § 68 Abs. 3 ABG war möglich. § 198 ABG entsprach folglich § 71 Abs. 1 BBergG.

Die Grundsätze zur Rücknahme und zum Widerruf von Verwaltungsakten, die von der Rechtsprechung entwickelt und durch das VwVfG im wesentlichen lediglich kodifiziert wurden[406], waren bereits während der Geltung des ABG anerkannt. Da nicht davon ausgegangen werden kann, daß die Bergbehörden durch § 198 ABG ermächtigt werden sollten, Betriebspläne uneingeschränkt zu modifizieren oder gar den weiteren Betrieb eines Bergwerks zu vereiteln, gelten die obigen Ausführungen zur Abrenzung des Anwendungsbereichs des § 71 BBergG von dem der allgemeinen Vorschriften zum Widerruf und zur Rücknahme[407] für § 198 ABG entsprechend.

cc) Folgerungen für die Legalisierungswirkung von Änderungsbeschlüssen nach § 68 Abs. 3 ABG

Wegen der Parallelen zwischen Zulassungsvoraussetzungen und Eingriffsbefugnissen des ABG einerseits und des BBergG andererseits kann hinsichtlich der Legalisierungswirkung von Änderungsbeschlüssen nach § 68 Abs. 3 ABG auf die Darlegungen zur Legalisierungswirkung von Haupt-, Sonder- und Abschlußbetriebsplänen, die aufgrund des BBergG für nicht UVP-pflichtige Vorhaben zugelassen werden[408], verwiesen werden:

Der umweltbezogene Regelungsgehalt, der auf den Zulassungsvoraussetzungen des § 196 Abs. 2 ABG beruht, bindet die Behörden nur eingeschränkt; soweit er nach § 198 ABG mit nachträglichen Anordnungen modifiziert werden konnte, stand er von

---

[405] Fluck, ZfB 1989, 13 (34f.); Kühne, UTR 1989, 165 (174); Tettinger, ZfW 1991, 1 (2); Westhoff/Schlüter, § 196 ABG Nr. 5.
[406] Erichsen, VerwArch 1978, 303 (306).
[407] Vgl. oben E VI 1 a) bb) (2) (b) (cc).
[408] Vgl. oben E VI 1 b) bb).

vornherein zur Disposition der Behörden. Legalisierend wirkt ein Änderungsbeschluß daher nur, soweit nachträgliche Verfügungen den Kernbereich des sachlichen Regelungsgehalts eines Betriebsplans modifizieren oder unverhältnismäßig sind.

VII. Genehmigungen, die nach DDR-Recht erteilt wurden

Auch für Genehmigungen, die auf DDR-Recht beruhen, wird eine Legalisierungswirkung in Betracht gezogen[409]. Die Rechtslage in den neuen Bundesländern soll sich insoweit nicht erheblich von der in den alten Bundesländern unterscheiden[410].

Eine umfassende Prüfung der Legalisierungswirkung von DDR-Genehmigungen würde den Rahmen dieser Arbeit sprengen. Die folgenden Ausführungen beschränken sich auf grundsätzliche Überlegungen und betreffen lediglich Zulassungsentscheidungen, die vor dem 3.10.1990, dem Zeitpunkt, an dem der Beitritt der neuen Bundesländer wirksam wurde, erteilt worden sind.

Für die Legalisierungswirkung von Zulassungsentscheidungen, die später im Gebiet der neuen Länder erteilt worden sind, sind die obigen Ausführungen maßgebend[411]. Am 3.10.1990 trat aufgrund von Art. 8 Einigungsvertrag[412] (EV) im Beitrittsgebiet das Bundesrecht sowie das formelle und materielle allgemeine Verwaltungsrecht[413] in Kraft[414], aus dem die Legalisierungswirkung der oben untersuchten Genehmigungen hergeleitet worden ist. Die Modifizierungen, die der EV für das Beitrittsgebiet in Anlage I vorsieht, wirken sich auf die Legalisierungswirkung der untersuchten Genehmigungen nicht aus.

Zweifel könnten insoweit allenfalls hinsichtlich immissionsschutzrechtlicher Genehmigungen bestehen. Denn der durch Anlage I, B, Kap. XII, Sachgebiet A lit. c) zum EV eingeführte § 67 a Abs. 2 BImSchG modifiziert im Beitrittsgebiet die immissionsschutzrechtlichen Genehmigungsvoraussetzungen: Eine immissionsschutzrechtliche Genehmigung darf wegen der Überschreitung eines Immissionsgrenzwertes, den die TA Luft für die zulässige Immissionsvorbelastung vorgibt, nicht versagt werden, wenn

---

[409] Enders, R., DVBl. 1993, 82 (89f.); Michael/Thull, Beilage 30 zu Heft 24/1990 des BB, S. 1 (7); Peine, NVwZ 1993, 958 (961); Rehbinder, DVBl. 1991, 421 (424); Schink, VIZ 1992, 6 (12).
[410] Rehbinder, DVBl. 1991, 421 (424).
[411] Vgl. oben E I bis VI.
[412] Vertrag zwischen der Bundesrepublik Deutschland und der Deutschen Demokratischen Republik über die Herstellung der Einheit Deutschlands - Einigungsvertrag - vom 31.8.1990, BGBl. II S. 889.
[413] Vgl. zur Geltung des VwVfG für die Ausführung von Bundes- und Landesrecht Art. 8 EV i.V.m. Anlage I, Kap. II, Sachgebiet B, Abschnitt III Nr. 1 lit. a) EV.
[414] Vgl. Stelkens, in Stelkens/Bonk/Sachs, Einleitung Rdnrn. 68 und 93f.; § 1 Rdnrn. 168ff.; Stern/Schmidt-Bleibtreu, Band 2 S. 50ff..

1. die Zusatzbelastung geringfügig ist und mit einer deutlichen Verminderung der Immissionsbelastung im Einwirkungsbereich der Anlage innerhalb von fünf Jahren ab Genehmigung zu rechnen ist oder

2. im Zusammenhang mit dem Vorhaben Anlagen stillgelegt oder verbessert werden und dadurch eine Verminderung der Vorbelastung herbeigeführt wird, die im Jahresmittel mindestens doppelt so hoch ist, wie die von der Neuanlage verursachte Zusatzbelastung.

Da in beiden Fällen im Einwirkungsbereich der Anlage eine Verminderung der Immissionsbelastung eintreten muß[415], gestattet § 67 a Abs. 2 BImSchG jedoch nicht die Verursachung nachhaltiger Umweltbeeinträchtigungen. Auch die Systematik des immissionsschutzrechtlichen Instrumentariums, insbesondere das Verhältnis zwischen nachträglichen Anordnungen nach § 17 BImSchG und Verfügungen zur Aufhebung einer immissionsschutzrechtlichen Genehmigung durch Widerruf oder Rücknahme, bleibt unberührt. Die obigen Ausführungen zur Legalisierungswirkung von immissionsschutzrechtlichen Genehmigungen[416] gelten daher ebenfalls im Beitrittsgebiet.

Auch soweit oben zur Konkretisierung der Legalisierungswirkung von Baugenehmigungen auf die bauordnungsrechtlichen Generalklauseln abgestellt wurde[417], die auf Landesrecht beruhen, gelten in den neuen Bundesländern keine Besonderheiten. Denn das Gesetz über die Bauordnung, das die DDR am 20.7.1990 erlassen hat[418], sieht in § 3 eine dem westdeutschen Recht entsprechende Generalklausel vor. Nach dem Beitritt gilt das Gesetz über die Bauordnung, soweit die neuen Länder inzwischen keine eigenen Bauordnungen erlassen haben[419], aufgrund von Art. 9 Abs. 1 EV als Landesrecht fort.

1. Für eine Legalisierungswirkung in Betracht kommende Genehmigungen

Eine Legalisierungswirkung ist grundsätzlich aufgrund jeder DDR-Genehmigung denkbar, welche die Ausführung eines umweltrelevanten Vorhabens gestattete.

---

[415] Vgl. im einzelnen Kloepfer/Kröger, S. 71ff.; Kloepfer, DVBl. 1991, 1 (5).
[416] Vgl. oben E II 5.
[417] Vgl. oben E IV 3 b) und 5 b).
[418] GBl. I S. 929.
[419] Vgl. etwa die Sächsische Bauordnung vom 26. Juli 1994, GVBl. 1994, 1401.

In der Literatur wird eine Legalisierungswirkung von Standortgenehmigungen nach § 9 Abs. 2 Standortverteilungsverordnung[420] für möglich gehalten[421]. Diese Standortgenehmigungen enthielten die "staatliche Zustimmung" zum Standort von volkswirtschaftlich wichtigen Investitionen[422]. Sie waren unter anderem für Industrieanlagen[423] und Abfalldeponien[424] erforderlich. Ferner sollen insbesondere Ausnahmegenehmigungen[425], die im Einzelfall die Überschreitung von Umweltstandards zuließen, legalisierend wirken[426]. Zudem könnte etwa von Genehmigungen für Gewässernutzungen nach § 17 Wassergesetz[427] eine Legalisierungswirkung ausgehen.

2. Kriterien, nach denen die Legalisierungswirkung von DDR-Genehmigungen zu beurteilen ist

Für die Anerkennung einer Legalisierungswirkung von DDR-Genehmigungen sind die gleichen Kriterien maßgebend wie für Genehmigungen, die im Gebiet der alten Bundesländer erteilt wurden[428]: Im Anwendungsbereich von Eingriffsnormen, die auf die Inanspruchnahme des Inhabers einer DDR-Genehmigung gerichtet sind, ist eine Legalisierungswirkung von vornherein nicht denkbar. Im verbleibenden Bereich kommt es auf die Bindungswirkung an, die vom Regelungsgehalt einer Zulassungsentscheidung ausgeht.

a) Einschränkung des für eine Legalisierungswirkung in Betracht kommenden Bereichs durch spezielle Eingriffsnormen

Für Vorhaben im Gebiet der neuen Länder, mit deren Ausführung bereits vor dem Wirksamwerden des Beitritts begonnen wurde, sind abfall-, berg- und immissionsschutzrechtliche Eingriffsnormen geschaffen worden, die zum Erlaß von nachträgli-

---

[420] Verordnung über die Standortverteilung der Investitionen vom 30.8.1972, GBl. II S. 573, geändert durch die Zweite Verordnung über die Standortverteilung der Investitionen vom 1.2.1979, GBl. I S. 57.

[421] Michael/Thull, Beilage 30 zu Heft 24/1990 des BB, 1 (7); Rehbinder, DVBl. 1991, 421 (424); Schink, VIZ 1992, 6 (12).

[422] § 2 Abs. 1 Satz 1 und § 9 Abs. 1 Standortverteilungsverordnung.

[423] Vgl. § 2 Abs. 1 Satz 2 Spiegelstrich 2 und § 6 Abs. 5 Standortverteilungsverordnung.

[424] § 12 Abs. 1 der Dritten Durchführungsverordnung zum Landeskulturgesetz vom 14.5.1970, GBl. II S. 339, geändert durch die Verordnung über Futterreserven vom 16.2.1984, GBl. I S. 109.

[425] Hierzu Oehler, Landeskulturrecht, S. 61f., 176 und 190.

[426] Michael/Thull, Beilage 30 zu Heft 24/1990 des BB, 1 (7); Rehbinder, DVBl. 1991, 421 (424); Schink, VIZ 1992, 6 (12).

[427] Wassergesetz vom 2.7.1982, GBl. I S. 467.

[428] Vgl. hierzu den Anfang des Kapitel E.

chen Anordnungen ermächtigen. Der Bereich, in dem sie eine Legalisierungswirkung ausschließen, wird im folgenden bestimmt.

aa) Abfallrechtliche Eingriffsnormen

Für ortsfeste Abfallentsorgungsanlagen, die im Beitrittsgebiet bereits vor dem Inkrafttreten des Umweltrahmengesetzes[429] (URG) am 1.7.1990 betrieben wurden oder mit deren Errichtung begonnen worden ist, verlangt der Gesetzgeber keine Zulassung nach dem AbfG, sondern lediglich eine Anzeige nach § 9 a Abs. 2 Satz 1 AbfG. § 9 a Abs. 1 und § 10 a AbfG ermächtigen die zuständigen Behörden während des Betriebs dieser Anlagen zu nachträglichen Anordnungen und anläßlich ihrer Stillegung zu Sicherungs- und Sanierungsverfügungen. Für die Anwendung dieser Normen ist es unerheblich, ob und welche Genehmigungen für die betroffenen Anlagen nach DDR-Recht erteilt worden sind.

Inhaltlich entsprechen § 9a Abs. 1 und § 10 a AbfG den §§ 9 und 10 AbfG oder sie verweisen auf diese Vorschriften. Die Ausführungen zu den Schranken, die sich aus dem Anwendungsbereich der §§ 9 und 10 Abs. 2 AbfG für die Legalisierungswirkung von abfallrechtlichen Zulassungsentscheidungen nach § 7 AbfG ergeben[430], gelten für abfallrechtliche Zulassungsentscheidungen, die auf DDR-Recht beruhen, folglich entsprechend.

bb) Bergrechtliche Eingriffsnormen

Technische Betriebspläne, die vor dem Wirksamwerden des Beitritts nach dem Berggesetz der DDR genehmigt worden waren, galten nach Anlage I, Kapitel V, Sachgebiet D, Abschnitt III Nr. 1 lit. h) aa) Satz 1 zum EV für die Dauer ihrer Laufzeit, längstens bis zum 31.12.1991, als im Sinne der §§ 50 bis 56 BBergG zugelassen[431]. Aufgrund dieser Fiktion standen den zuständigen Behörden gegenüber den Inhabern der fortgeltenden technischen Betriebspläne die Eingriffsbefugnisse der §§ 56 Abs. 1 Satz 2 und

---

[429] Umweltrahmengesetz vom 29. Juni 1990, GBl. I S. 649, mit Maßgaben nach Anlage II Kapitel XII Abschnitt III Nr. 1 des Einigungsvertrags vom 31.8.1990, BGBl. II S. 1226; geändert durch das Gesetz zur Beseitigung von Hemmnissen bei der Privatisierung von Unternehmen und zur Förderung von Investitionen vom 22.3.1991, BGBl. I S. 788, bereinigt in BGBl. I S. 1928.

[430] Vgl. oben E V 7.

[431] Darüber hinaus konnten nach Anlage I, Kapitel V, Sachgebiet D, Abschnitt III Nr. 1 lit. h) aa) Satz 2 zum EV technische Betriebspläne mit einer Laufzeit bis längstens zum 31.12.1990 bis längstens zum 31.12.1991 verlängert werden, wenn ein Vorhaben ohne wesentliche Veränderungen weiter geführt werden sollte.

71 Abs. 1 BBergG zu. Die obigen Ausführungen zu den Einschränkungen, die sich hieraus für den für eine Legalisierungswirkung in Betracht kommenden Bereich ergeben[432], gelten also auch für technische Betriebspläne im Sinne des Berggesetzes der DDR.

cc) Immissionsschutzrechtliche Eingriffsnormen

Nach § 67 a Abs. 1 BImSchG ist bei immissionsschutzrechtlich genehmigungsbedürftigen Anlagen, die im Beitrittsgebiet vor dem 1.7.1990 errichtet worden sind oder mit deren Errichtung vor diesem Zeitpunkt begonnen wurde, keine nachträgliche immissionsschutzrechtliche Genehmigung erforderlich; ihre Anzeige reicht aus.

Eine ausdrückliche Regelung, welche die zuständigen Behörden zum Erlaß von nachträglichen Anordnungen gegenüber den Betreibern dieser Anlagen ermächtigt, fehlt. Gemäß § 17 Abs. 5 BImSchG sind die Absätze 1 bis 4 der Vorschrift nur für Anlagen, die nach § 67 Abs. 2 BImSchG oder nach § 16 Abs. 4 GewO, aber nicht für Anlagen, die gemäß § 67 a Abs. 1 BImSchG anzuzeigen waren, entsprechend anzuwenden. Da die Anzeigepflichten, welche die §§ 67 Abs. 2 BImSchG, 16 Abs. 4 GewO und 67 a Abs. 1 BImSchG begründen, die zuständigen Behörden gerade in die Lage versetzen sollen, die immissionsschutzrechtlichen Pflichten, die auch die Betreiber lediglich anzuzeigender Anlagen nach den §§ 4 und 5 BImSchG zu erfüllen haben, gegebenenfalls mit nachträglichen Anordnungen durchzusetzen[433], liegt im Fall des § 67 a Abs. 1 BImSchG eine planwidrige Lücke des BImSchG vor. Wegen der Interessenidentität ist zu ihrer Ausfüllung die analoge Anwendung des § 17 BImSchG auf Anlagen, die nach § 67 a Abs. 1 BImSchG anzuzeigen waren, geboten[434].

Die Ausführungen zu den Schranken, die sich aus dem Anwendungsbereich des § 17 BImSchG für die Legalisierungswirkung von immissionsschutzrechtlichen Genehmigungen ergeben[435], gelten für DDR-Genehmigungen, die für immissionsschutzrechtlich genehmigungsbedürftige Anlagen erteilt worden sind, folglich entsprechend.

---

[432] Vgl. oben E VI 1 a) bb) (2) (b) und E VI 1 b) bb).
[433] Vgl. zum Zweck der Regelung des § 67 Abs. 2 BImSchG im übrigen BVerwG, NVwZ-RR 1994, 199 (199f.), und VGH Mannheim, UPR 1991, 350 (350f.).
[434] Im Ergebnis ebenso Kloepfer/Kröger, S. 76f; Kloepfer, DVBl. 1991, 1 (5).
[435] Vgl. oben E II 2.

167

b) Bindungswirkung von DDR-Genehmigungen

aa) Genehmigungen, die aufgrund des URG erteilt worden sind

Mit dem URG hatte die DDR das BImScHG[436], das WHG[437] und das AbfG[438] zum 1.7.1990[439] rückwirkend[440] übernommen[441]. Die Bindungswirkung von Genehmigungen, die aufgrund dieser Gesetze bis zum Wirksamwerden des Beitritts in den neuen Länder erteilt worden sind[442], stimmt mit der in der Bundesrepublik Deutschland erteilter Genehmigungen überein:

Im URG fehlt zwar eine ausdrückliche Regelung über die Übernahme der Vorschriften und Grundsätze des bundesrepublikanischen allgemeinen Verwaltungsverfahrensrechts, aus denen die Grundlagen der Bindungswirkung der oben untersuchten Genehmigungen hergeleitet wurden[443]. Das URG sah nur die Übernahme des speziellen fachgesetzlichen Verfahrensrechts vor[444]. Das spezielle Verfahrensrecht beruht jedoch auf dem allgemeinen und setzt dessen Anwendung voraus. So ist beispielsweise bei immissionsschutzrechtlichen Genehmigungen neben dem BImSchG und der 9. BImSchV ergänzend § 48 VwVfG anzuwenden[445], auf abfallrechtliche Planfeststellungsbeschlüsse finden die §§ 48 und 49 VwVfG Anwendung[446] und für die Erteilung einer abfallrechtlichen Genehmigung gibt es gar kein spezielles Verfahrensrecht. Um die mit

---

[436] Art. 1 § 2 Abs. 1 Nr. 1 URG i.V.m. Anlage 1 Nr. 1 zu Art. 1 URG sowie Art. 1 § 2 Abs. 1 Nr. 2 URG.
[437] Art. 3 § 2 Abs. 1 Nr. 1 URG i.V.m. Anlage 1 Nr. 1 zu Art. 3 URG.
[438] Art. 4 § 2 Abs. 1 Nr. 1 URG i.V.m. Anlage 1 Nr. 1 zu Art. 4 URG.
[439] Art. 9 URG.
[440] Die Veröffentlichung des URG erfolgte erst am 20.7.1990, GBl. I Nr. 42 S. 627. Die Rückwirkung dürfte rechtsstaatlichen Maßstäben nicht widersprechen, da seit dem Gesetzesbeschluß der Volkskammer am 29.6.1990 mit dem Inkrafttreten des URG am 1.7.1990 zu rechnen war, Kloepfer/Kröger, S. 165f..
[441] Die DDR kam hierdurch ihren Verpflichtungen aus Art. 16 des Staatsvertrages (Vertrag über die Schaffung einer Währungs-, Wirtschafts- und Sozialunion zwischen der Bundesrepublik Deutschland und der Deutschen Demokratischen Republik vom 18.5.1990, BGBl. II S. 537) nach, hierzu Kloepfer/Kröger, S. 25ff.; Stern/Schmidt-Bleibtreu, Band 1, S. 61f..
[442] Da von der Planung bis zur Zulassung eines Vorhabens, insbesondere bei immissionsschutzrechtlichen Anlagen und bei Abfallentsorgungsanlagen, regelmäßig ein längerer Zeitraum - oft mehrere Jahre - vergeht, dürfte die Zahl der Genehmigungen gering sein, die zwischen dem Inkrafttreten des URG am 1.7.1990 und dem Wirksamwerden des Beitritts am 3.10.1990 erteilt wurden, vgl. Kloepfer/Kröger, S. 64.
[443] Vgl. oben C II 5 b) und Kapitel D.
[444] Insbesondere der 9. BImSchV (Anlage 1 zum URG, zu Art. 1, Nr. 1 lit. d) und der §§ 72 bis 78 VwVfG (Anlage 1 zum URG, zu Art. 4, Nr. 1).
[445] Vgl. oben E II 2 b) cc).
[446] Vgl. oben E V 3 a) bb) (2).

dem URG übernommenen Gesetze überhaupt vollziehen zu können, mußten die Organe der DDR also zumindest die grundlegenden Regelungen des VwVfG, insbesondere zum Verwaltungsakt, sowie die hierzu entwickelten Grundsätze bereits aufgrund des URG anwenden.

Für die konkrete Reichweite der Bindungswirkung von immissionsschutzrechtlichen Genehmigungen, wasserrechtlichen Erlaubnissen und Bewilligungen sowie abfallrechtlichen Zulassungsentscheidungen, die in der DDR aufgrund des URG erteilt worden sind, gelten die obigen Ausführungen entsprechend. Die Modifizierungen, die das bundesrepublikanische Umweltrecht durch das URG erfuhr, wirken sich insoweit nicht aus[447].

bb) Genehmigungen, die vor dem Inkrafttreten des URG erteilt worden sind

Nach welchem Recht die Bindungswirkung von DDR-Genehmigungen, die vor dem Inkrafttreten des URG erteilt oder die von ihm nicht erfaßt worden sind, zu beurteilen ist, ist fraglich. Falls Art. 19 EV insoweit keine Regelung enthält, könnten entweder die allgemeinen Grundsätze des Verwaltungsrechts der Bundesrepublik Deutschland oder das Verwaltungsrecht der DDR maßgebend sein.

(1) Wirksamkeit von Einzelentscheidungen der DDR nach Art. 19 EV

Nach Art. 19 Satz 1 EV "bleiben" "Verwaltungsakte" der DDR nach dem Wirksamwerden des Beitritts der neuen Länder "wirksam". Art. 19 Satz 2 EV läßt ihre Aufhebung zu, wenn sie mit rechtsstaatlichen Grundsätzen oder mit dem EV nicht zu vereinbaren sind. Nach Art. 19 Satz 3 EV bleiben die Vorschriften über die "Bestandskraft" von Verwaltungsakten "im übrigen" unberührt.

Die Terminologie des Art. 19 EV überrascht. Der Begriff des Verwaltungsakts findet sich weder in verwaltungsrechtlichen Vorschriften der DDR noch im Lehrbuch zum Verwaltungsrecht[448], das für die Aus- und Weiterbildung an den Universitäten und

---

[447] Auch im Rahmen des URG könnten insoweit allenfalls hinsichtlich immissionsschutzrechtlicher Genehmigungen Zweifel bestehen. Denn Art. 1 § 3 URG sah für die Errichtung und den Betrieb von Neuanlagen bereits die Modifizierungen der immissionsschutzrechtlichen Genehmigungsvoraussetzungen vor, die inzwischen § 67 a Abs. 2 BImSchG enthält. Daß sich diese Modifizierungen im Rahmen der Bindungswirkung von immissionsschutzrechtlichen Genehmigungen jedoch nicht auswirken, wurde bereits dargelegt (vgl. oben den Anfang von E VII).

[448] Vgl. DDR-Verwaltungsrecht, S. 121ff. und 132ff..

Hochschulen der DDR Anwendung fand. Er wurde in der DDR bewußt vermieden, um außenwirksame Verwaltungsentscheidungen[449] der Organe der DDR, die als "Einzelentscheidungen"[450] die "sozialistische Gesetzlichkeit"[451] konkretisierten und hierdurch zur Verwirklichung des Sozialismus beitrugen[452], von Entscheidungen, die Behörden in rechtsstaatlich verfaßten Demokratien im Rahmen des "bürgerlichen Verwaltungsrechts"[453] treffen, abzugrenzen[454].

Durch Art. 19 EV haben sich die Parteien des EV also zumindest begrifflich über ideologisch bedingte Unterschiede zwischen den Instrumentarien des Verwaltungsrechts beider deutscher Staaten[455] hinweggesetzt[456].

Nach Art. 19 Satz 1 EV sollen Einzelentscheidungen der DDR-Organe wirksam "bleiben". Die Vertragsparteien wollten die mit der Wirksamkeit der Einzelentscheidungen verbundenen Wirkungen also nicht erweitern, sondern nur die bereits auf dem DDR-Recht beruhenden Wirkungen erhalten[457]. Die Bindungswirkung von Einzelentscheidungen kann daher nicht anhand der Kriterien bestimmt werden, die oben für Verwaltungsakte dargelegt worden sind[458]; maßgebend bleibt das frühere Verwaltungsrecht der DDR.

Aus Art. 19 Sätze 2 und 3 EV folgt nichts anderes: Art. 19 Satz 2 EV sieht lediglich einen speziellen Aufhebungsgrund vor. Art. 19 Satz 3 EV verweist zwar auf "die Vorschriften über die Bestandskraft", also auf die §§ 43ff. VwVfG[459]. Da die Wirksamkeit von Einzelentscheidungen jedoch bereits durch Art. 19 Satz 1 EV geregelt wird und die Vorschriften über die Bestandskraft nur "im übrigen" unberührt bleiben, sind auf Einzelentscheidungen primär die Aufhebungsvorschriften der §§ 48 und 49 VwVfG anzuwenden[460]; im Rahmen des § 43 VwVfG dürfte allenfalls die Anwendung des Absatz 2 in Betracht kommen[461].

---

[449] DDR-Verwaltungsrecht, S. 133.
[450] DDR-Verwaltungsrecht, S. 123 und 132ff.; vgl. auch BVerwG, LKV 1994, 219 (219).
[451] Vgl. Art. 19 Abs. 1 Satz 2 DDR-Verf.
[452] DDR-Verwaltungsrecht, S. 24.
[453] DDR-Verwaltungsrecht, S. 46ff..
[454] Bernet, LKV 1992, 345 (346).
[455] Vgl. hierzu Stelkens, Verwaltungsverfahren, Rdnrn. 302ff.; derselbe, in Stelkens/Bonk/Sachs, § 35 VwVfG Rdnr. 186; derselbe DtZ 1991, 264 (269); derselbe, DVBl. 1992, 248 (253f.).
[456] Vgl. Stelkens, Verwaltungsverfahren, Rdnr. 479.
[457] Vgl. Sachs, in Stelkens/Bonk/Sachs, § 43 VwVfG Rdnr. 164.
[458] Vgl. oben Kapitel D.
[459] Stelkens, DtZ 1991, 264 (270).
[460] Vgl. Sachs, in Stelkens/Bonk/Sachs, § 43 VwVfG Rdnr. 172; Stelkens, DtZ 1991, 264 (270); derselbe, Verwaltungsverfahren, Rdnr. 478.
[461] Sachs, in Stelkens/Bonk/Sachs, § 43 VwVfG Rdnr. 165.

(2) Bindungswirkung von Einzelentscheidungen nach dem Verwaltungsrecht der DDR

Verbindlich waren Einzelentscheidungen zumindest für ihre Adressaten[462]. Einzelentscheidungen konnten notfalls mit Zwangsmitteln durchgesetzt werden[463].

Die Bindungswirkung von Einzelentscheidungen gegenüber den DDR-Organen wurde im Verwaltungsrecht der DDR dagegen kaum problematisiert[464]. Soweit ersichtlich, vertrat lediglich ein Autor die Auffassung, daß "Verfügungen" eines Staatsorgans auch von anderen Staatsorganen zu beachten gewesen seien, weil das verfügende Organ Staatsmacht ausgeübt habe und kein anderes Staatsorgan für die Gestaltung des geregelten Rechtsverhältnisses zuständig gewesen sei[465]. Diese Ansicht steht allerdings im Widerspruch zu dem, was im Lehrbuch zum Verwaltungsrecht, das für die Universitäts- und Hochschulausbildung maßgebend war, zu Verwaltungsrechtsverhältnisssen, die in der Regel durch Einzelentscheidungen begründet wurden[466], ausgeführt wird. Danach waren Verwaltungsrechtsverhältnisse "keine ein für alle mal gegebenen, starren Kategorien"[467]. Man ging vielmehr davon aus, daß sie in "unmittelbarem Zusammenhang mit den objektiven Erfordernissen der gesellschaftlichen Entwicklung verändert und ausgestaltet" wurden[468]. Bei einer strikten Bindung der Staatsorgane an Einzelentscheidungen wäre dies nicht möglich gewesen[469].

Einer rechtsstaatlichen Kategorien vergleichbaren Bindung der Staatsorgane der DDR an Einzelentscheidungen stand das sozialistische Rechtssystem entgegen:

Nach der marxistisch-leninistischen Staats- und Rechtstheorie ist ein Staat und das von ihm gesetzte Recht stets Instrument zur Machtausübung der herrschenden Klasse[470]. Ein sozialistischer Staat sei im Gegensatz zu einem kapitalistischen, der die Klassenherrschaft der Bourgeoisie absichere, Instrument der Arbeiterklasse unter Führung ihrer marxistisch-leninistischen Partei[471]. Die marxistisch-leninistische Staatstheorie geht von einer "objektiven Gesetzmäßigkeit der Geschichte" aus, die auf die Beseitigung

---

[462] DDR-Verwaltungsrecht, S. 138.
[463] DDR-Verwaltungsrecht, S. 151ff..
[464] Sachs, in Stelkens/Bonk/Sachs, § 43 VwVfG Rdnr. 162.
[465] Riemann, StR 1976, 1291 (1298f.).
[466] DDR-Verwaltungsrecht, S. 42.
[467] DDR-Verwaltungsrecht, S. 46.
[468] DDR-Verwaltungsrecht, S. 47.
[469] Vgl. König, VerwArch 1982, 37 (44f.).
[470] Bernet, in: Festschrift für Thieme, S. 289 (296f.); Mampel, Art. 1 DDR-Verf Rdnrn. 3ff. m.w.N..
[471] DDR-Staatsrecht, S. 111; König, DVBl. 1993, 1292 (1294); Mampel, Art. 1 DDR-Verf Rdnr. 16.

des Privateigentums an den Produktionsmitteln und letztlich auf eine klassenlose Gesellschaft hinauslaufe[472]. Diese Entwicklung werde in einem sozialistischen Staat unter Führung der marxistisch-leninistischen Partei, die als Avantgarde des Proletariats das Erkenntnismonopol für die objektiven Gesetzmäßigkeiten der Geschichte besitze[473], planmäßig vorangetrieben[474].

In der DDR kam dieser Führungsanspruch der marxistisch-leninistischen Partei in Art. 1 Satz 2 DDR-Verf[475] explizit zum Ausdruck[476]. Aufgrund der führenden Rolle der Sozialistischen Einheitspartei Deutschlands (SED), der marxistisch-leninistischen Partei der DDR, stand sie über dem Staatsapparat und dem von diesem gesetzten Recht[477]. Aufgabe der Staatsorgane und Funktion des sozialistischen Rechts war die Verwirklichung der Beschlüsse der SED, welche die zur Verwirklichung der objektiven Gesetzmäßigkeit der Geschichte als notwendig erachteten Maßnahmen vorgaben[478].

Die sozialistische Gesetzlichkeit war als Begriff der marxistisch-leninistischen Rechtstheorie[479] das Mittel, um die führende Rolle der SED in allen Bereichen zu verwirklichen[480]. Sozialistische Rechtsvorschriften waren grundsätzlich "strikt" einzuhalten[481], weil sie auf Beschlüssen der SED beruhten und daher davon auszugehen war, daß sie den Erfordernissen der gesellschaftlichen Entwicklung entsprachen[482]. Die Auslegung von Normen, insbesondere die der häufigen Generalklauseln[483], mußte der "Parteilichkeit" des Rechts entsprechen[484]. Daher waren die Beschlüsse der SED für die Auslegung von Normen entscheidend[485]. Der ausgedrückte "Klassenwille" und das "gesellschaftliche Ziel" einer Norm waren zu ermitteln[486].

---

[472] Mampel, Art. 1 DDR-Verf Rdnr. 8.
[473] Mampel, Art. 1 DDR-Verf Rdnrn. 9ff. und 22.
[474] DDR-Staatsrecht, S. 35ff.; Mampel, Art. 1 DDR-Verf Rdnrn. 8 und 16.
[475] Verfassung der Deutschen Demokratischen Republik vom 6.4.1968 in der Fassung des Gesetzes zur Änderung der Verfassung der Deutschen Demokratischen Republik vom 7.10.1974, GBl. S. 432.
[476] DDR-Staatsrecht, S. 110.
[477] DDR-Staatsrecht, S. 45 und 108ff.; DDR-Verwaltungsrecht, S. 24; Brunner, S. 8ff.; Mampel, Art. 1 DDR-Verf Rdnrn. 29 und 31.
[478] Vgl. DDR-Staatsrecht, S. 111f.; DDR-Verwaltungsrecht, S. 24; König, DVBl. 1993, 1292 (1294); Mampel, Art. 1 DDR-Verf Rdnrn. 40ff.; Suermann, S. 71ff..
[479] DDR-Staatsrecht, S. 111f.; Mampel, Art. 19 DDR-Verf Rdnr. 47; Ule, DVBl. 1985, 1029 (1029).
[480] König, VerwArch 1982, 37 (52ff.).
[481] DDR-Verwaltungsrecht, S. 137.
[482] DDR-Verwaltungsrecht, S. 28 und 137; Mampel, Art. 19 DDR-Verf Rdnrn. 58 und 63; Suermann, S. 105f..
[483] Brunner, S. 3.
[484] Brunner, S. 3ff.; Mampel, Art. 19 DDR-Verf Rdnr. 56; Ule, DVBl. 1985, 1029 (1029).
[485] König, VerwArch 1982, 37 (52ff.); Suermann, S. 74, 78f. und 95ff..
[486] Mampel, Art. 19 DDR-Verf Rdnr. 55 m.w.N..

Dem sozialistischen Rechtssystem der DDR war eine rechtsstaatlichen Maßstäben vergleichbare Garantie von Rechtssicherheit und Vertrauensschutz fremd. Staat und Recht standen zur Disposition der SED, die als Trägerin der politischen Macht die Diktatur des Proletariats verwirklichte[487]. Parteibeschlüsse, welche die erforderlichen Maßnahmen zur Verwirklichung der "objektiven Gesetzlichkeit der Geschichte" neu definierten, waren vom Staatsapparat durch Änderungen bestehender oder durch den Erlaß neuer Normen umzusetzen[488]. Soweit Normen, wie im allgemeinen Verwaltungsrecht, fehlten, war es Aufgabe der dem Prinzip der Parteilichkeit verpflichteten "Verwaltungsrechtswissenschaft", die Erkenntnisse der SED möglichst effektiv durch Entwicklung neuer Grundsätze zu verwirklichen[489].

Gerade in nicht kodifizierten Bereichen hatten die Staatsorgane also vor allem anderen die Direktiven der SED zu beachten[490]. Insbesondere den ungeschriebenen Grundsätzen des allgemeinen Verwaltungsrechts der DDR fehlte daher der Charakter einer die Staatsorgane dauerhaft bindenden Rechtsquelle[491]. Dies belegt eindrucksvoll das Beispiel der staats- und rechtswissenschaftlichen Konferenz der SED am 2. und 3.4.1958 in Babelsberg. Nach dieser Konferenz wurde das Verwaltungsrecht kurzerhand für länger als ein Jahrzehnt aufgehoben, weil Ulbricht die Trennung des Verwaltungsrechts vom Staatsrecht in seinem Grundsatzreferat als bürgerliches Prinzip bezeichnete, das sobald wie möglich beseitigt werden müsse[492].

Die Bindungswirkung von Einzelentscheidungen kann nicht über die Verbindlichkeit der ungeschriebenen Grundsätze des allgemeinen Verwaltungsrechts der DDR hinausgehen. Daher kann auch aus den ungeschriebenen Grundsätzen des Verwaltungsrechts zur Aufhebung von begünstigenden Einzelentscheidungen, die einen, wenn auch im einzelnen unscharfen Vertrauensschutz des Begünstigten vorsahen[493], keine Bindung der Staatsorgane hergeleitet werden. Im Ergebnis ist davon auszugehen, daß Einzelentscheidungen keine Bindungswirkung zukam, welche die Staatsorgane beim Erlaß spä-

---

[487] DDR-Staatsrecht, S. 109f.; Brunner, S. 8ff.; König, VerwArch 1982, 37 (53f.); derselbe, in König, Verwaltungsstrukturen der DDR, S. 9 (33ff.); derselbe, DVBl. 1993, 1292 (1294); Suermann, 76ff..
[488] Bernet, in: Festschrift für Werner Thieme zum 70. Geburtstag, S. 289 (300); König, VerwArch 1982, 37 (51); derselbe, in König, Verwaltungsstrukturen der DDR, S. 9 (35f.); Mampel, Art. 19 DDR-Verf Rdnr. 63.
[489] DDR-Verwaltungsrecht, S. 47; König, VerwArch 1982, 37 (42ff.).
[490] König, in König, Verwaltungsstrukturen der DDR, S. 9 (19).
[491] Stelkens, DVBl. 1992, 248 (251); derselbe, in Stelkens/Bonk/Sachs, Einleitung Rdnr. 85.
[492] Protokoll der staats- und rechtswissenschaftlichen Konferenz, Potsdam-Babelsberg 1958, S. 35; hierzu DDR-Verwaltungsrecht, S. 45f.; Bernet, LKV 1992, 345 (346); König, VerwArch 1982, 37 (40f.); Pohl, H., in König, Verwaltungsstrukturen der DDR, S. 235 (236ff.), mit auszugsweisem Textabdruck; Stelkens, DtZ 1991, 264 (266); derselbe DVBl. 1992, 248 (252); derselbe, in Stelkens/Bonk/Sachs, Einleitung Rdnr. 81; Ule, DVBl. 1985, 1029 (1037f.).
[493] DDR-Verwaltungsrecht, S. 139; Stelkens, Verwaltungsverfahren, Rdnr. 542.

terer Einzelentscheidungen gehindert hätte, von vorangegangenen abzuweichen und hierdurch zunächst eingeräumte Rechtspositionen nachträglich zu entwerten[494].

Für eine Legalisierungswirkung von Einzelentscheidungen fehlt somit die Grundlage.

3. Ergebnis zu VII.

Die Legalisierungswirkung von immissionsschutzrechtlichen Genehmigungen, abfallrechtlichen Zulassungsentscheidungen und wasserrechtlichen Erlaubnissen und Bewilligungen, die in der DDR aufgrund des URG erteilt worden sind, entspricht bundesdeutschem Recht.

Genehmigungen der DDR-Organe, die nicht aufgrund des URG erteilt worden sind, kommt keine Legalisierungswirkung zu.

---

[494] Ähnlich wohl auch König, VerwArch 1982, 37 (45f.); Stelkens, in Stelkens/Bonk/Sachs, § 35 VwVfG Rdnr. 186; unklar Sachs, in Stelkens/Bonk/Sachs, § 43 VwVfG Rdnrn. 172f..

175

Zusammenfassung

I. Die Legalisierungswirkung von Genehmigungen schließt nicht den Tatbestand öffentlich-rechtlicher Eingriffsnormen, sondern nur die Störerhaftung des Inhabers einer Genehmigung aus. Er haftet für sein genehmigtes Verhalten sowie für einen genehmigungskonform herbeigeführten Zustand weder als Verhaltens- noch als Zustandsstörer. Die Legalisierungswirkung von Genehmigungen verhindert Widersprüche zwischen einer Genehmigung, die ihrem Inhaber die Ausführung eines Vorhabens gestattet, und einer späteren Verfügung, die ihn zur Abwehr oder Beseitigung von Gefahren oder Störungen verpflichtet.

II. Eine Legalisierungswirkung kann von jeder behördlichen Zulassungsentscheidung ausgehen.

III. Sie ist grundsätzlich gegenüber der Anwendung jeder öffentlich-rechtlichen Eingriffsnorm denkbar. Nur im Anwendungsbereich spezieller Eingriffsnormen, welche die Behörden zu nachträglichen Auflagen oder sonstigen nachträglichen Anordnungen ermächtigen und hierdurch gerade die Inanspruchnahme des Inhabers einer Genehmigung vorsehen, kommt eine Legalisierungswirkung nicht in Betracht.

IV. Für eine Legalisierungswirkung von Genehmigungen besteht kein Bedürfnis, soweit die Anwendung einer Eingriffsnorm bereits aufgrund des Grundsatzes lex specialis derogat legi generali von einer speziellen Vorschrift ausgeschlossen wird. Eine Legalisierungswirkung ist hier nur gegenüber der spezielleren Norm denkbar. Entsprechendes gilt, soweit die Subsidiaritätsklauseln der allgemeinen Polizei- und Ordnungsgesetze der Länder den Anwendungsbereich der polizei- und ordnungsrechtlichen Generalklauseln einschränken. Eine Legalisierungswirkung ist in diesen Fällen nur gegenüber den vorrangig anzuwendenden Eingriffsnormen möglich.

V. Dogmatisch ist die Legalisierungswirkung von Genehmigungen aus den Grundsätzen des allgemeinen Verwaltungsrechts herzuleiten.

Das BVerwG und die obergerichtliche Rechtsprechung haben keine dogmatische Begründung entwickelt.

1. Im Schrifttum wird die Legalisierungswirkung von Genehmigungen meist als spezifisches Problem der polizei- und ordnungsrechtlichen Störerhaftung behandelt; dogmatisch wird sie in die Lehren vom "sozialadäquaten Verhalten" und von der

"rechtswidrigen Verursachung" integriert, die zur Konkretisierung der Theorie der unmittelbaren Verursachung dienen. Die Legalisierungswirkung einer Genehmigung schließe es aus, genehmigungskonform verursachte Gefahren oder Störungen für die öffentliche Sicherheit dem Genehmigungsinhaber zuzurechnen.

Mit den speziellen Lehren zur Konkretisierung der Theorie der unmittelbaren Verursachung kann allerdings weder der Ausschluß der Verhaltens-, noch der Zustandshaftung hergeleitet werden, der aufgrund der Legalisierungswirkung von Genehmigungen eintreten soll:

a) Zur Konkretisierung der Haftung als Verhaltensstörer ist die Lehre vom "sozialadäquaten Verhalten" wegen ihrer Unbestimmtheit nicht geeignet.
   Die Lehre von der "rechtswidrigen Verursachung", die eine Genehmigung quasi als Rechtfertigungsgrund behandelt, kollidiert mit dem Grundsatz, daß die polizei- und ordnungsrechtliche Störerhaftung kein rechtswidriges Verhalten voraussetzt. Soweit diese Lehre durch Risikozuweisung modifiziert wird, sind die herangezogenen Aspekte derart vage, daß kaum vorhersehbar ist, ob eine Behörde oder ein Gericht eine bestimmte Genehmigung anhand dieser Kriterien als legalisierend bewerten wird oder nicht.

b) Für den Eintritt der polizei- und ordnungsrechtlichen Zustandshaftung kommt es nicht darauf an, wie und wodurch der polizei- oder ordnungswidrige Zustand verursacht worden ist. Ob dies sozialadäquat oder rechtswidrig geschah und ob sich hierbei Haftungsrisiken verwirklicht haben, ist ohne Belang.

2. Der Begriff der Legalisierungswirkung von Genehmigungen beschreibt vielmehr einen besonderen Aspekt der Bindungswirkung, die Verwaltungsakten in späteren Verwaltungsverfahren eigen ist. Grundlage dieser Bindungswirkung ist die Regelung eines Verwaltungsaktes, die das im konkreten Fall maßgebende materielle Recht vorgibt.

In einem nachfolgenden Verwaltungsverfahren ist die Regelung einer Genehmigung als Rechtsquelle von allen Behörden zu beachten; spätere der Gefahrenabwehr dienende Verfügungen dürfen ihr daher nicht widersprechen. Diese "Sperrwirkung" einer Genehmigung steht jeder, dem Regelungsgehalt der Genehmigung widersprechenden Inanspruchnahme des Genehmigungsinhabers entgegen.

Die dogmatische Grundlage für die Legalisierungswirkung von Genehmigungen liegt also nicht im Polizei- und Ordnungsrecht, sondern im allgemeinen Verwaltungsrecht. Die Legalisierungswirkung einer Genehmigung begrenzt quasi "von außen her" - als Ausprägung eines Instituts des allgemeinen Verwaltungsrechts - die öffentlich-rechtliche Haftung eines Genehmigungsinhabers.

VI. Die Reichweite der Legalisierungswirkung von Genehmigungen ergibt sich aus den objektiven, subjektiven und zeitlichen Grenzen, welche die Bindungswirkung von Verwaltungsakten einschränken.

1. Die objektive Grenze der Bindungswirkung wird durch den sachlichen Regelungsgehalt eines Verwaltungsakts bestimmt. Der sachliche Regelungsgehalt einer Genehmigung umschreibt den äußersten Rahmen, in dem eine Legalisierungswirkung in Betracht kommt.

a) Die Gestattung geht nicht über das hinaus, was der Genehmigungsbehörde im Rahmen des Antrags zur Entscheidung vorgelegt wurde. Es erfolgt keine konkludente Gestattung von Tätigkeiten oder Verfahren, die in der Genehmigungsurkunde beziehungsweise in den Antragsunterlagen, auf die sich die Genehmigungsurkunde bezieht, nicht ausdrücklich erwähnt werden. Eine "Global-Genehmigung", die auch künftige, beim Erlaß der Genehmigung noch nicht absehbare Betriebsweisen erfaßt, findet nicht statt.
Soweit nicht nur die Errichtung und der Betrieb von Anlagen, sondern auch ihre wesentliche Änderung einer Zulassung bedürfen, gilt das Prinzip, daß alles verboten bleibt, was nicht ausdrücklich gestattet wird.

b) Die Erwartung der Zulassungsbehörde, das erlaubte Verhalten werde keine Gefahren oder Störungen hervorrufen, rechtfertigt den Ausschluß dennoch eintretender Beeinträchtigungen vom sachlichem Regelungsgehalt einer Genehmigung nicht.

c) Bei generalklauselartig formulierten Genehmigungsvoraussetzungen hat die Behörde vor dem Erlaß einer Genehmigung das Vorliegen der Genehmigungsvoraussetzungen zwar umfassend zu prüfen. Dieser Prüfpflicht entspricht aber keine in gleicher Weise umfassende Regelungskompetenz. Vielmehr bildet die sachliche Zuständigkeit der Genehmigungsbehörde - neben der Rechtsfolgenanordnung des Genehmigungstatbestandes - die äußerste Grenze für ihre Regelungsbefugnisse. Von anderen Behörden zu vollziehende Genehmigungstatbestände schränken die sachliche Zuständigkeit einer Behörde ein.

d) Bau- und sonstige Anlagengenehmigungen weisen neben einem verfügenden einen feststellenden Regelungsteil auf, durch den das Vorliegen der Genehmigungsvoraussetzungen festgestellt wird; beide Regelungsteile werden durch den sachlichen Zuständigkeitsbereich der Genehmigungsbehörde begrenzt.

2. Grundlage der Legalisierungswirkung ist die Bindung der Behörden an den sachlichen Regelungsgehalt einer Genehmigung. Eine Genehmigung wirkt legalisierend, soweit sich ihr Inhaber gegenüber weitergehenden Anforderungen der Behörden auf die Erfüllung der durch die Genehmigung begründeten Pflichten berufen kann.

a) Weil die Regelung eines Verwaltungsakts das im Einzelfall maßgebende materielle Recht vorgibt, sind grundsätzlich alle Behörden an den sachlichen Regelungsgehalt eines wirksamen Verwaltungsakts gebunden.

b) Die Reichweite dieser Bindung hängt nicht abstrakt davon ab, ob durch eine Zulassungsentscheidung ein präventives oder repressives Verbot aufgehoben oder eine staatliche Planungsentscheidung getroffen wurde. Denn die unterschiedliche Rechtsstellung, die ein Antragsteller in den verschiedenen Zulassungsverfahren inne hat, wirkt sich auf die Bindungswirkung nicht aus.

c) Für einen allgemeinen Vorbehalt, der eine Bindung der Behörden an den sachlichen Regelungsgehalt einer Genehmigung ausschließen könnte, soweit Risiken der gestatteten Tätigkeit beim Erlaß einer Genehmigung nicht vorhanden, atypisch oder zumindest objektiv nicht voraussehbar waren, gibt es keine gesetzliche Grundlage.

d) Im Verhältnis zum allgemeinen Verwaltungsrecht hat der Gesetzgeber die Bindung der Behörden an den sachlichen Regelungsgehalt von Zulassungsentscheidungen im Umweltrecht durch spezielle Vorschriften stark eingeschränkt. Aufgrund der Befugnisse der Behörden zum Erlaß von nachträglichen Auflagen und sonstigen nachträglichen Anordnungen kann ein zugelassenes Vorhaben fortwährend an neue Entwicklungen angepaßt werden; sogar die Korrektur ursprünglicher Fehleinschätzungen der Zulassungsbehörde ist möglich. Der Teil des sachlichen Regelungsgehalts einer Genehmigung, der mit nachträglichen Auflagen und Anordnungen modifiziert werden kann, bindet die Behörden nicht; für die konkrete Reichweite dieses Regelungsteils ist das jeweilige Zulassungsrecht maßgebend.
Der Anwendungsbereich der Eingriffsnormen, die zum Erlaß von nachträglichen Auflagen und sonstigen nachträglichen Anordnungen ermächtigen, ist in der Regel von dem der Vorschriften zur Rücknahme und zum Widerruf einer Genehmigung abzugrenzen. Der Kernbereich des sachlichen Regelungsgehalts einer Genehmigung kann grundsätzlich nur durch Rücknahme oder Widerruf modifiziert werden;

im übrigen ist zur Abgrenzung des Anwendungsbereichs der Normen der allgemeine Verhältnismäßigkeitsgrundsatz maßgebend. Der nur durch Rücknahme oder Widerruf zu modifizierende Teil des sachlichen Regelungsgehalts einer Genehmigung bindet die Behörden.

e) Rechtsnachfolger eines Genehmigungsinhabers profitieren von der Legalisierungswirkung von Genehmigungen, wenn Rechtsnormen den Übergang einer Genehmigung auf den Rechtsnachfolger des Genehmigungsinhabers vorsehen. Fehlt eine entsprechende gesetzliche Regelung, geht die Legalisierungswirkung einer Genehmigung auf Rechtsnachfolger über, wenn und soweit eine Genehmigung eine sachbezogene Regelung enthält, welche die öffentlich-rechtlichen Eigenschaften einer Sache festlegt.

3. Die Bindung an den sachlichen Regelungsgehalt eines Verwaltungsakts entsteht zu dem Zeitpunkt, an dem die Regelung nach dem Willen der Zulassungsbehörde in Kraft treten soll.

Sie bleibt bestehen, bis die Wirksamkeit einer Genehmigung nach § 43 Abs. 2 VwVfG durch Aufhebung oder Erledigung beendet wird.

Bei einer rückwirkenden Aufhebung wird nach Maßgabe der Rückwirkung jede Bindung beseitigt. Im übrigen besteht die Bindungswirkung einer Genehmigung für den vor dem Eintritt ihrer Unwirksamkeit liegenden Zeitraum fort.

Durch eine Änderung der Sach- oder Rechtslage erlischt die Bindungswirkung einer Genehmigung grundsätzlich nicht.

Literaturverzeichnis

Achterberg, Norbert	Allgemeines Verwaltungsrecht, 2. Auflage, Heidelberg 1986
Autorenkollektiv	Staatsrecht der DDR, 2. Auflage, Berlin 1984
	zitiert: DDR-Staatsrecht
Autorenkollektiv	Verwaltungsrecht, 2. Auflage, Berlin 1988
	zitiert: DDR-Verwaltungsrecht
Baumann, Petra	Der Störer im Umweltbereich, Pfaffenweiler 1991
Baumbach, Adolf	Zivilprozeßordnung, 51. Auflage, München 1993
Lauterbach, Wolfgang	zitiert: Baumbach/Lauterbach
Albers, Jan	
Hartmann, Peter	
Battis, Ulrich	Allgemeines Verwaltungsrecht, Heidelberg 1985
Beckmann, Martin	Die Umweltverträglichkeitsprüfung und das rechtssystematische Verhältnis von Planfeststellungsbeschlüssen und Genehmigungsentscheidungen, DÖV 1987, 944
Bender, Bernd	Umweltrecht, 2. Auflage, Heidelberg 1990
Sparwasser, Reinhard	
Bernet, Wolfgang	Verwaltungsakte und Rechtsmittel/Rechtsbehelfe im Systemwandel, LKV 1992, 345
derselbe,	Zur Rehabilitierung von Verwaltung und Verwaltungsrecht in Ostdeutschland, in: Festschrift für Werner Thieme zum 70. Geburtstag, S. 289, Köln, Berlin, Bonn, München 1993
Blumenbach, Martin	Kommentar zur Niedersächsischen Bauordnung, Stuttgart, München, Hannover
Groschupf, Otto	1977
Bock, Bettina	Umweltschutz im Spiegel von Verfassungsrecht und Verfassungspolitik, Berlin 1990
Bohne, Eberhard	Die Umweltverträglichkeitsprüfung bergbaulicher Vorhaben nach den Gesetzentwürfen der Bundesregierung zur Umsetzung der EG-Richtlinie vom 27.06.1985 (85/337/EWG), ZfB 1989, 93
Boldt, Gerhard	Bundesberggesetz, Berlin, New York 1984
Weller, Herbert	
Nölscher, Karl	
Boldt, Gerhard	Bundesberggesetz, Ergänzungsband zum Kommentar, Berlin, New York
Weller, Herbert	1992
Mäßenhausen, Hans-Ulrich	zitiert: Ergänzungsband
Brandner, Thilo	Gefahrenerkennbarkeit und polizeirechtliche Verhaltensverantwortlichkeit, Berlin 1990
Brandt, Edmund	Rechtliche Aspekte der Altlastensanierung, Der Landkreis 1986, 205
derselbe,	Altlastenrecht, Heidelberg 1993
Brandt, Edmund	Altlasten und Abfallproduzentenhaftung, Düsseldorf, 1988
Diekmann, Martin	
Wagner, Kersten	

Brandt, Edmund Lange, Holger	Kostentragung bei der Altlastensanierung, UPR 1987, 11
Braun, Joachim	Die präjudizielle Wirkung bestandskräftiger Verwaltungsakte, Frankfurt a.M. 1981
Brauner, Roman J.	Abschied vom Vorrang des Bergbaus? NuR 1994, 20
Breuer, Rüdiger	"Altlasten" als Bewährungsprobe der polizeilichen Gefahrenabwehr und des Umweltschutzes - OVG Münster, NVwZ 1985, 355, JuS 1986, 359
derselbe,	Öffentliches und privates Wasserrecht, 2. Auflage, München 1987 zitiert: Wasserrecht
derselbe,	Rechtsprobleme der Altlasten, NVwZ 1987, 751
Broß, Siegfried	Zur Bindung der Zivilgerichte an Verwaltungsentscheidungen, VerwArch 1987, 91
derselbe,	Ausgewählte Probleme aus der Rechtsprechung des Bundesgerichtshofs zum Amtshaftungsrecht, VerwArch 1991, 593
Brunner, Georg	Einführung in das Recht der DDR, 2. Auflage, München 1979
Büdenbender, Ulrich Mutschler, Ulrich	Bindungs- und Präklusionswirkung von Teilentscheidungen nach BImSchG und AtG, Köln, Berlin, Bonn, München 1979
Büllesbach, Rudolf	Die wasserrechtliche Gemeinwohlklausel, DÖV 1992, 477
derselbe,	Die rechtliche Beurteilung von Abgrabungen nach Bundes- und Landesrecht, Berlin 1994
Bydlinski, Franz	Juristische Methodenlehre und Rechtsbegriff, Wien, New York 1982
Claaßen, Max-Peter	Bericht zum Arbeitskreis IV beim 7. Deutschen Verwaltungsrichtertag - Fortbildungsveranstaltung des Bundes Deutscher Verwaltungsrichter - in Berlin, DVBl. 1983, 681
DDR-Staatsrecht	siehe unter Autorenkollektiv
DDR-Verwaltungsrecht	siehe unter Autorenkollektiv
Di Fabio, Udo	Risikoentscheidungen im Rechtsstaat, Tübingen 1994
Dienes, Karsten	Die 3. Novelle zum Bundes-Immissionsschutzgesetz, NWVBl. 1990, 404
Dolde, Klaus-Peter	Bestandsschutz im Immissionsschutzrecht, in: Festschrift für Otto Bachof zum 70. Geburtstag, München 1984, S. 191
derselbe,	Bestandsschutz von Altanlagen im Immissionsschutzrecht, NVwZ 1986, 873
Dombert, Matthias	Altlastensanierung in der Rechtspraxis, Berlin 1990
Dombert, Matthias Reichert, Ronald	Altlasten in den neuen Bundesländern: Die Freistellungsklausel des Einigungsvertrages, NVwZ 1991, 744
Dreher, Eduard Tröndle, Herbert	Strafgesetzbuch, 46. Auflage, München 1993
Drews, Bill Wacke, Gerhard Vogel, Klaus Martens, Wolfgang	Gefahrenabwehr, 9. Auflage, Köln, Berlin, Bonn, München 1986
Drexelius, Matthias	Anmerkung zu BVerwG, Urteil vom 6.6.1975, IV C 15/73, NJW 1976, 817

| Enders, Christoph | Neubegründung des öffentlich-rechtlichen Nachbarschutzes aus der grundrechtlichen Schutzpflicht, AöR 1990, 610 |

Enders, Christoph — Neubegründung des öffentlich-rechtlichen Nachbarschutzes aus der grundrechtlichen Schutzpflicht, AöR 1990, 610

Enders, Rainald — Rechtsprobleme der Behandlung von Abfallaltanlagen und Altlasten in den neuen Bundesländern, DVBl. 1993, 82

Engel, Christoph — Planungssicherheit durch Verwaltungsakt, Tübingen 1992

Engelhardt, Hanns — Bundes-Immissionsschutzgesetz, 2. Auflage, Köln, Berlin, Bonn, München 1980

Erichsen, Hans-Uwe — Der Schutz der Allgemeinheit und der individuellen Rechte durch die polizei- und ordnungsrechtlichen Handlungsvollmachten der Exekutive, Bericht auf der Tagung der Vereinigung der Deutschen Staatsrechtslehrer in Heidelberg vom 6. - 9. Oktober 1976, VVDStRL 35 (1977), 171

derselbe, — Höchstrichterliche Rechtsprechung zum Verwaltungsrecht, VerwArch 1978, 303

Erichsen, Hans-Uwe / Knoke, Ulrich — Bestandskraft von Verwaltungsakten, NVwZ 1983, 185

Erichsen, Hans-Uwe / Martens, Wolfgang — Allgemeines Verwaltungsrecht, 9. Auflage, Berlin, New York, 1992

Feldhaus, Gerhard — Bundes-Immissionsschutzgesetz, Heidelberg, Stand: Februar 1994

derselbe, — Bestandsschutz immissionsschutzrechtlich genehmigter Anlagen im Wandel, WiVerw 1986, 67

Feldhaus, Gerhard / Schmitt, Otto Alfred — Kausalitätsprobleme im öffentlich-rechtlichen Umweltschutz - Luftreinhaltung, WiVerw 1984, 1

Fluck, Jürgen — Die "Legalisierungswirkung" von Genehmigungen als ein Zentralproblem öffentlich-rechtlicher Haftung für Altlasten, VerwArch 1988, 406

derselbe, — "Legalisierungswirkung" bergrechtlicher Zulassungen und öffentlich-rechtliche Verantwortlichkeit für Altlasten, ZfB 1989, 13

derselbe, — Die immissionsschutzrechtliche Nachsorgepflicht als neues Instrument zur Verhinderung und Beseitigung von Altlasten, BB 1991, 1797

derselbe, — Die Konzentrationswirkung der immissionsschutzrechtlichen Genehmigung und ihre Grenzen, NVwZ 1992, 114

derselbe, — Die abschließend bestimmte nachträgliche Anordnung nach § 17 Abs. 4 BImSchG - ein zu wenig genutztes Instrument bei wesentlichen Änderungen? UPR 1992, 326

derselbe, — "Genehmigungszusätze", nachträgliche Anordnungen und Aufhebung der Genehmigung im Immissionsschutzrecht, DVBl. 1992, 862

derselbe, — Die Änderungen des Umweltrechts zur Investitionsbeschleunigung, DB 1993, 2011

Forsthoff, Ernst — Lehrbuch des Verwaltungsrechts, 1. Band, Allgemeiner Teil, 10. Auflage, München 1973

Franke, Peter — Umweltschutz, Verursacherprinzip und Bestandsschutz im Wasserrecht, ZfW 1976, 195

Franßen, Everhardt — Der Einfluß des Verfassungsrechts auf die Auslegung der polizei- und ordnungsrechtlichen Generalklauseln in: Festgabe aus Anlaß des 25 jährigen Bestehens des Bundesverwaltungsgerichts, 1978, S. 201

Friauf, Karl Heinrich	"Latente Störung", Rechtswirkungen der Bauerlaubnis und vorbeugende Nachbarklage, DVBl. 1971, 713
derselbe,	Zur Problematik des Rechtsgrundes und der Grenzen der polizeilichen Zustandshaftung, in: Festschrift für Gerhard Wacke, Köln 1972, S. 293
derselbe,	Zum gegenwärtigen Stand der Bestandsschutz-Problematik, WiVerw 1986, 87
derselbe,	Polizei- und Ordnungsrecht, in von Münch, Besonderes Verwaltungsrecht, S. 97, 9. Auflage, Berlin, New York 1992
derselbe,	Bestandsschutz zwischen Investitionssicherheit und Anpassungsdruck, WiVerw 1989, 121
Gädtke, Horst	Landesbauordnung Nordrhein - Westfalen, 7. Auflage, Düsseldorf 1986
Gaentzsch, Günter	Konkurrenz paralleler Anlagengenehmigungen, NJW 1986, 2787
derselbe,	Die bergrechtliche Planfeststellung, in: Bürger - Richter - Staat, Festschrift für Horst Sendler zum Abschied aus seinem Amt, München 1991, S. 403
derselbe,	Oberflächeneigentum und Bergbau aus der Sicht der höchstrichterlichen Rechtsprechung, DVBl. 1993, 527
Gieseke, Paul Wiedemann, Werner	Wasserhaushaltsgesetz, 2. Auflage, München 1971
Gieseke, Paul Wiedemann, Werner Czychowski, Manfred	Wasserhaushaltsgesetz unter Berücksichtigung der Landeswassergesetze und des Wasserstrafrechts, 6. Auflage, München 1992
Götz, Volkmar	Allgemeines Polizei- und Ordnungsrecht, 7. Auflage, Göttingen 1982 zitiert: 7. Auflage
derselbe,	Allgemeines Polizei- und Ordnungsrecht, 11. Auflage, Göttingen 1993
Hansmann, Klaus	Die Nachsorgepflichten im Immissionsschutzrecht, NVwZ 1993, 921
Harries, Anette	Die Praxis abfallrechtlicher Planfeststellung, Baden-Baden 1993
Heiermann, Ralph	Der Schutz des Bodens vor Schadstoffeintrag, Berlin 1992
Heitmann, Gerd	Die Leitlinien des Bundesverwaltungsgerichts für den Bergbau, ZfB 1990, 179
Heitmann, Henrich	Die Rechtsnachfolge in verwaltungsrechtliche Berechtigungen und Verpflichtungen einer Zivilperson von Todes wegen, Münster 1970
Henkel, Michael J.	Altlasten als Rechtsproblem, Berlin 1987
Henning, Karl-Heinz	Der sogenannte latente Störer in baurechtlicher und planender Sicht, DVBl. 1968, 740
Hermes, Georg	Die Wirkung behördlicher Genehmigungen: Privates Risiko oder staatliche (Mit-) Verantwortung bei veränderter Sachlage? in: Wandel der Handlungsformen im öffentlichen Recht, hrsg. von Kathrin Becker-Schwarze, Wolfgang Köck, Thomas Kupka und Matthias Schwanenflügel, Bremen 1991, S. 187
Herrmann, Nikolaus	Verantwortlichkeit im allgemeinen Polizei-und Ordnungsrecht, DÖV 1987, 666
derselbe,	Flächensanierung als Rechtsproblem, Baden-Baden, 1989

Hill, Hermann   Die befugte Gewässernutzung nach dem Wasserhaushaltsgesetz,
                                 GewArch 1981, 183
Hoffmann-Becking, Michael Der feststellende Verwaltungsakt, DÖV 1972, 196
Hohmann, Harald   Einschränkungen der Kostentragungspflicht des Grundstückseigentümers
                                 beim Ablagern von Giftfässern, DVBl. 1984, 997
Hoppe, Werner   Wirtschaftliche Vertretbarkeit im Rahmen des Bundes-Immissionsschutz-
                                 gesetzes, 2. Auflage, Stuttgart u.a. 1977
Hoppe, Werner   Umweltrecht, München 1989
Beckmann, Martin
Hoschützky, Arnold   Recht der Abfallwirtschaft, Köln, Stand: April 1993
Kreft, Hansjürgen
Hösel, Gottfried   Recht der Abfallbeseitigung des Bundes und der Länder, Berlin,
Freiherr von Lersner,   Stand: März 1994
Heinrich
Hurst, Werner   Zur Problematik der polizeirechtlichen Handlungshaftung, AöR 83
                                 (1958), 43
Ipsen, Jörn   Verbindlichkeit, Bestandskraft und Bindungswirkung von Verwaltungs-
                                 akten, Versuch einer begrifflichen Klärung, Verw 1984, 169 und 189
Isensee, Josef   Subsidiaritätsprinzip und Verfassungsrecht, Berlin 1968
Jarass, Hans D.   Die Abgrenzung parallel erforderlicher Anlagegenehmigungen, DÖV
                                 1978, 21
derselbe,   Anmerkung zu BVerwG, Urteil vom 2.12.1977, IV C 75.75, DÖV 1978,
                                 409
derselbe,   Wirtschaftsverwaltungsrecht, 2. Auflage, Frankfurt a.M. 1984
derselbe,   Bundes-Immissionsschutzgesetz, 1. Auflage, München 1983
derselbe,   Bundes-Immissionsschutzgesetz, 2. Auflage, München 1993
derselbe,   Die Rechtsprechung zur Konkurrenz von Genehmigungen, WiVerw
                                 1984, 169
derselbe,   Konkurrenz, Konzentration und Bindungswirkung von Genehmigungen:
                                 Probleme und Lösungen am Beispiel der baulichen Anlagen, Berlin 1984
                                 zitiert: Konkurrenz
derselbe,   Reichweite des Bestandsschutzes industrieller Anlagen gegenüber um-
                                 weltrechtlichen Maßnahmen, DVBl. 1986, 314
derselbe,   Die Anwendung neuen Umweltrechts auf bestehende Anlagen: die Altan-
                                 lagenproblematik im deutschen Recht, im Recht anderer europäischer
                                 Staaten und im EG-Recht, Baden-Baden 1987
                                 zitiert: Anwendung neuen Umweltrechts
derselbe,   Umweltverträglichkeitsprüfung zwischen Optimierung der EG-Richtlinie
                                 und nahtloser Integration ins deutsche Recht. Probleme im Bergbau- und
                                 Energierecht. In Tettinger, Peter J., Umweltverträglichkeitsprüfung bei
                                 Projekten des Bergbaus und der Energiewirtschaft, Stuttgart, München,
                                 Hannover 1989, S. 53

Kamphausen, Peter	Die Beseitigung von Umweltschäden in Unternehmen, DB Beilage
Kolvenbach, Dirk W.	Nr. 3/87
Wassermann, Bernd	
Keil, Wolfgang	Die Subsidiarität des Allgemeinen Polizeirechts, Marburg 1972
Kim, Yeon-Tae	Rechtsprobleme bei der Zulassung von Abfallentsorgungsanlagen zur Ablagerung von Abfällen, Frankfurt a.m., Berlin, Bern, New York, Paris, Wien 1994
Kirchner, Michael	Störerhaftung bei verlassenen Grubenbauen, ZfB 1990, 5
Kremer, Eduard	
Klein, Hans H.	Die grundrechtliche Schutzpflicht, DVBl. 1994, 489
Kloepfer, Michael	Der Auflagenvorbehalt bei Verwaltungsakten, Verw 1975, 295
derselbe,	Altlasten als Rechtsproblem, Rechtsgutachten für das Ministerium für Soziales, Gesundheit und Umwelt des Landes Rheinland-Pfalz, April 1985, nicht veröffentlicht
derselbe,	Die Verantwortlichkeit für Altlasten im öffentlichen Recht - dargestellt am Problem der Deponiesanierung -, in Altlasten und Umweltrecht, 1. Trierer Kolloquium zum Umwelt- und Technikrecht vom 20. bis 22. November 1985, Düsseldorf 1986, S. 17 zitiert: Altlasten und Umweltrecht
derselbe,	Die Verantwortlichkeit für Altlasten im öffentlichen Recht, NuR 1987, 7
derselbe,	Umweltrecht, München 1989
derselbe,	Umweltrecht im geeinten Deutschland, DVBl. 1991,1
Kloepfer, Michael	Der Lastenausgleich unter mehreren polizei- und ordnungsrechtlich
Thull, Rüdiger	Verantwortlichen, DVBl. 1989, 1121
Kloepfer, Michael	Das Umweltrecht in der deutschen Einigung, Berlin 1991
Kröger, Heribert	
Kluth, Winfried	Rechtsfragen der verwaltungsrechtlichen Willenserklärung, NVwZ 1990, 608
Knack, Hans Joachim	Verwaltungsverfahrensgesetz, 4. Auflage, Köln, Berlin, Bonn, München 1994
Knoke, Ulrich	Rechtsfragen der Rücknahme von Verwaltungsakten, Berlin 1989
Knemeyer, Franz-Ludwig	Polizei- und Ordnungsrecht, 5. Auflage, München 1993
Knopp, Lothar	Praktische Rechtsfragen der Sicherung und Sanierung von kontaminierten Abfall-Ablagerungen und Standorten, BB 1990, 575
derselbe,	Zur Neufassung der "Altlastenfreistellungsklausel" in den neuen Bundesländern, BB 1991, 1356
Koch, Hans-Joachim	Bodensanierung nach dem Verursacherprinzip, Heidelberg 1985
Herrmann, Nikolaus	
Kokott, Juliane	Die dogmatische Einordnung der Begriffe "Störer", und "Anscheinsstörer" in einer zunehmend technisierten Gesellschaft, DVBl. 1992, 749
Kollmann, Andreas	Zur Bindungswirkung von Verwaltungsakten, DÖV 1990, 189
König, Klaus	Kaderverwaltung und Verwaltungsrecht, VerwArch 1982, 37
derselbe,	Zum Verwaltungssystem der DDR, in König, Verwaltungsstrukturen der DDR, Baden-Baden 1991, S. 9

derselbe,	Transformation der realsozialistischen Verwaltung: Deutsche Integration und europäische Kooperation, DVBl. 1993, 1292
Konrad, Horst	Zur Reichweite sicherheitsrechtlicher Störerhaftung, BayVBl. 1980, 581
Kopp, Ferdinand	Die Bestandskraft von Verwaltungsakten, DVBl. 1983, 392
derselbe,	Feststellende Verwaltungsakte und Vollziehungsverfügungen im Gewerberecht, GewArch 1986, 41
derselbe,	Verwaltungsverfahrensgesetz, 5. Auflage, München 1991
derselbe,	Verwaltungsgerichtsordnung, 9.Auflage, München 1992
derselbe,	Buchbesprechung zu Max-Jürgen Seibert: Die Bindungswirkung von Verwaltungsakten, Baden-Baden 1989, in DVBl. 1991, 224
Kothe, Peter	Probleme der Altlastenbeseitigung, ZRP 1987, 399
Krebs, Walter	Zur materiellen Bindungswirkung unanfechtbar abgelehnter Baugenehmigungen, VerwArch 1976, 411
Kühne, Gunther	Die Entwicklung des Umweltschutzgedankens im Bergrecht, in: Jahrbuch des Umwelt- und Technikrechts, Düsseldorf 1989, S. 165 zitiert: UTR 1989, 165
derselbe,	Bestandsschutz und Verfahrensstufung im Betriebsplanverfahren, UPR 1992, 218
derselbe,	Bergrechtlicher Rahmenbetriebsplan, Anlagengenehmigungsrecht und Umweltverträglichkeitsprüfung, Köln, Berlin, Bonn, München 1993 zitiert: Bergrechtlicher Rahmenbetriebsplan
Kühne, Gunther Gaentzsch, Günter	Wandel und Beharren im Bergrecht, Baden-Baden 1992
Kunig, Philip	Bodenschutz durch Abfallrecht, ZfW 1992, 469
Kunig, Philip Schwermer, Gerfried Versteyl, Ludger-Anselm	Abfallgesetz, 2. Auflage, München 1992
Kutscheidt, Ernst	Öffentliches Immissionsschutzrecht, in: Salzwedel, Jürgen, Grundzüge des Umweltrechts, Berlin 1982, S. 237
derselbe,	Immissionsschutz bei nicht genehmigungsbedürftigen Anlagen, NVwZ 1983, 65
derselbe,	Zulassung von Abfallentsorgungsanlagen - ein Schnellschuß des Gesetzgebers, NVwZ 1994, 209
Kutschera, Peter	Bestandsschutz im öffentlichen Recht, Heidelberg, 1990
Lämmle, Peter	Konkurrenz paralleler Genehmigungen, Konstanz 1991
von Landmann, Robert	Gewerbeordnung für das Deutsche Reich, Erster Band, 6. Auflage, München 1911
von Landmann, Robert Rohmer, Gustav	Gewerbeordnung, Erster Band, 11. Auflage, bearbeitet von Erich Eyermann und Ludwig Fröhler, München und Berlin 1956
dieselben,	Gewerbeordnung, Erster Band, 12. Auflage, München 1969
dieselben,	Umweltrecht, Band I, Bundes-Immissionsschutzgesetz und Durchführungsvorschriften, Kommentar, München Stand: 1. Oktober 1993
Larenz, Karl	Methodenlehre der Rechtswissenschaft, 6. Auflage, Berlin, Heidelberg, New York, Tokio, Hongkong, Barcelona, Budapest 1991

Mampel, Siegfried — Die sozialistische Verfassung der Deutschen Demokratischen Republik, 2. Auflage, Frankfurt a.m. 1982

Markou, Dimitrios — Der Interessenkonflikt zwischen Gewerbebetrieben und Nachbarschaft am Beispiel des § 17 Bundes-Immissionsschutzgesetz, Frankfurt a.m., Bern, New York 1986

Martens, Joachim — Die Baugenehmigung - ein Beispiel für die Wirkungsweise des Verwaltungsakts, JuS 1975, 69

derselbe, — Einführung in die Praxis des Verwaltungsverfahrens, JuS 1977, 809

derselbe, — Die Praxis des Verwaltungsverfahrens, München 1985
zitiert: Praxis des Verwaltungsverfahrens

Martens, Wolfgang — Immissionsschutzrecht und Polizeirecht, DVBl. 1981, 597

Maurer,Hartmut — Allgemeines Verwaltungsrecht, 9. Auflage, München 1994

Merten, Detlef — Bestandskraft von Verwaltungsakten, NJW 1983, 1993

Meßerschmidt, Klaus — Nachträgliche Entscheidungen nach Landesabfallrecht - ein Kompetenzproblem, NVwZ 1984, 565

Meyer, Hans — Verwaltungsverfahrensgesetz, 2. Auflage, Frankfurt a.m. 1982
Borgs-Maciejewski, Hermann

Michael, Gerhard — Die Verantwortlichkeit für DDR-Altlasten beim Erwerb von Altanlagen, Beilage 30 zu Heft 24/1990 des BB, S. 1
Thull, Rüdiger

Möller,Hans — Subsidiarität, in: Festschrift für Karl Sieg, Karlsruhe 1976, S. 407

Moormann, Franz-Josef — Die wesentlichen Änderungen des Immissionsschutzrechts durch das Investitionserleichterungs- und Wohnbaulandgesetz, UPR 1993, 286

Mosler, Jürgen — Öffentlich-rechtliche Probleme bei der Sanierung von Altlasten, Frankfurt a. M. 1989

Muckel, Stefan — Kriterien des verfassungsrechtlichen Vertrauensschutzes bei Grundgesetzänderungen, Berlin 1989

Müller-Uri, Rolf — Tatbestandswirkung und Feststellungswirkung, VR 1982, 246

Müllmann, Christoph — Die Zulassung von Abfallentsorgungsanlagen nach dem Investitionserleichterungs- und Wohnbaulandgesetz, DVBl. 1993, 637

Murswiek, Dietrich — Besprechung des Urteils des BVerwG vom 15.12.1989, - 7 C 35/87 -, = NVwZ 1990, 963, in JuS 1991, 519

von Mutius, Albert — Der Störer im Polizei- und Ordnungsrecht, Jura 1983, 298

Nauschütt, Jürgen — Altlasten, Baden-Baden 1990

Niemuth, Bettina — Die Sanierung von Altlasten nach dem Verursacherprinzip, DÖV 1988, 291

Niermann, Ralf Peter — Betriebsplan und Planfeststellung im Bergrecht, Münster 1992

Oehler, Ellenor — Landeskulturrecht, Berlin 1986

Oerder, Michael — Altlasten in der anwaltlichen Praxis, DVBl. 1992, 691

derselbe, — Ordnungspflichten und Altlasten unter besonderer Berücksichtigung der neuen Bundesländer, in Dokumentation zum 10. Deutschen Verwaltungsrichtertag 1992, Stuttgart, München, Hannover, Berlin, Weimar 1993, S. 105

derselbe, — Ordnungspflichten und Altlasten, NVwZ 1992, 1031

189

Ortloff, Karsten-Michael	Zur Bindungswirkung des baurechtlichen Vorbescheids bei nachfolgender Änderung der Sach- oder Rechtslage, NVwZ 1983, 705
derselbe,	Inhalt und Bindungswirkungen der Baugenehmigung, NJW 1987, 1665
derselbe,	Die Entwicklung des Bauordnungsrechts, NVwZ 1990, 525
derselbe,	Öffentliches Baurecht, Band II: Bauordnungsrecht, Nachbarschutz, Rechtsschutz, 2. Auflage, München 1990
	zitiert: Bauordnungsrecht
Ossenbühl, Fritz	Die Rücknahme von Wohngeldbescheiden und die Rückforderung gezahlter Wohngelder, DÖV 1967, 246
derselbe,	Regelungsgehalt und Bindungswirkung der 1. Teilgenehmigung im Atomrecht, NJW 1980, 1353
Ott, Edward	Die Methode der Rechtsanwendung, Zürich 1979
Otto, Klaus	Die Nachfolge in öffentlich-rechtliche Positionen des Bürgers, Berlin 1971
Paetow, Stefan	Das Abfallrecht als Grundlage der Altlastensanierung, NVwZ 1990, 510
derselbe,	Zur Struktur der abfallrechtlichen Planfeststellung, in: Bürger - Richter - Staat, Festschrift für Horst Sendler zum Abschied aus seinem Amt, München 1991, S. 425
Palandt	Bürgerliches Gesetzbuch, 53. Auflage, München 1994
Pape, Kay Artur	Die Bewältigung von Altlasten in der Praxis, NJW 1992, 2661
Papier, Hans-Jürgen	Altlasten und polizeiliche Störerhaftung, DVBl. 1985, 873
derselbe,	Altlasten und polizeirechtliche Störerhaftung, Köln, Berlin, Bonn, München 1985
derselbe,	Die Verantwortlichkeit für Altlasten im öffentlichen Recht, NVwZ 1986, 256
derselbe,	Altlastenbeseitigung, Öffentlich-rechtliche Probleme, ET 1987, 437
derselbe,	Rechtsgrundlagen der Altlastensanierung, NWVBl. 1989, 322
derselbe,	Altlasten - Rechtsprobleme und politische Lösungen, Jura 1989, 505
Peine, Franz-Joseph	Die Rechtsnachfolge in öffentlich-rechtliche Rechte und Pflichten, DVBl. 1980, 941
derselbe,	Die Legalisierungswirkung, JZ 1990, 201
derselbe,	Zur Problematik "rückwirkender Gesetze" im Altlastensanierungsrecht, NVwZ 1993, 958
Peters, Heinz-Joachim	Umweltverwaltungsrecht, Heidelberg, 1990
Schenk, Karlheinz	
Schlabach, Erkard	
Petersen, Frank	Schutz und Vorsorge - Strukturen der Risikoerkenntnis, Risikozurechnung und Risikosteuerung der Grundpflichten im Bundes-Immissionsschutzgesetz, Berlin 1993
Petersen, Jan	Der gesamtschuldnerische Ausgleich bei einer Mehrheit polizeirechtlich verantwortlicher Personen, Frankfurt a.M., Bern, New York, Paris 1991
Piens, Reinhart	Bundesberggesetz, Stuttgart, Berlin, Köln, Mainz 1983
Schulte, Hans-Wolfgang	
Graf Vitzthum, Stephan	

Pietzcker, Jost	Polizeirechtliche Störerbestimmung nach Pflichtwidrigkeit und Risikosphäre, DVBl. 1984, 457
derselbe,	Mitverantwortung des Staates, Verantwortung des Bürgers, JZ 1985, 209
Pohl, Andreas	Abfallrechtliche Sicherungs- und Rekultivierungspflichten, Berlin 1993
Pohl, Heidrun	Entwicklung des Verwaltungsrechts, in: König, Verwaltungsstrukturen der DDR, Baden-Baden 1991, S. 235
Preu, Peter	Freiheitsgefährdung durch die Lehre von den grundrechtlichen Schutzpflichten, JZ 1991, 265
Pudenz, Winfried	Zur Reichweite immissionsschutzrechtlicher Genehmigungen, UPR 1990, 331
Rademacher, Günter Hermann	Bestandsschutz und Störerhaftung des Betreibers nicht genehmigungsbedürftiger Anlagen im Sinne der §§ 22ff. Bundes-Immissionsschutzgesetz, Würzburg 1982
Raeschke-Kessler, Hilmarr	Amtshaftung, vertragliche Haftung und Stöerausgleich bei Altlasten, NJW 1993, 2275
Randak, Michael	Bindungswirkung von Verwaltungsakten, JuS 1992, 33
Randelzhofer, Albrecht Wilke, Dieter	Die Duldung als Form fexiblen Verwaltungshandelns, Berlin 1981
Rausch, Jan-Dirk	Umwelt- und Planungsrecht beim Bergbau, Baden-Baden 1990
Rehbinder, Eckhard	Die Freistellung von Anlagenerwerbern von der Verantwortlichkeit für die Sanierung von Altlasten in den neuen Bundesländern, DVBl. 1991, 421
Reinhardt, Michael	Die Eingriffsbefugnisse der Wasserbehörden bei des Sanierung von Altlasten, Bonn 1989
Renck, Ludwig	Neues zum Begriff der Abfallentsorgungsanlage, BayVBl. 1992, 168
Rid, Urban Hammann, Wolf	Die Grundpflichtenbelastung genehmigter Anlagen im Bundes-Immissionsschutzgesetz, VBlBW 1988, 7
dieselben,	Grenzen der Gefahrenabwehr im Umweltrecht, UPR 1990, 281
Riemann, Tord	Rechtscharakter und Verbindlichkeit staatlicher Entscheidungen, StR 1976, 1291
Roesler, Stephan	Die Legalisierungswirkung gewerbe- und immissionsschutzrechtlicher Genehmigungen vor dem Hintergrund der Altlastenproblematik, Frankfurt a.M., Berlin, Bern, New York, Paris, Wien 1993
Rohrmus, Hermann	Die Gesamtrechtsnachfolge in verwaltungsrechtliche Rechtsverhältnisse, Tübingen 1964
Rose, Matthias	Die Altlastensanierungsklauseln im Recht der neuen Bundesländer, BB 1991, 2100
Rosenberg, Leo Schwab, Karl Heinz	Zivilprozeßrecht, 15. Auflage, München 1993
Rößler, Hans-Günter	Kommentar zur Landesbauordnung Nordrhein -Westfalen, 3. Auflage, 1985
Rumpf, Olaf	Die Rechtsnachfolge im öffentlichen Recht, VerwArch 1987, 269
Sach, Karsten	Genehmigung als Schutzschild? Berlin 1994
Sachs, Michael	Das Wiederaufgreifen des Verwaltungsverfahrens, JuS 1982, 264

Salzwedel, Jürgen	Vorbescheid und Teilerrichtungsgenehmigung im Gewerbe- und Atomrecht - Bindungswirkung für nachfolgende wasserrechtliche Entscheidungen -, ZfW 1973, 85
derselbe,	Probleme einer inneren Harmonisierung des deutschen Umweltrechts - Überschneidungen zwischen gewerbe-, bewirtschaftungs- und planungsrechtlichen Komponenten, in: Dokumentation zur 5. wissenschaftlichen Fachtagung der Gesellschaft für Umweltrecht e.V., Berlin, 6. und 7.11.1981, S. 33 zitiert: Probleme einer inneren Harmonisierung
derselbe,	Harmonisierung des Umweltrechts und Besonderheiten des Gewässerschutzes - hier: Dynamisierung von Betreiberpflichten und Schutz von Investitionen, in: Bürger -Richter - Staat, Festschrift für Horst Sendler zum Abschied aus seinem Amt, München 1991, S. 321
Scharmer, Eckart Hinzen, Ajo Kranefeld, Andrea	Umweltschutz im Baugenehmigungsverfahren, Berlin, 1990
Scheier, Michael	Abfallrechtliche, wasserrechtliche und ordnungsrechtliche Probleme der Sanierung von Altlasten, ZfW 1984, 333
Schimikowski, Peter	Die Haftung des Grundstückseigentümers für Altlasten, PHI 1993, 80
Schink, Alexander	Abfallrechtliche Probleme der Sanierung von Altlasten, DVBl. 1985, 1149
derselbe,	Wasserrechtliche Probleme der Sanierung von Altlasten, DVBl. 1986, 161
derselbe,	Altlasten im Baurecht, BauR 1987, 397
derselbe,	Grenzen der Störerhaftung bei der Sanierung von Altlasten, VerwArch 1991, 357
derselbe,	Die öffentlich-rechtliche Verantwortlichkeit für Altlasten im Gebiet der ehemaligen DDR, VIZ 1992, 6
Schlabach, Erhard	Das 3. Änderungsgesetz zum Bundes-Immissionsschutzgesetz, UPR 1990, 250
Schmalz, Dieter Hofmann, Harald	Allgemeines Verwaltungsrecht, 5. Auflage, Köln, Stuttgart, Berlin, Hannover, Kiel, Mainz, München, 1991
Schmatz, Hans Nöthlichs, Matthias	Immissionsschutz, Berlin, Stand: Januar 1994
Schmidt, Reiner Müller, Helmut	Grundfälle zum Umweltrecht, JuS 1986, 127
dieselben,	Einführung in das Umweltrecht, 3. Auflage, München 1992
Schmidt-Preuß, Matthias	Möglichkeiten und Grenzen reduzierter Regelungsgehalte von Parallelgenehmigungen, DVBl. 1991, 229
Schneider, Siegbert	Altlastensanierung zwischen Verursacher-und Gemeinlastprinzip, Köln 1989
Schnur, Roman	Probleme um den Störerbegriff im Polizeirecht, DVBl. 1962, 1

Scholz-Forni	Über die Verantwortlichkeit des Urhebers eines polizeiwidrigen Zustandes und über den Ausschluß der Verantwortlichkeit im Falle der Ausübung des Rechtes, VerwArch 30 (1925), 11, 244
Schrader, Christian	Altlastensanierung nach dem Verursacherprinzip? Rechtsfragen der Kostenübernahme vor dem Hintergrund der Legalisierungswirkung von Genehmigungen, Berlin 1988
derselbe,	Die Altlastenfreistellungsklausel, IUR 1991, 63
Schüler, Richard	Grundzüge des Abfallrechts, LKV 1992, 159
Schulte, Hans	Kernfragen des bergrechtlichen Genehmigungsverfahrens, Baden-Baden 1993
Schweickhardt, Rudolf	Allgemeines Verwaltungsrecht, 6. Auflage, Stuttgart, Berlin, Köln, 1991
Schwerdtfeger, Gunther	Das Bundes-Immissionsschutzgesetz, NJW 1974, 777
Schwerdtner, Eberhardt	Die Lastenverteilung unter mehreren Störern, NVwZ 1992, 141
Seibert, Max-Jürgen	Die Bindungswirkung von Verwaltungsakten, Baden-Baden 1988
derselbe,	Altlasten in der verwaltungsgerichtlichen Praxis, DVBl. 1992, 664
Seiler, Christoph Martin	Die Rechtslage der nicht genehmigungsbedürftigen Anlagen im Sinne der §§ 22ff. BImSchG, Berlin 1985
Sellner, Dieter	Die Grundpflichten im Bundes-Immissionsschutzgesetz, in: Festgabe aus Anlaß des 25jährigen Bestehens des Bundesverwaltungsgerichts, 1978, S. 603
derselbe,	Immissionsschutzrecht und Industrieanlagen, 2. Auflage, München 1988 zitiert: Immissionsschutzrecht
derselbe,	Nachträgliche Auflagen und Widerruf der Genehmigung bei Kernenergieanlagen, in: Bürger - Richter - Staat, Festschrift für Horst Sendler zum Abschied aus seinem Amt, München 1991, S. 339
derselbe,	Änderungen des Bundes-Immissionsschutzgesetzes - Allgemeine und anlagenbezogene Neuerungen, NVwZ 1991, 305
Sellner, Dieter Löwer, Wolfgang	Immissionsschutzrecht der nicht genehmigungsbedürftigen Anlagen, WiVerw 1980, 221
Selmer, Peter	Gedanken zur polizeirechtlichen Verhaltensverantwortlichkeit, in: Festschrift für Wolfgang Martens, Berlin, New York 1987, S. 483
derselbe,	Privates Umwelthaftungsrecht und öffentliches Gefahrenabwehrrecht, Heidelberg 1991 zitiert: Privates Umwelthaftungsrecht
derselbe,	Der Begriff der Verursachung im allgemeinen Polizei- und Ordnungsrecht, JuS 1992, 97
Sendler, Horst	Der Widerruf von Wasserrechten und der Schutz des eingerichteten und ausgeübten Gewerbebetriebes, RdWWi 18, 29
derselbe,	Abschied vom "latenten" Störer? WiVerw 1977, 94
derselbe,	Wer gefährdet wen: Eigentum und Bestandsschutz den Umweltschutz oder umgekehrt? Dokumentation zur 6. wissenschaftlichen Fachtagung der Gesellschaft für Umweltrecht e.V. Berlin, 5. und 6.11.1982, S. 29
derselbe,	Wer gefährdet wen: Eigentum und Bestandsschutz den Umweltschutz oder umgekehrt? UPR 1983, 33, und UPR 1983, 73

derselbe,	Rechtssicherheit bei Investitionen und normative Anforderungen des modernen Umweltschutzrechts, UPR 1990, 41
derselbe,	Bestandsschutz im Wirtschaftsleben, WiVerw 1993, 235
Sollondz, Frank	Bestandsschutz bei materieller Illegalität baulicher Anlagen? NuR 1989, 417
Spannowsky, Willy	Altlastensanierung im Spannungsfeld von Gerechtigkeit und Effizienz, UPR 1988, 376
Staupe, Jürgen	Rechtliche Aspekte der Altlastensanierung, DVBl. 1988, 606
Steiner,Udo	Zum Anwendungsbereich der verwaltungsverfahrensrechtlichen Regelungen über die materielle Bestandskraft von Verwaltungsakten (§§ 48, 49 VwVfG), VerwArch 1992, 479
Stelkens, Paul	Neue allgemeine Verfahrensregeln durch die Landesbauordnung Nordrhein-Westfalen? BauR 1986, 390
derselbe,	Fragen zum Verwaltungsverfahrensgesetz nach dem Einigungsvertrag, DtZ 1991, 264
derselbe,	Verwaltungsverfahren, München 1991
derselbe,	Die Überführung des sozialistischen Verwaltungsrechts, insbesondere des Verwaltungsverfahrensrechts der früheren DDR in das rechtsstaatliche Verwaltungsrechtssystem der Bundesrepublik Deutschland, DVBl. 1992, 248
Stelkens, Paul Bonk, Joachim Sachs, Michael	Verwaltungsverfahrensgesetz, 4. Auflage, München 1993
Stern, Klaus	Das Staatsrecht der Bundesrepublik Deutschland, Band I, 2. Auflage, München 1984 zitiert: Staatsrecht I
derselbe,	Verwaltungsprozessuale Probleme in der öffentlich-rechtlichen Arbeit, 6. Auflage, München 1987
derselbe,	Zur Entstehung und Ableitung des Übermaßverbots, in: Festschrift für Peter Lerche zum 65. Geburtstag, S. 165, München 1993
Stern, Klaus Schmidt-Bleibtreu, Bruno	Verträge und Rechtsakte zur Deutschen Einheit, Band 1, Staatsvertrag zur Währungs-, Wirtschafts- und Sozialunion mit Vertragsgesetz, Begründungen und Materialien, München 1990
dieselben,	Verträge und Rechtsakte zur Deutschen Einheit, Band 2, Einigungsvertrag und Wahlvertrag mit Vertragsgesetzen, Begründungen, Erläuterungen und Materialien, München 1990
Stich, Rudolf Porger, Karl Wilhelm	Bundes-Immissionsschutzrecht des Bundes und der Länder, Kommentar zum Bundes-Immissionsschutzgesetz, Stuttgart, Berlin, Köln, Stand: April 1993
Striewe, Peter	Rechtsprobleme der Altlastensanierung, ZfW 1986, 273
Suermann, Walter	Verwaltungsrechtsschutz in der DDR, Göttingen 1971
Sundermann, Andrea	Der Bestandsschutz genehmigungsbedürftiger Anlagen im Immissionsschutzrecht, Berlin 1985

Tettinger, Peter J.	Wasserversorgung und bergbehördliche Betriebsplanzulassung, ZfW 1991, 1
Ule, Carl Hermann	Gesetzlichkeit in der Verwaltung durch Verwaltungsverfahren und gerichtliche Kontrolle in der DDR, DVBl. 1985, 1029
Ule, Carl Hermann Laubinger, Hans Werner	Bundes-Immissionsschutzgesetz, Kommentar, Neuwied, Stand: März 1994
Umweltbundesamt	Umweltdaten - kurzgefaßt, Berlin, Ausgabe 1993
Upmeier, Dieter	Entscheidungskonkurrenz bei Zuständigkeit mehrerer Behörden unter Berücksichtigung des Bau- und Landschaftsschutzrechts, NuR 1986, 309
Vallendar, Willi	Die Betriebseinstellung - ein neuer Regelungstatbestand des BImSchG, UPR 1991, 91
Vollmuth, Joachim	Unmittelbare und rechtswidrige Verursachung als Voraussetzungen der Störerhaftung im allgemeinen Polizei- und Ordnungsrecht, VerwArch 1977, 45
Wagner, Gerhard	Öffentlich-rechtliche Genehmigung und zivilrechtliche Rechtswidrigkeit, Köln, Berlin, Bonn, München 1989
Wagner, Michael A.	Die Genehmigung umweltrelevanter Vorhaben in parallelen und konzentrierten Verfahren, Berlin 1987
Wahl, Rainer	Genehmigung und Planungsentscheidung, DVBl. 1982, 51
Wallerath, Maximilian	Allgemeines Verwaltungsrecht, 4. Auflage, Siegburg 1992
Weidemann, Clemens	Die Vorschriften zur Neuordnung von Abfallentsorgung und Reststoffverwertung, NVwZ 1993, 226
Weides, Peter	Verwaltungsverfahren und Widerspruchsverfahren, 2. Auflage, München 1981
Westhoff, Wilhelm Schlüter, Wilhelm	Allgemeines Berggesetz für die Preußischen Staaten vom 24. Juni 1865, Berlin 1906
Weyreuther, Felix	Anmerkung zu BVerwG, Urteil vom 31.7.1964, I C 132.59, DVBl. 1965, 280
Willecke, Raimund	Die deutsche Berggesetzgebung, Essen 1977
Willemer, Christian	Rechts- und Pflichtennachfolge im Verwaltungsrecht, Hamburg 1972
Wolff, Hans Julius	Verwaltungsrecht I, 1. Auflage, München 1956
Wolff, Hans Julius Bachof, Otto	Verwaltungsrecht I, 9. Auflage, München 1974
dieselben,	Verwaltungsrecht III, 4. Auflage, München 1978
Ziehm, Hanno	Die Störerverantwortlichkeit für Boden- und Wasserverunreinigungen, Berlin 1989
Zippelius, Reinhold	Juristische Methodenlehre, 4. Auflage, München 1985
Zydek, Hans	Bundesberggesetz mit amtlicher Begründung und anderen Materialien, Essen 1980

Stephan Roesler

Die Legalisierungswirkung gewerbe- und immissionsschutzrechtlicher Genehmigungen vor dem Hintergrund der Altlastenproblematik

Frankfurt/M., Berlin, Bern, New York, Paris, Wien, 1993. XII, 245 S.
Europäische Hochschulschriften: Reihe 2, Rechtswissenschaft. Bd. 1350
ISBN 3-631-45812-6   br. DM 79.--*

Die vorliegende Abhandlung geht der Frage nach, ob und in welchem Umfang gewerbe- und immissionsschutzrechtliche Genehmigungen eine Legalisierungswirkung entfalten. Kann der Betreiber einer genehmigten Anlage zur Kostentragung oder zur Beseitigung von Gefahren, die durch den Betrieb seiner Anlage hervorgerufen wurden, polizeirechtlich herangezogen werden? Nach der Darstellung der verschiedenen Begründungselemente wird versucht, Kriterien zur Bestimmung des Umfangs und der Reichweite der Legalisierungswirkung in gegenständlicher und zeitlicher Hinsicht zu entwickeln.
Aus dem Inhalt: Begriff der Legalisierungswirkung · Fallkonstellationen · Begründung der Legalisierungswirkung · Legalisierungswirkung als Risikoverlagerung · Umfang der Legalisierungswirkung · Zeitliche Dimension · Legalisierungswirkung und Zustandshaftung

Peter Lang ≋ Europäischer Verlag der Wissenschaften
Frankfurt a.M. • Berlin • Bern • New York • Paris • Wien
Auslieferung: Verlag Peter Lang AG, Jupiterstr. 15, CH-3000 Bern 15
Telefon (004131) 9402121, Telefax (004131) 9402131
- Preisänderungen vorbehalten - *inklusive Mehrwertsteuer

Lebenslauf

Am 17. März 1960 wurde ich in Köln geboren; ich bin verheiratet und habe zwei Kinder. 1978 legte ich in Bergisch Gladbach das Abitur ab. Anschließend leistete ich bis Ende 1979 in Köln Zivildienst. Nach dem Studium der Rechtswissenschaften an der Universität zu Köln, das ich mit der ersten juristischen Staatsprüfung im April 1986 abschloß, und dem Referendariat, welches mit der zweiten juristischen Staatsprüfung im Juni 1989 endete, war ich zunächst bei einem juristischen Repetitorium als Dozent für öffentliches Recht und an der Universität zu Köln als Tutor für Verfassungsrecht tätig. Seit Oktober 1990 bin ich Referent im Bundesministerium für Umwelt, Naturschutz und Reaktorsicherheit.

St. Augustin, den 5. Februar 1996